会计教育与财务管理研究

师 韵 王 颖 高慧敏 ◎著

吉林科学技术出版社

图书在版编目（CIP）数据

会计教育与财务管理研究 / 师韵，王颖，高慧敏著．-- 长春：吉林科学技术出版社，2021.11
ISBN 978-7-5578-9030-8

Ⅰ．①会… Ⅱ．①师… ②王… ③高… Ⅲ．①会计教育—研究②财务管理—研究 Ⅳ．①F230②F275

中国版本图书馆CIP数据核字(2021)第237567号

会计教育与财务管理研究
KUAIJI JIAOYU YU CAIWU GUANLI YANJIU

著	师 韵 王 颖 高慧敏
责任编辑	王旭辉
幅面尺寸	185mm×260mm 1/16
字　　数	331千字
印　　张	14.5
版　　次	2022年8月第1版
印　　次	2022年8月第1次印刷
出　　版	吉林科学技术出版社
发　　行	吉林科学技术出版社
地　　址	长春市净月区福祉大路5788号
邮　　编	130118
发行部电话/传真	0431-81629529　81629530　81629531
	81629532　81629533　81629534
储运部电话	0431-86059116
编辑部电话	0431-81629518
印　　刷	北京四海锦诚印刷技术有限公司
书　　号	ISBN 978-7-5578-9030-8
定　　价	60.00元

版权所有 翻印必究 举报电话　0431-81629508

前言

财务管理工作是近代社会化大生产的产物。在作坊、工场手工业生产方式下，财务活动比较简单，财务管理工作与会计工作是结合在一起进行的。产业革命后，企业的财务活动随之复杂化，制订投资方案，筹集经营资金，对外提供财务信息，并对利润进行分配，构成了企业经营管理中一项独立的职能：筹措、使用和分配资金。

随着全球经济一体化进程的深入，我国经济发展客观上需要大批具有理论与实践操作能力的新型会计人才。在会计行业的发展、会计准则与国际惯例协调的大时代背景下，我国高校本科教育的国际化发展已是大势所趋。更新会计专业的教育理念、调整会计人才的培养战略是我国会计教育的必由之路，同时对推动会计学科的建设与可持续发展、培养大批适应市场需求的复合型会计人才具有重大的现实意义。会计人才培养模式顺应了社会经济发展的趋势。我们要看到会计教育的发展，虽取得了一系列的成绩，但也面临着许多问题。会计教育培养的会计人才应该有自己的"特色"，而体现这些特色的关键是需要特色的会计人才培养模式。会计教育作为一种新的会计教育层次，发展历程不长，新的人才培养模式的探索任务艰巨。存在培养目标模糊，专业结构不足，课程设置和培养规格缺乏高职特色，实践技能不突出，师资队伍结构与个体素质不能满足教学需要等问题。

基于会计人才培养的时代背景和研究现状，应从增加会计认知学习、建立多元化能力提升实践教学体系、组织学生参与学科竞赛、加强与国外会计师协会合作、深入开展教学改革与课程建设等方面，构建卓越会计人才培养新模式，以期为培养具备良好的职业道德、专业化、创新性、国际化的卓越会计人才提供借鉴。

希望本书的出版能为会计教育与财务管理研究提供帮助，为从事会计教育与财务管理研究的工作人员提供参考，为中国经济的发展改革和转型升级提供扬帆远航的动力。

目　　录

第一章　会计教育目标 … 1
第一节　教育目标 … 1
第二节　会计教育目标概述 … 4
第三节　会计教育目标改革 … 6

第二章　会计教学策略 … 16
第一节　会计教学模式 … 16
第二节　会计教学方法 … 33
第三节　会计教学手段 … 50

第三章　会计人才培养方案 … 64
第一节　适应中小企业发展的会计人才培养方案 … 64
第二节　国际会计人才培养方案 … 70
第三节　管理型导向会计人才培养方案 … 72
第四节　我国法务会计人才培养方案 … 75
第五节　战略管理会计人才培养方案创新 … 78

第四章　会计教学改革中的人才培养 … 81
第一节　互联网远程教育在会计人才培养中运用 … 81
第二节　会计人才胜任能力评价指标体系的建立 … 87

第五章　财务管理 … 97
第一节　财务管理概述 … 97
第二节　财务管理的环境 … 107
第三节　财务管理的价值观念 … 115

第六章 财务管理价值观念 … 123

第一节 货币时间价值 … 123
第二节 风险与报酬 … 129
第三节 证券估值 … 137

第七章 筹资管理 … 142

第一节 筹资概述 … 142
第二节 资本成本和资本结构 … 150
第三节 企业资金需要量预测 … 161
第四节 筹资的具体内容 … 164

第八章 投资管理 … 176

第一节 项目投资管理 … 176
第二节 证券投资管理 … 188

第九章 营运资金管理 … 199

第一节 营运资金概述 … 199
第二节 现金管理 … 205
第三节 应收账款管理 … 214
第四节 存货管理 … 218

参考文献 … 224

第一章 会计教育目标

第一节 教育目标

一、教育目标含义

（一）教育目标、教育目的与教育方针

教育目标，就是指所培养的人才应达到的标准，这个目标可高可低，按需而定。教育目标是培养人的方向和规格。

教育目的是最高层次的培养目标，是一种反映人类社会价值核心观念的、具有普遍指导意义的理想标准。培养目标是教育目的的下属概念，它既体现教育目的中确定的育人总体要求，又反映不同层次、类型、专业的人才具体要求。

教育方针是贯穿教育目的和教育目标的基本路径和努力方向。

三者的区别是：教育目的具有终极性，教育方针具有规范性，教育目标具有阶段性。

（二）教育首要目标与最终目标

教育的最终目标就是使受教育者获得高效果的社会生产与生活的能力。提高受教育者物质资料生产与家庭和社会生活质量，满足受教育者对生产和生活不断高品质、高效果的需要，最终实现受教育者生存质量的效果最大化。也可以说，教育的最终目标是使受教育者获得幸福人生的认知、方法和能力，最终使受教育者能动地获得自身最幸福的人生。

人们的知识和能力客观存在依存关系，即人的知识就是对物质世界的认识，而人的能力是对物质世界的认知、改造、影响和消费的作用效力。只有对物质世界一定程度的客观认识，才能使人对物质世界影响改造的作用力有释放的目标和方向，才会使得人对物质世界的影响能力实现效力最大化。由此可见，人们的认知和知识对其获得能力起先决作用，所以教育首先必然是以传授反映物质世界规律和属性的知识为首要目的。

通过传授知识，使受教育者认识物质世界，进而使受教育者最终获得影响和改造物质世界的能力。依靠对自然物质世界的规律和属性的认识才能实现受教育者在客观实效上具备实现生产和生活的不断高品质、高效果需要的能力，以最终实现受教育者的生存活动的效果最大化。

在知识与能力依存关系不以人的意志为转移的客观必然效力下，教育必须首先以传授知识为首要目标，以受教育者获得能力为最终目标。如果只传授知识而不传授知识与能力的依存关系，或者低效果地传授知识和能力具体的依存关系，那么就会使受教育者对具体知识和具体能力的依存关系无从认知或仅有较低程度的认识，导致受教育者对相应具体知识和具体能力的依存关系孤立化，进而使受教育者无法获得相应完备的能力，最终导致受教育者的相应能力低效，教育最终目标无法高效完成，只能使受教育者实现生产和生活不断高品质、高效果的需要的能力陷于低效。

如果只以提高受教育者的能力为唯一目标，虽然会使得受教育者能够直接地获得相应能力的高效，但是由于对物质世界的规律和属性的完整的基础知识理论不系统、不完整，则无法实现受教育者的生存活动的效果最大化。由于知识对人能力决定性的必然关系，就会使受教育者的能力始终会被不系统的基础知识理论所局限、束缚，使得社会生产和生活的能力无法高效率地达到效果最大化。

二、高等教育目的与高等学校培养目标

（一）目的和目标的异同

1. 区别

目的和目标是两个不同的概念，存在本质区别。

目的一般指人或组织对行为结果的主观设想，是一种主观状态；而目标是意识所针对的具体的行为对象，是一种客观状态。因而，目的可以是内隐的，而目标是外显的。

目的可以是虚泛性的，主要作为一种动机，而目标则是具体、明确的，针对真实存在的客观对象，起明确的行为导向作用。目的主要起动力作用，而目标起行为导向作用，使他的行为趋向特定的客观对象。

目的是客观满足主观，产生主观体验状态；而目标是主观合乎客观，产生可经验状态。例如，一个人想射箭，这种目的实际上就是一种主观欲望，就必须要有真实存在的弓箭及其状态合乎需要才能满足；但是目标如是射中箭靶或靶心，就必须要使自己的主观状态，如控制弓箭的注意、力量和能力，合乎达到射中箭靶或靶心所须遵守的规则和标准，

并且依此产生客观行为，才能达到目的。这就是可经验或可检验状态。

目的可以是远期的，而目标一般是暂时的。例如，商人长远目的是发大财，但做好每一笔生意就是其目标。

目的是完整的，而目标是分解的。例如，教育目的可以指培养什么样的人，而这要通过各个具体目标，如智力方面、人格方面、行为方面等目标的实现而达到。

目的具有稳定单一性，而目标可以多样性。例如，务农劳动者的目的是想在市场上换回货币，但实现这个目的，具体目标是可以多样的，可以通过种蔬菜，也可以种花果，等等。

目的指向具有隐蔽性，而目标可具有虚假性。例如，军事上的某些目标行为，往往并不是为了直接实现目的，而只是为了迷惑对方，"声东击西"之类就是。这一点也表明目的与目标是可以背离的，不一定是一致的。

2. 联系

虽然目的和目标是两个不同的概念，存在本质区别，但两者也有相同的方面。

目的虽然是主观设想或意图，但一旦被物化，如用语言表达出来，也就成为可经验的对象，从而被人理解或破解。

目的和目标可以转化。例如，读书做官，做官是目的，读书拿到文凭是目标，但在这个社会目的消失的背景下，读书拿到文凭就可以是目的。

目的可以分解为目标。例如，一个人要实现获得博士学位目的，其目标有若干通向博士的路径：①自考专科→成教本科→专业硕士→专业博士；②本科→硕士→博士；等等。而且大的目标可以分解若干小目标，相对于更小的目标而言，大的目标就成为目的。

目标主要用于导向和规范行为，目的主要为行为提供内在动力，但在某种目标成为一种可持续的正反馈的情况下，目标同样具有动力性质和意义。

（二）教育目的与教育目标的关系

教育目的与培养目标之间既有一致性，又有区别。教育目的是各级各类教育培养人的总的质量标准和总的规定要求，而培养目标是不同级别、不同类型、不同层次和不同专业教育的具体目标，它是教育目的的具体化。教育的总目的决定具体的培养目标，同时，教育目的只有具体化为各级各类学校的培养目标，才能现实操作和具体落实。

（三）高等教育目的与高等学校培养目标的关系

高等教育目的是高等教育工作遵循的总方向，但它代替不了各级各类高等学校对所培养的人的特殊要求。各级各类高等学校确定的对所培养的人的特殊要求，习惯上称为培养目标，它是由特定的社会领域和特定的职业层次的需要决定的。因此，高等学校的培养目标最终是以专业的培养目标体现出来的。高等教育目的与高等学校培养目标之间是抽象与具体的关系。高等教育目的是对所有接受高等教育者提出的较为概括和抽象的要求，可理解为一种教育意志、教育理想；而高等学校培养目标是围绕高等教育目的展开的针对特定的对象的具体、明确的规定。

第二节 会计教育目标概述

一、会计教育目标综述

（一）会计教育目标的基本观点

1979年修订的会计专业教学方案将教育目标确定为实务工作、教学、科研三者兼顾的专门人才，虽有学校稍后改为会计学高级专门人才或完成会计师基本训练的财务与会计专门人才，但在就业指导上"三兼顾"一直持续到20世纪90年代初没动摇。进入20世纪90年代以后，受市场经济、信息时代和西方会计教育改革思想的影响，不少会计教育界人士对"三兼顾"就业导向提出质疑，出现了通才与专才之争，形成了四大观点：①会计本科教育应是通才教育；②会计教育目标应定位于为实际工作部门（即企事业单位）培养从事会计工作的专门人才；③具有扎实专业知识，既能实践操作，又具有一定理论水平的高层次专门人才；④会计本科生应培养成通才基础上的专才，亦即基础扎实、知识面广的会计专门人才。这些观点都比现行公布的规范教育目标有进步，但对适应知识经济要求都有一定差距。相对而言，第四种观点更接近知识经济时代的要求。

对会计教育目标的讨论，在学术界一直没停过。进入21世纪后，集中观点有：

1. 层次目标论

即会计教育目标应分不同层次：大专、中专教育目标应该是培养专才；大学本科、硕士、博士和博士后应培养通才；大学本科教育应以实务为主，兼顾科研；硕士研究生会计教育应培养应用型和学术型人才；博士及博士后会计教育应以科研为主，主要培养学术型人才，同时要兼顾教学。

2. 人才需求论

即会计教育所培养的会计人才最终要面向市场的，解决问题的关键就是以社会经济对会计人才的需求为导向来确立会计教育目标。

3. 综合论

即会计教育目标应以社会需求为导向、通识教育为基础、能力培养为核心。

4. 复合型论

即将会计本科教育的培养目标表述：培养通晓会计基本理论，精通会计业务，熟知国际会计惯例，具有高尚道德品质和修养、广博知识技能、较高外语和计算机水平、较强学习能力与创新能力，适应实际工作需要的复合型人才。

5. 应用型论

即大学本科会计教育目标应定为：培养德、智、体全面发展，具有系统的专业理论知识和一定的实际操作能力及科研能力的中、高级会计应用型人才。岗位定位于中型企业的会计主管、大型企业各个会计岗位直至会计主管、政府有关会计管理部门的管理人员、会计师事务所的一般审计人员直至项目负责人、中专和大专及职业技术学校教师。

（二）会计学科能力构建

明确会计教育的基本目标，是会计学科能力的建构，实现会计教育目标模式的关键。一种模式的构建，必须有一个明确的目标，结合西方会计教育目标演变的最新进展，对照我国会计学者关于会计教育目标的新观点，提出中国会计教育的基本目标为会计学科能力的建构。关于会计学科能力，其定位于不同层次的会计专业学生的智力、能力与会计学科知识的有机结合形成的能力，是学生的智力、能力在会计学科的具体体现。会计学科能力包括三个层次的内容：①运用所学会计知识处理常规会计问题的技能；②在变化的新情况中创造性地解决会计新问题的智能；③随着时代的发展，运用相关学科新成就，发展会计学科应具有的创新能力。

在研究过程中，对以会计学科能力的建构，形成会计教育基本目标，有以下几点看法：

第一，该目标涵盖了西方会计教育目标的新趋向，会计教育的重点应转向学生能力的培养。

第二，该目标符合有的学者关于会计目标的层次性差异的研究结论。

第三，该目标与我们所提倡的"通才"教育也是并行不悖的，只有具备了会计学科能力的会计"通才"，才能以会计为基础，参与各项管理和决策，运用会计科学解决实际问题。

第四，该目标具有系统性、概括性、层次性、明确性、稳定性、可操作性的特点。

第五，该目标是结合对社会发展趋势的预测提出的，在信息社会，知识陈旧的周期相对缩短，大量的知识已经不起时间的检验，学生在大学期间已不可能一劳永逸地获取知识，只有将知识转化为能力，才有可能终身受用。

第六，会计学科能力的建构，以知识和技能的训练为基础，转化为能力，最终形成会计学科能力，获取知识与技能训练的过程可以归纳为课堂教学与学生自学，由知识向能力的转化过程可以概括为指导性的知识整合→实验→悟性。

第七，会计学科能力的建构不同于会计专业的基本技能的训练，会计专业的基本技能的训练是构建会计学科能力的基础之一，不能认为只要经过了会计专业的基本技能的训练，就具备了会计学科能力。只有当学生具备了会计学科能力，才能够应付千变万化的现实世界，从复杂的环境中找到解决问题的适当途径。

二、会计教育目标评价

会计学专业毕业生为什么不能适应市场的需求？主要原因在于会计学专业的培养目标定位不明确，比如大多数的高校将会计本科生定位为高级财会人才，实际情况却是长期以来实行的应试教育，重理论轻实践。这样出现普遍的高分低能现象自然也就不奇怪了。即使有一些共识，也只是"纸上谈兵"，没有真正落到实处。

迄今为止，会计教育目标仍然模糊不清，实际操作更是五花八门。因此，有必要深化会计教育目标改革，确立公认会计教育的基本目标。事实上，会计教育目标是会计人才培养目标。在基本目标统一下，各校应根据自身特点制定具体的会计人才培养目标，并在人才培养方案中体现，彻底执行。

第三节 会计教育目标改革

一、会计教育目标改革的必要性

经济越发展，会计越重要。会计要发展，会计教育是关键。在现代信息社会条件下，教育先行已成为世界各国的共识，而会计教育特别是高等会计教育的水平，决定着一个国家会计人员的素质和工作质量，并且影响着会计理论的进步与发展。高等会计教育的水平在一定程度上影响着社会经济的发展。当前，我国正处于经济快速发展的有利时期，改革高等会计教育、提高高等会计教育水平，正是当务之急。

我国高等会计教育起步较晚，直到 20 世纪初，会计教育才纳入高等教育。而在此之前，由于中式簿记较为简单，经过较短时间的培训即可运用，故中式簿记未列入正式的高等教育，只是在引进西方会计后，会计教育才成为高等教育的内容。所以，我国高等会教育从起步便与西方会计结下了不解之缘。在此时期，由于广大会计学者的艰辛努力，高等会计教育得到了很快发展。新中国成立后，我国高等会计教育得到较快发展。会计教育内容严格按照行业分科，缺少全面的会计教育，造成学工业会计的不懂商业会计的局面。改革开放后，我国高等会计教育得到了长足发展，会计教育目标也摆脱了传统行业观念的束缚。按照国家规定，当时高等会计教育的目标是：培养能在企事业单位、会计师事务所、经济管理部门、学校、研究机构从事会计实际工作和本专业教学研究工作的德才兼备的高级会计专门人才。从系统论的观点看，目标是一个系统的核心和导向，它是为需要而存在的。同样，高等会计教育目标也是受社会经济发展的需要决定的，具体地说，是受社会对会计人才的需求决定的。反过来，高等会计教育目标又决定着会计人员和会计工作的质量。所以，高等会计教育目标应随时代的发展而不断完善。

会计教育的目标不是让会计学生在刚刚从事会计职业时便成为一名合格的会计工作者，而是要使学生具有作为一名会计人员所应具备的学习能力和创新能力，使其终身能从事学习。这些能力包括：①技能，即沟通才能、智能才能和人际才能；②知识，包括一般性知识和会计知识；③专业认同，即会计学生应认同会计专业，乐于建立会计专业人员必须具备的学识、技能和价值观。

应该指出的是，我国高等会计教育的现实与高等会计教育的目标仍存在着相当的距离，即存在着"重实践、轻理论，重专长、轻通才"的倾向。问题的产生与现阶段经济的发展不无关系。目前，我国企业界对会计人才的能力要求绝大部分往往选择了实际操作能力，而忽视了会计人员的其他能力。相当一部分单位在向社会公开招聘中，明确表示，愿意要有工作经验的会计人员，忽视会计人员的理论素养。这表明我们的企业界在用人方面的浅识与短见。在实践中，企业只是要求会计人员记好账，完成"反映"职能，不要求进行"控制"。

高等会计教育"重实践、轻理论"的现象，从20世纪50年代起持续到20世纪80年代。之后相当长时期，特别是高校大扩招后，在补充了大批没有实践经验年轻教师情况下，高等会计教育急转为"重理论、轻实践"。这些片面地强调理论或强调实践现象，都是高等会计教育目标确立不当或不适时所致。所以改革高等会计教育目标是必要的。

深化我国高等会计教育目标的改革应做好三方面工作：

第一，建立高等会计教育的目标体系。就是要将高等会计教育的目标层次化、具体化，各层次的大学会计教育应有自己明确的目标。因此，我国大学专科、本科和研究生会计教育按其自身的特点和会计人才市场需求状况分别制定自己的目标。这样，便形成一个多层次的高等会计教育目标体系并各有侧重，使我国现行高等会计教育目标笼统、单一的局面得到根本改观。

第二，处理好通才教育与专才教育的关系。所谓"通才"是相对于过于专业化的"专才"而言的，事实上，绝对意义上的通才几乎没有。因为社会生产愈是社会化，科技知识则愈加专业化，而个人的时间和精力是有限的，不可能对各行各业各类知识都能通晓。因此，通才教育与专才教育的关系说到底是能力培养教育和知识传授教育的关系。我国现阶段不能彻底地实行通才会计教育，但这并不意味着可以置能力培养于不顾，较为理想的选择是二者兼顾。

第三，处理好理论教育与实践教育的关系。良好的理论教育有助于实践教育的深化，而切实的实践教育又有利于理论教育的提高。因此，即便按照分层次高等会计教育目标体系的观点，虽然各层次会计教育的理论与实践的侧重不一，但理论教育与实践教育兼顾却是培养任何层次会计人才所必不可少的原则。照此设想，会计研究生教育也应当以扎实的实践教育为基础。而着眼于培养会计实务工作者的会计专科教育也不能完全忽视会计理论的传授，否则，培养出来的会计专科生无异于做账机器。处于中间层次的会计本科教育，由于一方面要为会计实务界输送人才，另一方面又要为一些毕业生进入研究生院深造做准备，这些自身的特点更决定了会计本科教育应是理论教育与实践教育的高度统一。

二、会计教育目标确立

会计教育目标的确立，应从各个学校的实际情况出发，不同层次、不同类型的学校应有差异。但是，就会计本科教育而言，最基本的、必不可少的、共同的培养目标是：培养特色凸显的复合应用型工商管理学科会计专门人才。

（一）复合型会计人才

1. 复合型会计人才的含义

传统的大学会计教育目标确定为：培养德、智、体全面发展的适应四个现代化需要的社会主义财务会计以及教学科研专门人才。毫无疑问，这一表述有其合理的一方面，但仔细分析不难发现其缺点：培养目标范围过窄，同时又有一定的局限性；有些要求实际未落实；会计人才应具备的知识结构在目标中表述尚不明确、具体；过于强调"专门人才"的培养，忽略了通才教育。随着社会的发展，经济的改革，传统的会计教育目标越来越受到会计教育人士的质疑。因为当今社会是信息社会，是知识累积速度成倍增长的时代，是不同学科之间横向交融与沟通的时代。在这个时代里，解决某一领域的问题，单靠单一的专业知识显然是不够的，往往需要将更多的学科结合起来分析、解决，会计学也是如此。比如，在管理会计和理财方面，就渗透着管理科学、行为科学等多方面知识。由此可见，传统的会计教育目标已经不能适应经济改革、时代发展和日趋发展变化的会计职业的需要。

为此，会计教育目标应规定为：以提高全面素质为基础，培养厚基础、宽口径、高素质的，具有较强的学习能力和适应能力，具备较好的经济和财会理论基础以及相关学科的基础知识，能胜任会计职业需要的一定专业技能的复合型专门人才。

上述会计教育目标中有两个关键词：全面素质和专业技能。全面素质包括基本素质和专业素质，前者是指学生作为一个成功的社会人所应有的素质，大体包括政治思想素质、人文素质、文化素质、身体素质；后者则指学生将来成为会计职业专门人才所具备的专业素质，如对经济现象敏锐观察力、会计职业道德、批评性思维和人际交往能力等。专业技能是指会计学专业人才所具备的特殊技能，包括会计理论结构、会计信息系统的运行原理，会计在社会经济和会计主体中角色扮演与作用的发挥等。

在激烈的市场竞争情况下的今天可以这样说，会计不再是一个单一的信息加工系统，而是一个组织、监督、协调、控制经济活动的管理系统；会计工作不再是以核算为主体的工作，而是以内部控制为核心的管理；会计的空间拓展越广阔，对会计人员能力的要求就越广泛、越全面、越多样。随着高科技产业、信息技术产业等各种新兴产业蓬勃发展，会计应思考、分析、判断的问题越来越多。一个人的视野有多大，事业就有多大。要真正成为行业领军人才，必须具备开阔的思想、宽广的胸怀，冲破传统的会计核算模式和会计管理理念，关注会计以外的学科，跳出"就会计论会计"的定式，这样的人就是我国会计人才市场上急需的和最受欢迎的复合型人才。

2. 复合型会计人才能力

（1）学习能力

学习能力包括两层含义：一是专业知识的深入学习能力；二是博览知识的学习能力。若把前者叫专业水平，而后者可称为综合能力。只有这样，会计人员在企业营运资本管理、战略投资决策、长远规划等方面才能出谋划策，尽职尽力。根据对历年从事会计实务工作毕业生跟踪调查情况表明，成就突出的会计学专业毕业生并不是考分最高的人，而是专业水平高、综合能力强的人。

（2）创新能力

具体可归结为两方面，即会计核算方法创新和会计管理思想创新。前者是指会计人员应积极思考如何进行核算，如何将会计信息纳入报表披露、纳入会计研究；后者是指会计人员在筹资理财、内部控制、责任成本、销售预测、项目决策等方面应有为企业提供建设性、可操作性的建议和信息的能力。

（3）先进科技手段能力

当代会计人员要求能熟练运用会计电算化核算、网络会计核算等先进的科技手段，迅速、高效、安全地提供财务信息，以满足各个领域的消费需求和信息共享；使高层管理者能够足不出户能了解千里之外的下级单位的业务发展和财务管理情况，从而做出更加客观的评估和决策，加强宏观管理的力度和深度。

（4）信息处理能力

会计人员应具备信息加工、整理、分析等技术能力，钻研学习，提高理论和实际操作水平；掌握现代化的信息加工、整理、分析技术，增强自身的岗位竞争能力。

（5）职业判断能力

在会计工作中会经常遇见很多的职业判断，比如，坏账的确认问题，资产减值准备和收入确认问题，或有事项中的预计问题都需要会计人员的职业判断，如果会计人员没有过硬的会计理论和财务管理知识，不了解准则制定的背景、指导思想和核心内容是很难做出高水准的职业判断。

（6）综合财务分析能力

会计要利用自己所掌握的企业财务信息，发现在企业经营中出现的问题，并进行分析，提出切实可行的措施，使财务分析真正成为领导决策的基础。

（7）政策水平能力

会计人员应关注会计、税收改革中一些宏观上的问题，对现行的会计法律、法规、规章及规范性文件也要做到了然于胸，哪些税收政策对企业有利，哪些业务在操作中可以进行税收筹划，这都要求会计人员具备一定的政策水平，只有这样财务工作才不会出现偏差。

（8）风险意识

会计人员必须具备较强的分析、判断和决策能力，树立风险意识，充分运用各种管理方法和各种金融工具去防范、规避风险。对企业经营发展风险和效益风险的重视、确认、控制、规避是现代会计人员不可缺少的素质，也是未来会计必须具备的一种职能，它比会计反映职能、监督职能、预测与决策职能更为重要。

（9）诚信品格

会计人员应敬业爱岗、实事求是、恪守诚信、严于律己、操守为重，树立崇高的职业道德观念和人生价值观。以诚信为本做好会计工作，是会计人员职业道德最基本的准则，是会计人员特殊职责赋予的崇高历史使命。

3. 培养复合型会计人才途径

从教学管理角度上讲，实现复合型会计人才培养的途径很多，手法、措施多样，但就当前各高校的实际情况来看，实行学分制，跨学科跨专业交叉选修课程，是造就复合型会计人才最有效、最捷径的方法。

学科交叉是当代科学技术发展的主要特征。从学科的整体发展与综合化出发，合理构建教学内容与课程体系，整合、重组课程无疑是构建培养方案时需要遵循的重要原则。要传授给学生整体性的知识，注重其他学科知识对本学科的影响及在本学科领域中的应用，更要在精选知识、交叉融合上下功夫，搞好整体优化。切忌将新知识机械地叠加或简单地照搬相关专业的课程。此外，要让学生了解本学科的前沿技术与发展动向，开阔学生的视野。

会计领域随着我国改革的需要会不停地拓宽，会计知识也在不断更新。由于会计专业性很强，故在教学中应突出专业核心课程，要求学生必须掌握基础会计、财务会计、成本会计、财务管理、审计、管理会计、国家税收等核心课程，还应必修经济应用数学、计算机、外语等公共基础课程，使之真正打好一个扎实的专业基础。

在此基础上，具体可通过学分制，实行专业交叉选修，拓宽专业知识面。不同专业之间学生可互相选择所学课程，扩大选修课范围，并真正把选修课落实在学生自愿选择上。如对计算机方面兴趣较浓的会计专业学生，则可选修计算机专业的部分专业课程，结合会计专业知识，可造就会计电算化各种软件开发及理论研究的会计电脑专才；对工程预算有兴趣的会计专业学生，也可选修工程造价专业的课程，通过增加对建设企业生产了解和对工程技术方面知识学习，则可望培养成一个建设企业的高级财会人才；等等，这样使得我们培养的会计专业人才体现出多样化的复合型特色。

（二）应用型会计人才

1. 培养应用型会计人才的必要性

（1）学科性质决定

会计本身是一门应用型学科，培养应用型人才是会计本科教育面向基层、服务社会的要求，也是我国高等教育大众化发展的必然趋势。新时期要求会计人才应具有较强的适应性和较宽的知识面，会计本科教育应把加强基本素质和专业素质教育放在首要位置。基本素质教育就是要培养学生作为一个成功的社会人应具有的素质，专业素质教育就是培养学生具备成为合格会计人才所具备的专业素质。因此，会计本科教育人才培养目标，应培养学生具有良好的会计职业道德、扎实的经济管理理论基础、较高的会计专业技能、能适应社会经济发展需要、对未来复杂多变的会计管理环境有较强适应性的应用性复合型会计专业人才。具体来说就是：掌握管理学、经济学、财务与金融基本理论和基本知识；熟悉财务金融管理的定性和定量的分析方法；具有较强的语言文字表达、人际沟通、信息获取以及分析解决财务、金融管理实际问题的基本能力；熟悉我国有关财务、金融管理的方针政策和法规，以及有关的国际法规和国际惯例；具有一定的创新能力、较强的实践能力、较好的环境适应能力、较高的自学和获取新知识能力，具有一定的调查研究能力、持续发展的潜在能力等。

（2）大众化教育需要

应用型本科教育是随科技发展和高等教育由精英教育向大众化教育转变过程中形成的一种新的教育类型，它是相对于理论型本科教育、实用技术型教育而言的。应用型本科教育是以培养知识、能力和素质全面而协调发展，面向生产、建设、管理、服务一线的高级应用型人才为目标定位的高等教育。

（3）现代社会对人才的需求

根据有关会计专业毕业生供需情况调查显示，现在市场上对核算型会计人才的需求已接近饱和状态。目前各单位和企业更急缺的是，能够对会计信息进行熟练的分析和运用，以财务管理为中心的管理型会计人才。当今社会，企业管理的重心在财务管理，会计作为企业管理层的核心组织，更需要能够发挥其财务管理职能，这就客观需要应用型会计人才。

应用型会计人才按从事会计实务工作的主要岗位可分为四个层次：

一是以从事会计核算工作为主的应用型会计人才。这类人才主要执行会计核算职能，必须具备会计基础知识，能够熟悉财务软件，从事执行性会计工作。

二是以从事会计核算工作为主，并进行适当财务管理和财务分析的应用型会计人才。这类人才需要在进行会计核算时，能运用所生成的会计信息进行财务分析、财务预测和财务决策。

三是以开展财务管理为主，能够将财务管理和指导会计核算工作同时承担的应用型会计人才。这类人才要求具备对企业的经济活动进行全面的财务监督的能力，能够自如使用管理会计方法，指导全局性会计工作，能够为企业财务管理进行整体规划，能解决实际工作中突发事件的高素质会计人才。

四是以从事会计理论工作为中心的应用型会计人才。这类人才主要进行财务与会计新理论、新问题和新观点的研究工作，致力于会计学科前沿理论的研究。

2. 应用型会计人才培养要求

以市场需求为根本，以提高会计学专业毕业生的核心竞争力为导向，以应用能力和基本素质培养为主线，通过两个结合（学历教育与资格教育相结合，理论教育与实践教育相结合）构建高素质应用型会计人才培养模式。

会计本科教育培养的是适应社会需要的应用型本科会计人才，其人才培养目标应体现为"厚基础、宽口径、高素质、强能力"。其内涵应具体体现为"厚基础"，即要具备扎实的会计专业基础理论知识；"宽口径"是要拓宽学生的知识面，相近学科专业打通培养，增强学生对经济发展和社会需求的适应性；"高素质"，则是加强学生人文素质和科学素质教育，提高其文化品位和素养；"强能力"，则是训练学生获取知识的能力、综合应用知识的能力及发展创新能力，将学校教学与社会实践相结合，培养学生对社会的认识及适应能力。在此基础上，应用型会计本科人才的培养目标应定位为：以满足社会需求为导向，培养面向市场经济中企业和组织需求的具有开拓精神和创新意识、良好的职业道德、相关的专业知识并掌握学习技能的高素质应用型会计人才。

三、新型会计教育目标实现途径

只有根据教育目标制定相应的课程体系及教学内容和方法，才能有的放矢地培养出高素质的专门人才。从成本效益原则来看，教学内容并非越多、越深越好，超过培养目标的教学内容是对教学资源的浪费，而且"超额"教学内容会占用学生的时间和精力，影响应掌握课程内容的学习。就会计本科教育而言，要实现其教育目标，应当重点抓好以下工作：

（一）课程体系要合理

设置合理的课程体系，必须确立合理的学科体系，因为它是专业培养目标在课程设置上的具体体现。自20世纪80年代末期起，随着分行业会计专业统一归并为会计学（本科）专业，会计学专业学科的主干内容已基本统一为基础会计、中级财务会计、高级财务会计、成本会计、管理会计、审计、财务管理、电算化会计等专业课程，这与西方发达国家基本接近。但这与知识经济条件下的素质教育和创新教育的要求相比，专业课程比重过大、基础不扎实、知识结构不合理、知识面不宽等现象还比较突出，尤其缺乏信息技术、人文科学、自然科学方面的基本素质的培养。

（二）教材要简明适用

设计和选定教材是教学内容的前提，也是实现会计教育目标的关键。在合理确立课程体系基础上，根据培养目标确定各门课程的教学内容，并组织教材建设与选订教材。不宜将研究生层次的学习内容放到本科课程之中，即使有一定的必要，也应限于一些简单的、入门性的知识介绍；教材内容与体系，一定要与教学内容相关，切勿追求越全、越深、越厚、理论性越强越好；教材之间存在内在联系的，允许有一定的重复，但不可重复过多，由教研室协调主讲教师之间实际讲授内容；课程讲授重点在于如何提高学生的能力和素质，并非面面俱到，不可以学时多少、讲授内容多寡来衡量质量与课程在专业中的地位。

事实上，教师讲课并不是讲述、解释教材，而是按照自己的方式去引导学生思考并掌握基本原理，学会分析问题和解决问题的方法，教材只是参考，应由学生课后阅读和理解教师讲授内容。在知识经济时代，随着传媒工具的推广，人们获取知识的途径很多，并非一门课程只读一本教材；而且，教材写作和出版有一个时间过程，随着社会经济的快速发展，新信息多、变更快，在一本教材中不可能包罗万象，不可能时刻反映出最新成果。所以，教材要精、要薄，要简明适用，这样既给学生留下大量课外阅读的时间和空间，又给教师留下课后深钻详查资料、及时补充最新成果的余地。

（三）教学形式要先进

教学形式包括教学手段和教学方法。根据知识经济时代的特点，要培养创新的会计专业人才，在要求压缩教学课时、增开课时少门数多的新课情况下，为了提高教学效果，实现个别化教学，必须更新教学手段。同时，要调动学生对学习的积极性和主动性，培养学生的创造性思维和综合分析问题的能力，必须改革传统的灌输式教学方法。因此，教学形式的改革在素质教育和创新教育中处于重要地位。

教学手段的更新，更多地表现为学校人财物的投入，包括计算机实验室建设、多媒体教室建设、会计模拟实验室建设、会计实证研究室的建设等。建设新的教学手段仅涉及投入问题，只要有充足资金是容易解决的，但要使它发挥应有的效果，教师还必须下功夫研究如何运用教学手段。所以，教学方法改革的重点是将教师满堂讲、学生被动全面记的模式转变为教师讲授与学生主动参与相结合的模式，教师的主要任务是运用各种教学手段，通过原理讲解、实务演示、课堂讨论等方法引导、启发学生去思考，帮助学生解决疑难问题。

（四）实践教学要完整

会计学是一门技术性较强的社会应用学科，基本概念、基本理论固然重要，但对本科生而言更重要的是灵活掌握、运用基本技能，以理论指导、解决实际问题。一名合格的会计实务操作人员，不仅要遵守国际会计惯例、会计准则、会计制度，还要遵守国家的财经方针、政策和法规。因此，实践教学在会计专业人才培养中十分重要。会计实践教学应包括三方面：一是课堂教学中的习题、综合练习、案例分析，这需要由主讲教师根据现实企事业的情况来设计、运用完成；二是课后的系统模拟实习，应由基层教学单位组织有一定经验的教师建设实验室，且资料与实际密切联系，达到仿真运算、操作效果；三是定期定时的现场操作实习，应由教学系（院）建立实习基地，由专职教师负责指导学生在企事业单位从事真实会计业务核算、分析、编表等管理工作，一般需要一个月左右时间。现场操作实习，全国多数学校是采取与会计师、审计师、资产评估师事务所联系挂钩，既能解决学校建设实习基地经费困难、企事业单位因保密又不情愿接受实习生的矛盾，又能协助解决这些事务所业务忙时人员不足的困难。

(五) 考试方式要灵活

由于会计学是一门技术性较强的应用学科,既有技术性,要遵守会计准则和会计制度的规定;又有阶级性,要体现管理者意志,因而检测学习成果,不可唯一,要灵活多变。会计专业知识可分两类:一是只有唯一答案的,如使用账户及借贷方向等;另一类是非唯一答案的,如有关理论、实际中出现的新问题,即使有制度法规规定,也会随着经济的发展和社会关系的变动而有所变化。因此,对于考试题目来讲,前者可以采取试题库的方式固定下来,检测学生的基本知识与基本技能;后者应当紧密联系实际,由教师自行出题检测,体现教学能动性,发挥学生积极性。考试只是检查学习情况的手段之一,并非唯一方法。在确定学生学习成绩时,除考虑考试成绩外,更应当重视平时成绩和实际操作能力与水平。考试方式、考题类型及试题库的建立,涉及诸多因素,不可以个人的意愿与爱好、想象、主观臆断来决定,应当充分体现学生的自学能力、主观能动作用和积极创造的思维与知识拓展。

(六) 检查评估要科学

评估学校办学质量和学生学习成绩的指标体系要科学、客观、可行。目前,国家或民间机构对会计本科教育质量评估和学校对学生学习质量的评估,多采用德智体量化测评方式进行,而且测评结果对评优、评奖、评先进、学校名次排队以及社会用人均起决定性作用。这种考评制度尽管比较直观规范,透明度和公平性都较高,但它反向作用是唯"分"是图,重硬件轻软件,重分数轻能力。从总体上看,我国目前的教育评价制度与素质教育尤其是创新教育不相适应。教育评价制度的改革方向是:变静态、单一、应试的评价制度为动态、系统、多样化的评价制度,即应当是:①评价内容要全面,不仅应评价所学知识的多寡和解题方法的熟悉程度,还应包括综合运用知识解决实际问题的能力;②评价过程要动态,教学质量与办学条件的评价,应当有利于教学双方总结经验、调整方法,提高教育的经济效益和社会效果;③评价方法要多样化,包括以考试方式考核知识掌握程度,以实验方式考核能力创造与创新;④评价指标要科学系统,评价指标应尽可能覆盖反映学校特点、学生综合能力,特别是学生的社会工作能力、科研创新能力、文体素质修养,以及毕业时的一次就业率、考研率、毕业率、学位率等。

第二章 会计教学策略

第一节 会计教学模式

一、会计教学模式

（一）一般教学模式

1. 教学模式的概念

"模式"一词是英文 Model 的汉译名词，Model 还译为"模型""范式""典型"等。一般指被研究对象在理论上的逻辑框架，是经验与理论之间的一种可操作性的知识系统，是再现现实的一种理论性的简化结构。

教学模式并不是一种计划，因为计划往往显得太具体，太具操作性，从而失去了理论色彩。将"模式"一词引入教学理论中，是想以此来说明在一定的教学思想或教学理论指导下建立起来的各种类型的教学活动的基本结构或框架，表现教学过程的程序性的策略体系。

国内教学专家对教学模式的定义大致有三种看法：第一种是把教学模式归于教学策略范畴，也就是为了达到某种教学目标使用的手段和方法；第二种认为教学模式是教学过程的结构，即在教学理论的指导下，根据教学目标，设计教学环节，并配有相应的教学策略和教学措施；第三种认为教学模式是一种条理化的理论和内容结构的规律。现在普遍认为，教学模式是指在一定的教学思想指导下，反映特定教学理论逻辑轮廓，为保持某种教学任务的相对稳定而具体的教学活动结构。它是教学理论的具体化，也是教学经验的一种系统概括。采取什么样的教学模式，直接影响到教学的效果以及学生素质的提高。

2. 教学模式的结构

教学模式通常包括五个因素：理论依据、教学目的、操作程序、实现条件和教学评价。这五个因素有机结合，就构成不同的教学模式。

（1）理论依据

教学模式是一定的教学理论或教学思想的反映，是一定理论指导下的教学行为规范。不同的教育观往往提出不同的教学模式。比如，概念获得模式和先行组织模式的理论依据是认知心理学的学习理论，而情境陶冶模式的理论依据则是人的有意识心理活动与无意识的心理活动、理智与情感活动在认知中的统一。

（2）教学目标

任何教学模式都指向和完成一定的教学目标。在教学模式的结构中教学目标处于核心地位，并对构成教学模式的其他因素起着制约作用，它决定着教学模式的操作程序和师生在教学活动中的组合关系，也是教学评价的标准和尺度。正是由于教学模式与教学目标的这种极强的内在统一性，决定了不同教学模式的个性。不同教学模式是为完成一定的教学目标服务的。

（3）操作程序

每一种教学模式都有其特定的逻辑步骤和操作程序，它规定了在教学活动中师生先做什么、后做什么，各步骤应当完成的任务。

（4）实现条件

教学模式要发挥应有的效果，必须要有条件做保证。实现条件是指能使教学模式发挥效力的各种条件因素，如教师、学生、教学内容、教学手段、教学环境、教学时间等。

（5）教学评价

教学评价是指各种教学模式所特有的完成教学任务，达到教学目标的评价方法和标准等。由于不同教学模式所要完成的教学任务和达到的教学目的不同，使用的程序和条件不同，当然其评价的方法和标准也有所不同。目前，除了一些比较成熟的教学模式已经形成了一套相应的评价方法和标准外，有不少教学模式还没有形成自己独特的评价方法和标准。

3. 教学模式的特点

教学模式具有以下特点：

（1）指向性

由于任何一种教学模式都是围绕着一定的教学目标设计的，而且每种教学模式的有效运用也是需要一定的条件，因此不存在对任何教学过程都适用的普适性的模式，也谈不上哪一种教学模式是最好的。评价最好教学模式的标准是在一定的情况下达到特定目标的最有效的教学模式。教学过程中在选择教学模式时必须注意不同教学模式的特点和性能，注意教学模式的指向性。

（2）操作性

教学模式是一种具体化、操作化的教学思想或理论，它把某种教学理论或活动方式中最核心的部分用简化的形式反映出来，为人们提供了一个比抽象的理论具体得多的教学行为框架，具体地规定了教师的教学行为，使得教师在课堂上有章可循，便于教师理解、把握和运用。

（3）完整性

教学模式是教学现实和教学理论构想的统一，所以它有一套完整的结构和一系列的运行要求，体现着理论上的自圆其说和过程上的有始有终。

（4）稳定性

教学模式是大量教学时间活动的理论概括，在一定程度上揭示了教学活动带有的普遍性规律。一般情况下，教学模式并不涉及具体的学科内容，所提供的程序对教学起着普遍的参考作用，具有一定的稳定性。但是教学模式是依据一定的理论或教学思想提出来的，而一定的教学理论和教学思想又是一定社会的产物，因此教学模式总是与一定历史时期社会政治、经济、科学、文化、教育的水平相联系，受到教育方针和教育目的的制约。因此这种稳定性又是相对的。

（5）灵活性

作为并非针对特定的教学内容教学，体现某种理论或思想，又要在具体的教学过程中进行操作的教学模式，在运用的过程中必须考虑到学科的特点、教学的内容、现有的教学条件和师生的具体情况，进行细微的方法上的调整，以体现对学科特点的主动适应。

教学模式在整个教学过程中，起着理论与实践之间的桥梁作用。一方面，教学模式来源于实践，是对一定的具体教学活动方式进行优选、概括、加工的结果，是为某一类教学及其所涉及的各种因素和它们之间的关系提供一种相对稳定的操作框架，这种框架有着内在的逻辑关系的理论依据，已经具备了理论层面的意义；另一方面，教学模式又是某种理论的简化表现方式，它可以通过简明扼要的象征性的符号、图式和关系的解释，来反映它所依据的教学理论的基本特征，使人们在头脑中形成一个比抽象理论具体得多的教学程序性的实施程序，便于人们对某一教学理论的理解，也是抽象理论得以发挥其实践功能的中间环节，是教学理论得以具体指导教学，并在实践中运用的中介。

"教学模式"这一概念与理论自20世纪50年代出现后，经各国学者的不断探索，逐渐形成完整体系，并呈现出"从单一向多样化、由归纳向演绎、由'教'为主向重'学'为主、由传统转向现代化"的发展趋势。在现代教学模式的研究中，越来越重视引进现代科学技术的新理论、新成果。有些教学模式已经开始利用电脑等先进的科学技术的成果，教学条件的科技含量越来越高，充分利用可提供的教学条件设计教学模式。

4. 教学模式的种类

教学模式是教学理论的具体化,是教学实践概括化的形式和系统,具有多样性和可操作性,因此教师对教学模式的选择和运用是有一定的要求。教学模式必须要与教学目标相契合,要考虑实际的教学条件针对不同的教学内容来选择教学模式。为此,首先必须了解有哪些教学模式,它们的特点是什么。

(1) 传递—接受模式

该模式以传授系统知识、培养基本技能为目标。其着眼点在于充分挖掘人的记忆力、推理能力与间接经验在掌握知识方面的作用,使学生比较快速有效地掌握更多的信息量。该模式强调教师的指导作用,认为知识是教师到学生的一种单向传递过程,非常注重教师的权威性。

优点:学生能在短时间内接受大量的信息,能够培养学生的纪律性,培养学生的抽象思维能力。

缺点:学生对接受的信息很难真正地理解,培养单一化、模式化的人格,不利于创新性、分析性学生的发展,不利于培养学生的创新思维和解决实际问题的能力。

(2) 自学—辅导模式

自学辅导式的教学模式是在教师的指导下自己独立进行学习的模式。这种教学模式能够培养学生的独立思考能力,在实践教学中很多教师乐于使用此模式。

优点:能够培养学生分析问题、解决问题的能力;有利于教师因材施教;能发挥学生的自主性和创造性;有利于培养学生相互合作的精神。

缺点:学生如果对自学内容不感兴趣,可能在课堂上一无所获;学习消耗时间多;需要教师非常敏锐地观察学生的学习情况,必要时进行启发和调动学生的学习热情,针对不同学生进行讲解和教学,所以很难在大班教学中开展。

(3) 探究式模式

探究式教学以问题解决为中心,注重学生的独立活动,着眼于学生的思维能力的培养。

优点:能够培养学创新能力和思维能力,能够培养学生的民主与合作的精神,能够培养学生自主学习的能力。

缺点:一般只能在小班进行,需要较好的教学支持系统,教学需要的时间比较长。

(4) 概念获得模式

概念获得模式是一种课堂上帮助学生学习和掌握概念的教学策略。其过程是通过引导学生对实例进行观察和比较、对概念进行假设和验证,从而掌握概念。这种教学策略的目的是,一方面帮助学生在课堂上有意义地学习概念;另一方面通过对概念的学习,培养学生归纳推理的思维能力——能够培养学生的归纳和演绎能力，能够形成比较清晰的概念，能够培养学生严谨的逻辑推理能力。

概念获得教学模式遵循了从具体到抽象，再从抽象上升到具体的一般认知规律。它使教学做到以人为本，能够培养学生自行获得知识的能力，体现出获得知识和发展能力的统一。在教学过程中，教学的主导作用和学生学习的自觉性、积极性得到了紧密的结合，较好地纠正了传统教学中的明显缺陷：忽略学生的主观能动性，片面强调教师的作用，使学生处于消极、被动的地位，扼杀了学生的主动性、创造性。

（5）自主学习模式

自主学习是一种学习者在总体教学目标的宏观调控下，在教师的指导下，根据自身条件和需要自由地选择学习目标、学习内容、学习方法并通过自我调控的学习活动完成具体学习目标的学习模式。

优点：自主学习对学习者个人能力要求较高，学习者必须具备应对分离能力、批评性思维能力、自主决定和独立行动能力，实行自我管理、自我负责。

缺点：由于交互性相对差，学习效果有时候不理想。

在实施自主学习一般模式的过程中，亟须转变教育观念，加强资源建设，加强教学法研讨，正确处理教师主导与学生自主学习的关系。

（二）会计教学模式

会计教学模式是一般教学模式在会计学教学过程中的具体应用。现虽无统一公认的定义，但研究成果泛指会计学专业教学模式和会计学课程教学模式。

1. 会计学专业教学模式

远程教育会计学专业教学模式是"自学—互动—操练"的专业教学模式；"五化三结合"教学模式，即教学观念现代化、教学内容动态化、教学方法多元化、教学手段实践化、教学管理规范化，以及知识传授与能力培养相结合、专业教育与诚信教育相结合和产与学相结合；改革现行的会计教学模式，树立全新的教学理念，建立起适应市场化、国际化发展需要，有利于宽口径、厚知识、高素质、强能力的教学模式，以满足经济发展对高素质的应用型人才的需要。

2. 会计学课程教学模式

几乎所有高校的经济、管理类专业都开设了会计学课程，这说明了会计知识的基础地位。如何组织好会计学课程教学，是多年来广大教学工作者不断探索的难题。可以这样讲，每位会计学教师都有一套特定的教学模式。会计教学必须坚持"边理论学习、边实训实习"的教学模式，将会计理论教学与实训实习有机融合起来，使学生在理解会计理论知识的同时，熟练掌握主要会计岗位的会计核算方法及账务处理技能。

二、传统会计教学模式

（一）传统会计教学模式的特点

传统会计本科教学模式是在传统的本（专）科会计教学模式上发展而来的，相应地具有传统的本（专）科会计教学模式的一些特点，主要有：

1. 学术教学

传统的会计本科教学模式套用了传统的本（专）科会计的教学思想，基本上仍是"学术教学"，有的只是简单地把"培养适应社会主义现代化建设需要的专门人才"改为"培养适应社会主义现代化建设需要的应用型、技能型人才"，开一些实践课，所做的仍是"学术教学"。

2. 演绎理论

传统的会计本科教学模式沿用了传统的本（专）科会计教学演绎理论的思维方式，让本无实践经验的学生接受抽象"完美"的理论。

3. 课程体系

传统的会计本科教学模式仍然沿用传统的本（专）科会计教学模式，设置专业课程体系的做法流行至今，以会计专业课程为核心，不以职业工作岗位所需的知识与技能为核心。会计教学各课程之间各自为政，授课内容上多有重复，教师之间缺乏交流，结果是：学生不能学以致用，教师教学资源浪费严重，团队实力无从体现。

4. 灌输式课堂教学

传统的会计本科教学模式因为套用了传统的本（专）科会计教学模式，所以会计课堂教学仍是教学的中心环节，在"学术教学""演绎理论"和"课程"的共同作用下，课堂教学基本上是"教师讲、学生听，教师写、学生抄，教师考、学生背"的灌输模式，费时费力，导致学生动手能力差。

5. 以师为本，以书为据

长期以来会计教学采用传统的课堂式教学，教师过度重视完成教学任务和课堂教学，教师在整个教学过程中只注重按部就班地、一部分一部分地进行课本知识的灌输，课堂上教师就书本上的概念、意义、作用、类别、方法、例题一一进行详细讲解。"老师讲、学生听，老师写、学生抄"成为会计教学的主旋律，等到课程结束时学生也不一定能够形成对该门课的一个总体认识。忽略了学生的主体意识，师生之间交流互动较少，学生兴趣不高，教学效果不理想。

6. 止于模仿

在传统的会计本科教学模式下，学生模仿例题学会了编制分录、编制报表，但并没有真正会运用，"熟练"不够，当然难以"生巧"，一到工作岗位上，仍是一脸茫然。

7. 应试教学

传统会计本科教学模式以会计专业课程为核心，每门课程都要考试，"考考考，教师的法宝；分分分，学生的命根"，师生为了完成教学任务都要适应应试教学的考核方式。

（二）传统会计教学模式的缺陷

传统会计课程教学是一种"以教师为中心"的"灌输式""填鸭式"教学，基本特点是"教师讲、学生听，教师写、学生抄，教师主考、学生应试"的模式。主要不足表现在：

1. 侧重理论学习，忽视实践、应用能力的培养

在传统会计教育模式下，学校往往开设一系列会计专业课程。偏重于教会学生基础知识、理论知识，而忽略了教会学生如何应用这些知识。在这种教学模式下，学生也许学会了怎样编写会计分录，怎样编制会计报表，但在如何利用所生成的信息帮助解决企业日益复杂的财务活动及会计问题方面则显得不足。

2. 会计专业设置不规范，学生知识结构单一

目前，会计学科类的专业设置，最突出的问题是专业界限划分得过细、过窄，过分强调专业特征和理论性，培养出的人才知识结构单一，与"厚基础、宽口径、高素质、强能力"的要求不符。受部门分割办学的影响，许多高校除设有会计学、审计、企业理财、会计电算化等专业外，还设置了其他一些不规范的专业方向，这种做法实际上是以牺牲通才教育和智力开发为代价的。在经济全球化背景下，会计教育仅侧重于国内会计制度，而忽视了现代企业全球化发展的趋势。

3. 会计专业课程设置不合理

传统的会计教育各科目之间各自为政，忽视了彼此之间的联系，包括课程数量、授课内容等方面。如"财务管理"和"管理会计"两门课，在授课内容上有很多重复之处，而在课时上却按完全独立的两门课安排，教师之间在这方面往往也交流不够。"经济法"与"税法"，"管理会计"与"成本会计"之间也存在类似问题。

4. 教学模式发展滞后

一是以老师授课为主，学生处于被动状态。大部分课堂问题已经设计好了答案，只有唯一解，显然脱离了复杂多变的现实情况，用这样的案例教育学生，不利于培养他们的创造能力；以通过职业考试为导向的教学方法进一步束缚了学生的思维；会计教育与人文知

识和自然科学知识教育衔接不当,不能达到高等教育的基本目标;继续教育对会计职业至关重要,却没有受到充分重视,开展继续教育的机构之间也缺乏联系。二是在会计教学中对实际问题的讨论分析也不够充分。会计专业教材多是对会计制度的讲解,并在此基础上增加了一些简单的例题、练习。教材内容不生动,把本来丰富多彩的实际经济业务简单化,限制了学生的思维,使其不能很快适应复杂的实际情况。三是实践环节缺乏。学生在校的实验活动集中在会计学基础课程中,由于该课程实践性较强而其理论又比较抽象,特别是对于从未接触过会计工作的学生来说,更是感到难以理解和掌握。通过做"基础会计学模拟实验",对凭证、账簿、报表等增加一些感性认识,在学习凭证、账簿等章节时,通过做模拟实验,掌握会计凭证的填制、账簿的登记等具体操作方法。其他的课程中接触会计凭证、账簿、报表的机会很少,即使接触,也很少有比较完整的来源于实际的原始凭证供学生练习,会计专业毕业的学生没有见过银行对账单、增值税发票,不知道如何报税。实践环节的缺乏,丧失了整合学生全面会计知识的机会,更重要的是学生缺乏运用所学知识解决实际问题的能力。

5. 会计教师队伍的现状不容乐观

具体有以下几方面:其一,会计教师数量不足,老师增补速度大大低于学生扩招速度,而且青年教师多,还有一批是行政岗位或校外的兼职教师;其二,我国会计教师的工资待遇偏低,因此,会计毕业生一般不愿意到学校教书,许多会计教师通过各种方式跳槽,会计教师队伍的素质自然就很难提高;其三,没有一个良好的制度和氛围促使和激励教师更新知识和爱岗敬业。由于学校经费有限,会计教师参与实践的机会很少,不少教师从走上讲台,就再也没机会走下讲台参与到会计实际工作中,参与到国际学术交流中;其四,学校对教师的激励导向也有一定偏差,即鼓励教师偏重科研而忽视教学,这对提高教学质量极为不利。

三、会计教学模式改革

改革会计教学模式,提高学生综合运用会计知识的能力,克服学生实践能力薄弱的缺陷,是当前从事会计教学的有关人员都在思考的问题。因此,为培养出大批高素质的、适应时代要求的会计人才,对会计教学模式进行改革势在必行。

(一) 会计学专业教学模式改革

现代会计教学模式,主要是围绕"教出什么样的人"和"怎样教"来构建的。从横向结构角度看,现代会计教学模式,包括培养目标、教学目标、教学内容、教学方法和保障体系五方面。

1. 培养目标

从总体上讲，会计本科人才培养目标应定位成"复合应用型"专门人才。具体讲，根据会计从业人员按工程型会计人才、技术型会计人才和技能型会计人才的分类，现代会计本科教学模式的培养目标应定位在为企事业单位培养技术型和技能型会计人才上。会计本科毕业生在企事业单位从事会计实务工作，他们的职位定位在中层管理人员、白领、高级蓝领和技能型专门人才上，要求具备相应的理论水平、实践能力、知识结构和实践技巧。

（1）技术型会计人才

以从事会计核算工作为主，并进行适当的财务管理和会计分析，其工作的侧重点是进行会计核算，但在会计核算的过程中注重智能运用，能根据所产生的会计信息进行会计分析、会计预测、会计决策，有较敏锐的观察能力、分析问题能力和解决问题能力，能为企业管理提供意见和建议等。

（2）技能型会计人才

以从事会计核算工作为主，工作的重点是进行会计的核算和监督，具备一定的会计基础知识，熟练掌握会计核算和计算技术，能操作计算机和会使用会计软件，并最终能编制真实可靠的会计报告。

2. 教学目标

会计本科教学目标就是为培养"复合应用型专门人才"奋斗，因此在教学过程中，除了讲透会计基本理论、基本概念、基本技能外，注重会计岗位、职业培养，要求工作岗位单元训练熟练透彻、岗位模块专而精通、职业模块应聘成功。

3. 教学的内容

根据"就业导向"原则，职业工作岗位用什么就教什么，职业工作岗位需要什么就训练什么。在设计会计职业工作岗位知识、技术和能力训练单元和模块时，根据会计职业岗位分工来研究确定各自要知、要会和要做的知识、技术和能力模块。一个职业工作岗位对应于一个模块组合，每个模块又包括若干个技能单元，每个单元就是会计岗位技能训练的基本单位。会计职业工作岗位的所有模块就构成会计本科实践教学的内容。在确定实践教学内容时要考虑以下几个问题：

（1）订单式培养

通过校企共同协商，把绝大部分或全部模块的设置权与用人单位接轨，由用人单位制定职业工作岗位要求。

（2）非订单培养

通过行业调查研究，组织教师和行业会计专家一起制订具有行业性、实用性、操作性、标准性和及时性的会计工作岗位实训单元方案。

(3) 突出重点

通过对模块合理组合，对模块提供的时间多少、训练强度的高低，进行综合考虑，突出要强化的内容。并通过安排学生到模拟公司或真实的企事业单位见习，进行务实性岗位技能专项训练和综合训练，形成一套有针对性的考核办法。

(4) 强化职业工作岗位素养

在会计职业道德方面，核心是教会学生做人，培养学生的思考能力、沟通能力和创造能力，使学生在学好专业技术的同时，更应当学会如何运用这些技术为企业处理纷繁的事务。

4. 教学方法

案例教学和模拟实验（顶岗实习）是培养"复合应用型"会计专门人才的有效教学方法。在现代会计本科教学模式中，不管是案例教学，还是对实务直接操作，都要普遍运用面向对象的任务驱动式归纳方法，要创新案例教学，即案例教学加公司工作的方式。

5. 保障措施

(1) 增加资金投入

建立以单元知识与技能为系列的会计教学单元库、模块库，建立会计模拟实验室，增加内容全面、样板性强的多层次、多方位的综合性实验项目等，扩展实验项目内容，使之包括会计核算、财务管理、管理会计、审计、税务、金融等，提高实验室硬件的档次，配备专职的实验员，实现会计实验室的现代化、规范化和制度化，组建模拟公司、计算机中心、多媒体教学系统等。

(2) 加大对师资培训力度

所有会计教师都应是理论水平高、技术业务强、实践经验足的会计教育"专家"。对青年教师，要提供参加实践的机会，增强实践经验，有条件的应定期到企业挂职锻炼。

(3) 落实校企共建项目

企事业单位、会计师事务所要为学生提供充足的实习机会和关键能力的训练，使学生在会计工作岗位上进行实地操作训练，并且随时能够得到会计专家的指导。

(4) 发挥集体智慧

会计理论教学可采取校内会计教师集体备课、集中讨论，充分发挥教研室的应有作用。会计实践教学还必须请会计实务专家、会计人员和会计教师一起参与，对会计职业工作岗位模块的开发、统筹、方案、安排等要发挥集体智慧。

（二）会计课程教学模式改革

经过多年的实践与探索，创立了"两中心三结合"的会计课程教学模式。"两中心"

为理论教学中心和实践教学中心;"三结合"为课堂理论教学与案例教学相结合、校内模拟实习与实训相结合、校外观摩实习与实战上岗相结合(复式+顶岗)。

1. 理论教学

教育目的是培养符合社会需求的人才,会计本科教育培养的复合应用型人才更是如此。理论教学应"突出复合型人才素质、兼顾应用型人才需要"。我国企业会计体系的建立与实施,要求会计教育必须顺时应势进行改革。在新时期会计信息确认与计量的技术难度系数加大、会计人员的自由选择权加大,要求会计人员必须具有较高的会计理论水平,具备较强的职业判断力。现行会计的教学内容是实务处理为主,理论分析为辅;教学方法是教师孤立地传授单学科的会计专业知识,学生被动接受,机械记忆。导致学生过分注重会计分录编制,并未真正掌握会计的基本理论和精髓,更不能站在经济学、管理学的高度理解和掌握会计准则体系,影响了职业判断力的培养和提高。

会计理论教学的重点之一是建立合理的课程体系,理论教学课程体系是培养复合应用型人才的核心内容。建立合理的课程体系主要是处理各类课程的比例关系,也就是基础课和专业课的关系、必修课和选修课的关系、理论课和实践课的关系、课内和课外的关系等。

树立基础课和专业课并重的思想。基础课和专业课是大学课程体系的主要组成部分。基础课在于提高学生的思想道德素质、基本文化素质、身体心理素质和综合素质;专业课在于培养学生适应商业环境的应变能力、从事会计职业的职业判断能力和实际操作能力。

加强会计基础理论及基本方法的教学,以不变应万变。专业课课程包括专业方向课程、学科专业课程、专业基础课程。从培养专业应用技能入手,应本着适用、适度的原则,在专业课程设置方面不应该太细,应加强会计基础理论课程的教学,如"基础会计""成本会计"等,教师在理论教学中应更多地传授会计的基本操作和学习方法,帮助学生学会以不变应万变,培养他们终身学习的能力。

正确处理必修课和选修课的比例。必修课在于保证专业人才的基本规格和要求,选修课在于扩大知识面,增强人才的适应能力。必修课程包括校级公共课程、基础课程、专业核心课程;选修课包括加深主干课程的选修课、扩大知识面的选修课和培养实际能力的选修课。

在知识经济时代,大学生除了需要专业能力之外,还必须具备社交能力、心理承受能力、综合思维能力、表达能力、组织管理能力等。因此,根据"厚基础、宽口径、高素质"的原则,在保证主体课程的同时,可通过学科渗透适当加大选修课,如自然科学、社会科学、人文科学、法律知识以及与本专业有关的其他方面的知识,允许学生在邻近的学科旁听,以便达到培养复合应用型会计专门人才的目的。

增加会计职业道德课程，作为学生的必修课。会计工作是非常重要的经济工作，要求从业人员有较高的职业道德水准和执业能力，其中职业道德更为重要。会计教育不仅要传授必需的技巧和知识，而且要灌输道德标准和敬业精神，因为在很多情况下道德往往比技巧和知识更重要，特别是在遇到相关当事人之间的利益冲突时，唯有道德决策能力才能发挥作用。职业道德课程应由专业教师讲授，在讲授中应多采用案例教学，特别是反面的案例，采用教学互动方式等新方法，调动学生学习的积极性，使职业道德深入学生心中，以促使学生在未来的工作中遵守职业道德规范。

2. 实践教学

实践教学应"突出应用型人才素质、兼顾复合型人才需要"。会计是对会计实体的经济业务从数和量两方面进行计量、记录、计算、分析、检查、预测、参与决策、实行监督，旨在提高经济效益的一种核算手段，它本身也是经济管理活动的重要组成部分。会计学作为应用性极强的一门学科、一项重要的经济管理工作，是加强经济管理、提高经济效益的重要手段。经济管理离不开会计，经济越发展会计工作就显得越重要。实践教学不仅培养学生的实际操作能力，更重要的是要使学生具有综合性、独立性和创造性的分析与解决问题的综合能力。会计学专业更加注重实践的操作，单单有书本知识是不行的，需要的是"理论联系实践"。

会计实践教学系统是由各个教学环节要素组成的。从整个教学过程分析可知，实践教学环节要素包括实验课、校内实习、校外实习、社会实践、社会调查、毕业论文等。

（1）实验课

建立独立的会计实验室，是开设会计实验课的前提条件。会计实验课是在讲授会计学专业主课程以后，按照会计实验课的内容和要求，组织学生在校内的会计实验室进行模拟实际会计工作的操作。在会计专业教学中，许多课程可安排实验课。

会计实验教学是在辅导教师的指导下，由学生按照实际会计工作的要求，自行填制和审核原始凭证，根据原始凭证编制和审核记账凭证，根据记账凭证登记日记账、明细账和总账，根据账簿资料和有关资料编制会计报表，以及会计资料装订和归档等。在操作方式上，既要进行手工操作，又要进行计算机操作。

（2）校内实习

按照会计学专业课的内容和要求，在课程学习到一定阶段或学习结束后，到学校的校办企业和有关职能部门（如财务处、审计处）进行实地操作练习。会计实习是对会计教学的总结和检验。会计实习可分为校外实习与校内实习，根据学校的条件，选择校内实习或校外实习。选择校内会计实习时，因校内实习单位对学校会计教学实习的内容与要求比较熟悉，有利于对学生的实习进行指导，能够较好地完成会计实习任务。应该指出，在学校进行会计实习,不是在学校的会计实验室进行会计实验,这是两种实践形式,不能混为一谈。

(3) 校外实习

按照会计学专业课的内容和要求,在课程学习结束后,到学校外部企业和有关部门进行实地操作练习。在学校有校外会计实习的条件下,一般在专业课的课堂学习结束后,按照会计实习的内容与要求,组织学生深入到企业和有关部门,进行会计工作的实习。一方面,了解和熟悉企业和单位所处的环境和实际工作情况;另一方面,对生产经营过程的经济业务进行会计处理,学习与掌握会计基本技能,在实际工作中培养实践能力,从中进一步学习会计理论与方法。

(4) 社会实践

按照会计学专业课的内容和要求以及培养学生全面发展的需要,在学校课程学习结束后,组织学生到某个地区、部门和企事业单位进行社会服务和社会兼职的实践活动。如:在假期,组织学生到某个地区或部门进行宣传、咨询服务,或协助工作;或学生利用假期,到企事业单位进行兼职工作,如兼职记账工作、收款工作,或做一些服务性的工作。学生参加社会实践活动,对培养学生的实际工作能力,提高思想品德,学会如何做人,都有一定的积极作用。

(5) 社会调查

这是根据教学与社会的需要,有计划地组织学生采用一定形式对社会进行调查的实践活动。调查的内容,一方面是根据会计学专业教学计划的安排,对有关会计教学和会计改革等方面的问题进行调查;另一方面是按照培养学生全面发展的需要,对相关的热点问题进行社会调查。社会调查的形式有实地调查、问卷调查和网上调查等。组织学生进行社会调查的主要形式,是选择具有代表性的单位,让学生到某个地区、部门和企事业单位,以采访、蹲点、座谈、参观等形式,深入实际进行专项调查。通过调查,收集资料,实地观察,了解生产经营、企业管理、制度建设等实际情况,了解会计工作的组织、人员配备与素质、工作环境、会计核算与会计管理、存在问题等实际情况,了解社会经济改革、经济建设等方面的实际情况,拓宽视野,运用所学理论与方法,进行分析,揭示本质,加深对理论与方法的再认识,写出调查报告。学生通过社会调查,增长实践知识,锻炼社交活动能力和独立工作能力,提高政治思想水平。由于社会调查具有内容单一、时间较短、方式简便、联系面广、耗费较少和收获较大等优点,是会计实践教学中一种较好的形式。

(6) 毕业论文

毕业论文是根据教学计划安排,在课程学习结束后,为综合检查知识水平和考核科学研究初步能力,由学生按照专业选题而撰写的论文,亦称学士学位论文。毕业论文要事前选好与专业相关的论题，题目要有实践性、理论性和创新性。撰写毕业论文要拟定写作步骤，包括选定论文题目、拟定论文大纲、搜集资料、展开社会调查告示。通过撰写毕业论文的实践，有利于培养学生的综合能力，为走向实际工作岗位做好准备。

3. 课堂教学

无论什么专业、什么学科、什么课程的教学，课堂教学都是最基本的教学形式。学校的中心工作是教学，教学工作的中心是课堂教学。课堂教学要有宽度和深度。宽度就是把学科知识生活化、经验化、情景化、活动化。深度就是学科的厚度，要把学科知识概念化、科学化、规范化、逻辑化。没有宽度的课堂，必然是机械、乏味的课堂，没有深度的课堂，必然是平庸、表层的课堂。深度和宽度的均衡分布，是最有利于课堂教学效益最大化。

（1）会计课程的课堂教学，要做到理论与案例（实际）相结合

课堂理论教学宜采用研究性教学模式，其基本内容包括基本知识理论的教学和课题研究教学。

基本知识理论的教学是学科课程研究性教学的基础，一般采用讲授式和互动式教学法。即教师从"少而精"的原则出发，按课程性质和教学要求提炼出课程的基本结构——基本知识和经典理论；然后运用激疑讲授、激趣讲授和互动式教学等方式与学生共同生成知识。

课题研究教学法过程一般为：创设情境→探索研究→获取新知→应用新知。主要包括课题研究指导教学法、课题研究成果汇报教学法和课题研讨教学法。课题研究指导法是教师将学生分成不同的研究小组，然后根据课程内容和要求与学生研究小组共同确定研究课题，并指导其进行课题研究的方法。课题研究成果汇报教学法是学生研究小组就自己的研究成果向全体同学和教师汇报的方法。课题研讨教学法是教师组织学生就课题研究中的重点、难点问题进行研讨，以提炼知识、共享知识、发展能力的方法。

案例教学在课堂教学中也很重要。会计学课程除有自身的基本理论外，还特别强调法律、政策、制度的规定。在课堂教学过程中要全面推行案例教学。由于教学案例是在实际调查的基础上编写出来的实际事例，尽管也可能对某些情节进行了虚构，但其内容是有客观依据的。因此，在会计学专业课程中应贯穿案例教学，即结合每门课程的具体内容，设计若干案例，穿插在有关章节中讲授。通过案例教学，可使学生通过对来自实际的案例资料进行分析，增进对相关会计知识的理解，初步学会运用所学的知识解决实际问题，使书本中的理论知识和实际问题在课堂上结合起来，有利于学生理解各项会计实务的内容，有利于理论联系实际和培养学生分析问题、解决问题的能力。

（2）会计课程的课堂教学，要做到理论与实验（实训）相结合

设计会计理论教学与实验教学相结合的途径，注意会计实验内容与会计理论课程相配套。要达到培养应用型会计人才的目的，不能只考虑某一门会计课程的实验，而应该从全部课程的设置出发，按其内容的需要安排会计实验，使会计实验成为一个体系，针对不同环节、不同方面和相关会计课程进行会计实验，以配合会计理论课程教学。

在理论教学过程中穿插实验教学，在实验教学过程中渗透理论教学，使会计理论教学与会计实验相结合。会计实验是依据现行的财务会计法规、制度对具体经济业务加以处理，因此，理论课教师要重视实验课内容，要亲自指导实验。应对每一项实验，从会计的理论、方法与法规等方面，向学生讲明会计实验的依据。

在会计理论教学中，应强调教学方法的多样性与灵活性及各种教学方法的相互配合，以提高仿真模拟的实验效果。在理论教学过程中，如何利用最短的时间，运用最科学、合理、有效的方法和手段，提高仿真模拟的实验效果，是会计教育亟须解决的问题。可以充分利用现代技术，建立计算机网络教室，采用演示教学、相互探讨教学、虚拟显示教学以及远程教学等多种方式，突出会计理论教学的操作性，以实现理论教学与实验教学的完美结合。

4. 校内实习

会计教育的导向具有知识传输和能力培养的双主导型特征。知识传输就是理论课程的教学，而能力培养的主要途径是实践教学。实践教学最好的途径是到企业顶岗实习，但是因实习经费的普遍不足、实际工作单位财务部门工作环境的限制、单位商业机密的安全、会计工作的阶段性与时间性特点等因素，决定了校外实习难以取得令人满意的预期效果。

会计实验是实践教学的核心组成部分。会计实验教学体系按实验要求大体可分为：单项实验、阶段模拟实验和综合模拟实验。

单项实验即以理论课教材的章节为实验单位，按理论教学进度分阶段组织实验。如在"基础会计"教学过程中，可分别开展原始凭证的填制和审核实验，记账凭证的填制、审核和传递实验，会计账簿开设和登记实验，结账和错账更正实验等。

阶段性模拟实验，是在学生学习完某一门会计专业理论课后进行。一般安排1~2周的时间，对本课程所涉及的经济业务和相关会计处理方法、程序进行综合的模拟演练，让学生进一步巩固深化本课程所涉及的相关知识。如财务会计模拟实验、成本会计模拟实验、财务管理和经营分析实验等。

综合模拟试验，是一般在毕业前夕进行。综合模拟实验是以某一模拟单位某一特定月份（通常为12月份）完整的会计资料为基础，按照实验的总体要求，从填制原始凭证、记账凭证、登记账簿、编制报表、编写财务说明书，结合税收知识、财务管理知识、成本管理会计知识、金融知识等进行财务分析，直到完成实验分析报告。综合实验的主要目的

是使学生受到综合、全面的训练，既要提高学生的实际操作能力，也要提高学生分析问题和解决问题的能力。

校内实习包括模拟实训与仿真实验，由理论教学与单项实训教学同步，融"教、学、做"于一体；分岗实训与综合实训相结合；手工账实训与电算化实训相结合；校内模拟实训与校内仿真实验相结合，以期提高学生的实际业务水平，培养出社会需要的合格的技术应用型人才。

（1）理论教学与单项实训教学同步

会计课程的"教、学、做"一体化，是将理论教学内容与实训教学内容有机地糅合在一起，做到了系统性和实践性的有机统一，将原来的课程同与之相配套的实训课题有机组合。财务会计课程以会计职业岗位群对会计核算知识的要求为目标，以对外报告的会计信息生成为主线，以四项会计假设为前提，以资产、负债、所有者权益、收入、费用、利润六大会计要素的确认和计量为基础，以通用内容业务具体准则为补充内容体系，最后以财务报告为总结，形成相应的内容单元；同时，将财务会计单项实训课提前，在理论教学过程中同步实施财务会计单项（各个内容单元）实训，边教边学、边学边做。这种一体化的教学模式可使理论知识的学习与实际操作的训练在最短的时间内紧密结合，理论指导实践，实践又深化理论，并且与职业资格考证体系一致，使教学内容更具有针对性，做到课证融合，融"教、学、做"于一体，使学生真正做到知行合一，对培养高职学生的专业素质起了很好的促进作用，使教学时间和教学设备的利用率大大提高。

（2）分岗实训与综合实训相结合

会计核算需要一定的理论水平作为职业判断的基础，同时又要严格按照制度规定进行实务操作。基于中小型组织将会计分为若干岗位，主要训练出纳岗位、财产物资岗位、往来结算岗位、成本费用岗位、财务成果岗位、资金岗位、总账报表岗位等工作领域的业务操作；采用一岗一人或一岗多人形式，形成一个会计工作团队，既分工，又协作。在组织方式上，按内控制度和不相容岗位分离原则，分为财务负责人、制单会计、记账会计、出纳、审核等岗位，共同组成一个实训小组，定期轮换，达到掌握会计职业各个岗位、各单项技能的基本要求。

完成内容分岗、组织方式分岗实训训练后，独立进行财务会计综合实训，这是会计分岗实训在核算程序上的巩固、内容上的更新。它基于小型组织将若干会计岗位集于一人，即一人多岗，每名同学独立完成一套模拟资料的实训程序。综合模拟实验的实习资料必须选择有代表性企业的资料，并且进行设计加工。设计加工的目的在于将一个真实企业中可能涉及不到的业务，集中于一个典型企业，进一步增强资料的全面、系统与代表性，以收到"麻雀虽小，五脏俱全"的效果。财务会计模拟实习主要的目的是使学生掌握综合处理日常会计业务的能力，要求学生独立利用已知资料编制原始凭证、记账凭证，登记账簿，编制报表，使学生继续熟练会计人员的基本技能，提高其独立处理日常业务的能力。

(3) 手工账实训与电算化实训相结合

会计手工模拟实践是基础，它可以帮助学生全面认识和理解会计活动的全过程及其规律，而会计电算化模拟实践是对手工模拟实验的升华。它是利用计算机和网络技术和手段，进行全面系统的会计电算化处理，提高会计工作效率，很多用人单位也将电算操作能力列为招聘的条件之一。根据社会的这种需求，在手工会计模拟实训基础上，利用手工模拟资料开展会计电算化模拟实训。其方式是在上述手工完成综合实训资料——会计凭证填制、账簿登记、会计报表编制的基础上，将会计凭证输入计算机，同时完成会计电算化的账务处理及会计报表的编制，将两者有机结合，相互渗透，巩固学生会计业务的处理能力，提高综合实践能力；能熟练使用和掌握现代财务管理软件，提高职业适应能力。

(4) 校内模拟实训与仿真实验相结合

无论是财务会计单项实训、财务会计岗位实训、财务会计综合实训都是校内的模拟实训，要实现零距离就业，需要有紧密型的实训基地的实践。校内外实训基地是实训系统的重要组成部分，是学生与职业技术岗位"零距离"接触、巩固理论知识、训练职业技能、全面提高综合素质的实践性学习与训练平台。但是由于会计岗位的特殊性，校外实训基地实际上很难让在校学生接触到真实、完整的会计内容。因此，在校内建立仿真实验室是解决这一问题的关键。通过校内具有双师资格、具有实践经验的会计教师，聘请相关企业的会计师、会计工作者共同研究建立校内代理记账公司，争取一定数量的企事业单位的支持，获得会计代理业务。代理记账公司可接纳教师兼职顶岗工作、接受学生顶岗实践，成为能给学生真账实践的基地。全真的资料，全真的操作，全真的感受，以一家典型企业的实际经济业务为范例，让学生按手工账操作、电脑账操作、纳税申报三大模块对企业会计工作进行一系列的会计岗位工作操作。真实账务流程、真实票据、亲自参与报税，独立全盘操作账务、税务，系统地学习和掌握会计岗位所需的基本技能与专业技术，取得实际工作经验，巩固、综合、强化实践能力，实现学院职业教学、学生岗位素质培养、代理公司获取盈利等多赢目的。

5. 校外实践

校外实地实践教学模式是财会专业的学生在学习完相关理论课程之后，由学校或学生自己与校外相关业务单位进行联系，将校外业务单位作为实践教学的基地，让学生到实践教学基地进行实地实践的一种实践教学形式。让学生到实践教学基地进行实地实践的实践教学模式，涉及的知识全面，可以让学生在真实的环境、真实的条件下亲身体验到会计实务工作的具体内容和处理方法，旨在提高学生实际业务操作技能。

校外实践可采取两种方式进行：一是复做实验，即将企业（公司）的近期1个月已做账业务抽出（借出），在指导教师的监管、引导下，按企业（公司）当时执行会计政策要求进行账务处理，并将会计核算结果与原会计人员核算结果核对，达到实践的目的；二是顶岗实习，即在企业（公司）会计人员的指导下，对当期发生的经济业务进行账务处理。

但校外实地实践教学模式在实际操作过程中也存在不可忽视的问题，表现为以下三方面：其一是实践教学基地的原因。由于企业商业秘密意识的提高以及会计岗位的特殊性，很多业务单位都不乐意接受学生参加实地实践，最多是让学生参观一下业务流程。所以目前很多院校财会专业都面临着没有一个稳定的学生实习实践基地的困境。其二是学生的原因。学生由学校到实习单位，实际上是初步踏入社会，很多学生不能快速地转变自己的角色，既不积极发问，又不努力学习，甚至有些学生根本就不去参加实习。其三是学生实践成效难以考评。由于客观条件的限制，难以建立学生实践跟踪考评制度，对学生在单位的实践状况难以衡量。上述三方面的原因使得校外实地实践教学模式流于形式，不能发挥较好的效果。

6. 注意事项

要实施"两中心三结合"的会计课程教学模式，还必须注意以下事项：

（1）明确主导与辅导的关系

由于校外实地实践存在着一定的局限性，对于一些基础的课程以及课程中的基础实践应主要采用校内实验室进行模拟实验；而对于一些综合性课程或者与单位联系较为紧密的课程则应将校外实地实践作为主导。学校及教师必须明确主导与辅导的关系，不能一味地依靠校外实地实践。

（2）提高教师的实务操作能力

作为应用型本科院校在引进人才的时候应考虑会计学专业对实践型教师的需求，而对于在岗的教师学校及个人应不断寻求机会提高其实务操作能力，例如可以让相关教师定期到企业去顶岗或学习。

第二节　会计教学方法

一、教学方法概述

（一）教学方法的含义

1. 概念

教学方法是教师和学生为了实现共同的教学目标，完成共同的教学任务，在教学过程中运用的方式与手段的总称。可以从以下三方面来理解：

第一，一是指具体的教学方法，从属于教学方法论，是教学方法论的一个层面。教学方法论由教学方法指导思想、基本方法、具体方法、教学方式四个层面组成。

第二，教学方法包括教师教的方法（教授法）和学生学的方法（学习方法）两大方面，是教授方法与学习方法的统一。教授法必须依据学习法，否则便会因缺乏针对性和可行性而不能有效地达到预期的目的。但由于教师在教学过程中处于主导地位，所以在教法与学法中，教法处于主导地位。

第三，教学方法不同于教学方式，但与教学方式有着密切的联系。教学方式是构成教学方法的细节，是运用各种教学方法的技术。任何一种教学方法都由一系列的教学方式组成，可以分解为多种教学方式；教学方法是一连串有目的的活动，能独立完成某项教学任务，而教学方式只被运用于教学方法中，并为促成教学方法所要完成的教学任务服务，其本身不能完成一项教学任务。

与教学方法密切相关的概念还有教学模式和教学手段。教学模式是在一定教学思想指导下建立起来的为完成某一教学课题而运用的比较稳定的教学方法的程序及策略体系，它由若干个有固定程序的教学方法组成。每种教学模式都有自己的指导思想，具有独特的功能。它们对教学方法的运用，对教学实践的发展有很大影响。现代教学中最有代表性的教学模式是传授—接受模式和问题—发现模式。

教学手段则是指在教学活动中师生间进行教和学，以及相互传递教学信息的工具或设备等。教学方法和教学手段属于方法和条件范畴，是为完成教学目标、取得教学结果服务的。因此，在改革中要以实现目标为出发点，紧紧围绕教学效果，根据教学目标的多样性和教学对象的差异性，开展多样的教学方法和教学手段改革与实践，使之真正见实效。

2. 教学方法的意义

教学方法对完成教学任务，实现教学目的具有重大意义。当确定了教学目的，并有了相应的教学内容之后，就必须有富有成效的教学法，否则，完成教学任务、实现教学目的就要落空。由此可见，教学方法，就一定意义来说是关系着教学成败的重要问题。

教学方法名称是根据教师或学生的工作形式外部特征来命名的，所以，根据教学方法的名称，就可以判断教学过程参与者的活动方式。教学的成败在很大程度上取决于教师是否能妥善地选择教学方法。知识的明确性、具体性、根据性、有效性、可信性有赖于对教学方法的有效利用。教学方法对于教学学习技能和技巧，特别是学习实际应用知识的技能起着重要的作用。

当前，科技的进步，生产的发展，社会主义祖国的富强，都要求各项工作讲求效益，提高效率。教学工作，同样要求讲求效益，提高效率，但不能简单地依靠增大教师劳动强度和增加学生学习负担来提高教学质量。研究和改进教学方法，这对工作中少走弯路，用较少的时间、精力和物力取得最佳的教学效果，是具有重要意义的环节。

把学生培养成为什么样的人，与采用什么样的教学方法教学生密切相关。教师的教法制约着学生的学法，同时对学生智力的发展、人格的形成具有重要作用。教师的教学，经常采用注入式的教学方法，课上教师念笔记，学生必然要采取死记硬背的学习方法；课堂教师讲授，学生听受，不给学生以独立思考与独立活动的机会，学生就会缺乏主动性、独立性和创造性，就很难培养出一批勇于思考、勇于探索、勇于创新的人才。

3. 教学方法的种类

（1）暗示教学法

暗示教学法，就是对教学环境进行精心的设计，用暗示、联想、练习和音乐等各种综合方式建立起无意识的心理倾向，创造高度的学习动机，激发学生的学习需要和兴趣，充分发挥学生的潜力，使学生在轻松愉快的学习中获得更好的效果。

（2）表解教学法

表解教学法是通过制表填空方式，使学生准确、扼要掌握课程主要内容和主要知识的一种教学方法。用表解教学法授课，能使学生紧扣图表理解内容，重点十分突出，范围高度集中，有效地突出了教学重点、难点，有利于帮助学生感受内容的思想感情。图表紧扣课程篇章、结构，并表现主题的特点而设计，学生能一目了然地看清篇、章、节、段之间的关系，对教材如何安排段落、突出主题有较为深透的理解。表解教学法的最大特点是提纲挈领，有利于学生从整体上和整体与局部的联系上认识事物，发展思维能力。

（3）活动教学法

活动教学方法，就是以认知活动为突破口，创设良好的课堂气氛，以活动为形式，注重外显行为活动与思维内化活动的结合，重视认知活动与情意活动、教师主导活动与学生主体活动、学生个体活动与群体活动的协调。这种教学法旨在调整学生中"失败者"的心态，促使学生由消极被动的学习向积极主动的学习转化，使认知和情感得到和谐的发展。

在教师的指导下，使学生自己动手、动口、动脑。采用比较自由、不拘形式，以学生为中心的学习方法。其重点是让学生自己活动和思索去获得知识。学生在活动中充分调动多种器官参加学习，兴趣浓厚，情绪激昂，思维积极，感知丰富，乐学易懂。学生对某学科产生了兴趣、激情，生理上往往会伴随着血液循环的亢进，能使大脑皮质得到营养，活化整个神经系统，能把注意、思维、记忆、想象等心理因素都调动起来，使之积极化。

活动教学法是教师帮助学生越过思维障碍，突破知识难点，培养思维能力的一种教学方法。要使学生形成正确的概念，既理解、掌握知识，又发展自身能力，就必须得到教师的适时、适当指导。

(4) 课堂讨论法

课堂讨论法，就是学生在教师的指导下，围绕某一中心问题，交流意见，互相启发，弄懂问题的一种教学方法。

这种教学方法可以激发学生的学习兴趣，活跃学生的思想；便于培养学生独立思考、分析问题和解决问题的能力；有利于培养学生口头表达能力；有利于对知识的理解等。运用讨论法的基本要求是：讨论前，教师应提出讨论的题目和方法，指导学生搜集资料和调查研究，写好发言提纲；讨论中，要求学生普遍发言，教师要启发诱导，鼓励学生持之有据，言之有理，围绕中心联系实际；讨论结束时，教师要全面总结，简要概括出问题的答案。

(5) 启发式教学法

启发式教学法，是一种教师引导学生积极思维，发展学生智慧的教学方法，与"注入式教学法"根本对立。其基本精神是要充分激发学生学习的内在动机，调动学生学习的主动性、积极性，促进学生积极思维，提倡学生自己动脑、动口、动手去获取知识，是以辩证唯物论的方法论为其理论基础，是唯物辩证法在教学上的具体运用。它把教与学的过程解释为教师与学生的共进过程，知识的掌握与能力的发展理解为矛盾统一的运动过程。启与发的辩证关系是互为因果的关系，启是发的前提和条件，发是启的发展和结果。

(6) 直观教学法

直观教学法，是指利用与借助实物、图片、模型、标本、动作、语言和电化教学设备等进行具体形象的教学方法。它符合学生形象思维占优势的学习特点，有利于学生建立清晰、明确的概念。当前，教师在运用此法时要充分利用现代化的教学设备，让形象由静变动，调动学生的学习兴趣，加深理解和记忆，增强直观效果。

(7) 讲解教学方法

讲解教学方法是一种长期以来形成的传统教学方法。教师主要运用语言方式，系统地向学生传授科学知识，传播思想观念，培养学生的思维能力，发展学生的智力。

运用讲授式教学方法的基本要求是：科学地组织教学内容；教师的教学语言应具有清晰、精练、准确、生动等特点；善于设问解疑，激发学生的求知欲望和积极的思维活动。

(8) 探究教学方法

探究教学方法是现代大学教育倡导的教学方法。教师或教师引导学生提出问题，在教师组织和指导下，通过学生比较独立的探究和研究活动，探求问题的答案而获得知识的方法。基本步骤是：创设问题的情境；选择与确定问题；讨论与提出假设；实践与寻求结果；验证与得出结论。此法常与发现教学法结合运用。

运用发现教学法与探究教学法时，应注意：努力创设一个有利于学生进行探究发现的良好的教学情境；选择和确定探究发现的问题（课题）与过程；有序组织教学，积极引导学生的探究发现活动。

（9）实践教学方法

实践教学方法，是培养应用型人才的有效方法。通过课内外的练习、实验、实习、社会实践、研究性学习等形式，开展以学生为主体的实践性活动，使学生巩固、丰富和完善所学知识，培养学生解决实际问题的能力和提高实际操作能力。

（二）会计教学方法

会计教学方法，是指在进行会计学科教学过程中所运用的具体方式和手段。常用的会计教学方法有：

1. 讲授法

虽然在科技水平高度发展的今天，各种教学方法层出不穷，但无论哪一种，都无法替代讲授方法。因为讲授方法有其他方法无法替代的优势：它能使师生面对面地交流，教师能随时了解学生对已授会计知识的掌握情况，并根据学生在课堂上对知识的接受程度好坏，随时做出相应调整，诸如教学内容的难易程度调整、教学进程的快慢程度调整，等等。当然，任何教学方法具有优点的同时，必然存在一定缺点。讲授法，比较突出教师授课的主导作用，但是学生的主体作用体现不足。因此，教师必须根据授课内容和目的，以讲授方法为基础，结合问答法、案例教学法、讨论法和练习法等教学方法，让学生掌握相关知识和技能。同时，由于会计课程具有发展性，因此教师必须让自己授课内容做到与时俱进；会计课程又同经济学和管理学的一些课程是相互关联的，所以对于经济学和管理学基础薄弱的学生，教师应该特别关注，必要时可以个别指导。

2. 启发式教学法

启发式教学法不是指某种具体的教学方法，而是对能够引导学生主动积极思考的各种教学方法的通称。启发式教学法通常是贯穿在讲授法、讨论法、实证法等具体教学方法中加以使用。具体的应用方式、方法有：对比式启发、由浅入深启发、讨论式启发、案例教学启发、课堂练习式启发、思考性启发、实践性启发、回顾式启发、总结式启发、多媒体教学启发等。在会计学教学过程中，教师应正确把握自己的地位和作用，针对不同的教学内容采用不同的启发式教学方法。

3. 案例教学法

推行案例教学、模拟教学，这是会计学教学本身的要求。会计学是实践性很强的学科，会计教学不仅要向学生全面系统地传授会计理论知识和基本方法，而且必须注重应用能力、运作能力素质的提高。会计教学要注重模拟、实训、实践等环节教学，培养好用、顶用、耐用的，面向一线的应用型人才。

4. 实验教学法

会计学科的许多课程，都有必要进行实验。如成本会计实验教学是成本会计教学内容的重要组成部分，是弥补成本会计课堂理论教学之不足、提高教学效果的重要手段。

5. 问题导向学习教学法

问题导向学习教学法，就是基于问题的学习，是以信息加工心理学和认知心理学为基础的，在一定的情境即社会文化背景下，借助其他人的帮助而实现的意义建构过程，"情境""协作""会话"和"意义建构"是学习环境中的四大要素。

6. 情景教学法

情景教学法，是指在教学过程中，教师有目的地引入或创设具有一定情绪色彩的、以形象为主体的生动具体的场景，以引入学生一定的态度体验，从而帮助学生理解教材，并使学生心理机能得到发展的方法。其核心在于激发学生的情感，启迪学生的思维。情景教学法的类型是相当多的，它既有直接情景教学类型，如参观采访、自主体验、现身说法等，又有间接情景教学类型，如表演、实验演示、录像幻灯、语言描绘、实况播音、设置悬念、辨析讨论等。由于会计职业判断存在于会计核算流程的各个环节，从会计凭证到会计账簿，再到会计报表，完全可以在会计教学中采用情景教学法。通过创设会计工作环境，以会计核算为中心，并且围绕会计核算设立必要的内部和外部环境，仿真模拟实际的会计核算流程，使学生获得非常重要的感性认识。通过情景教学，学生能够明白会计核算的分岗位设置，了解不同岗位的职责，以及会计核算流程的整个过程，从而真正懂得实际的会计核算工作的现状，重在培养学生的职业判断意识。

7. 项目教学法

项目教学法，是指教师以企业典型项目为驱动，事先给每个学生或每组学生安排一个与教学内容相关的实际项目，将项目的具体实施贯穿在授课过程中，使学生在完成项目的过程中掌握系统的理论知识的教学方法。项目教学法是师生通过共同实施一个完整的"项目"工作而进行的教学活动。由于会计职业判断存在于会计账务处理的各个环节，包括确认、计量、记录和报告，主要解决"是什么""在何时"和"怎么做"等问题。因此，可以根据教学资源情况设计项目教学课题，把教学内容按照循序渐进原则细分为不同的教学项目；明确项目主题，力求实际并具有可操作性；设计有效的形式，如通过理论研究、社会调查、查阅资料等多种形式，将知识进行归纳。通过项目任务的完成过程来带动学生思考、研究、利用资源，操作实践，进行创作，从而达到学习和掌握知识的目的。

二、传统会计教学方法的弊端

教学方法是完成教学任务、实现教学目的与提高教学质量所采用的重要手段。为达到一定的目的就必须采用与之相适应的方法。长期以来,"复习—新课—作业"这种注入式教学在课堂教学中占有主导地位,教师在课堂上讲,学生在下面记,不但费时、费力,而且知识输出量少,不利于激发学生的学习主动性,同时还抑制学生的创造性思维。这种方法培养出来的学生的知识和动手能力得不到同步发展,缺乏分析问题和解决问题的能力,难以适应社会会计岗位的需要。究其原因很多,而教学方法陈旧是一个重要原因。在会计学教学工作中,要提高教学质量,必须进行教学方法的改革。

(一)传统会计教学方法的弊端

传统教学方式的讲课方法,一般是通过演绎推理来传授知识,其逻辑起点是较正式地阐明概念、结构和理论,然后用例子和问题来论证,教师授课辅之以阅读、音像、练习和习题等有效方法传递具体事实、原则、系统技术。传统的课堂教学受注入式思想的支配,把教学过程看作是"灌注"过程,教师满堂灌,学生被动听,教师和学生缺乏主动交流,教学效果不甚理想。传统教学方法在会计的教学过程中存在许多不足:

1. 教学方法单调呆板

目前,在会计学教学中主要采用讲授法这一传统的注入式教学方法,虽然现在各高校都增加了实验教学或采用了其他教学方法,但从总体上看,大学会计教学方法仍显单调、呆板,很少采用案例教学法、问题讨论法等启发式教学方法。传统的"满堂灌""填鸭式"的教学方法既不利于发挥学生学习的积极性和主动性,更不利于培养学生的创造性思维,很难培养出勇于探索和创新的会计人才。

2. 强调教师中心地位

目前,高校会计教学普遍存在"以教师为中心"的现象,向学生单向讲授知识,把学生当作知识灌输对象。对于学生来说,理解、消化老师讲授的内容成为最高要求和目标,没有给予学生学习和思考的机会。例如,有的教师虽然在教学过程中采用了案例教学法,但是对于案例的分析却"一言堂",没有给学生思考的时间和发表个人意见的机会。同时,高校会计教学中普遍存在忽视学生的自主学习现象,老师几乎是从头讲到尾,没有留出任何内容由学生自学,忽视学生的自主学习和发现学习。随着信息技术的普及,学生获取信息的来源变得多样化。特别是会计制度的变化相当快,如果一味强调接受学习,已经不能适应时代的要求和会计的专业特性。

（二）本科会计教学方法改革的基本思路

1. 教学方法改革应以培养学生学习能力和创新能力为导向

21世纪是知识经济时代，不断学习和创新是时代的要求。在会计教育中，强调培养学生的自学能力和创新能力尤为重要。一方面，会计具有社会属性，会计准则会随着会计环境的变化而做相应调整，在校学生所学知识在毕业以后也许会被淘汰，必须通过自学等途径来获取新知识；另一方面，由于各个单位的实际情况不同，会计学专业毕业生要适应不同企业的特殊情况，必须具备较强的适应能力，而这一能力是建立在自学能力和创新能力的基础之上的。一个人只有具备自学能力和创新能力，才可能不断地吸取新的知识，解决实际工作中遇到的新情况、新问题。事实上，大学生已具备一定的自学能力和创新能力，在教学过程中应多让学生自学、自我分析问题和解决问题，培养其自主学习和创新的能力。有些教学内容或问题，本来可以由学生自己学习或思考的，如果完全由教师讲授，不仅占用了教学时间，而且还使学生失去了独立钻研的锻炼机会。因此，教师的"教"应由简单地传授、灌输知识转化为对学生学习的指导和启发；学生的"学"应由被动地接受、储存知识转化主动寻求、开发知识。教学要由教"书"向教"学"转变，适当降低课堂讲授时数，增加课堂讨论、质疑、练习、实验等课时，充分调动学生"学"的积极性。

2. 教学方法改革应以启发式教学为核心

教学方法一般可分为两大类：一是启发式教学法，二是注入式教学法。这两类教学方法体现和反映了两种完全对立的教学指导思想。注入式，是指教师从主观出发，把学生置于被动地位，忽视学生的主体能动性，把学生看成是单纯接受知识的"口袋"，注重教学过程的知识传授。启发式，是指教师从学生的实际情况出发，把学生当成学习的主体，应用各种方式方法调动学生学习的积极性、独立性、主动性和能动性，引导学生通过自己积极的学习活动去掌握知识、形成技能、发展能力和促进个性健康发展。教学方法改革应以启发式教学为核心内容，要把学生看作认识活动的主体。在教学过程中，教师不以教为主，而是以指导为主；不是重在传授知识，而是重在对学生激发思维、指导思维、发展思维、训练思维、培养思维。坚持"少而精、启发式，学为主、教为导"的原则，增强学生的参与意识，充分调动学生的学习积极性、主动性和创造性。

3. 教学方法改革应以整体最优化为目标

注入式教学方法和启发式教学方法都有优点和缺点，并具有各自的适用条件。在会计教学中，不可能只采用其中任何一种方法，而是多种方法的综合运用。最优化的教学方法必须是克服了每种类型方法的局限性，而在其功能、效果、手段等方面呈现出综合化特点的教学方法。因为它综合了各种方法的优点和长处，所以能发挥出整体最优的功能。在综合运用各种教学方法时，要注意发挥教学方法的整体功能。综合运用不是面面俱到，而是"集优化"；也不是优点的简单相加，而是经过优化组合的新的整体。教学方法的应用，一要考虑充分发挥由教师、学生和课程构成的教学的整体功能，使之实现整体大于部分之和的系统功能；二要注意发挥出不同教学方法构成的综合整体功能，使各种方法有机配合，收到良好的教学效果，提高教学质量。

三、现代会计教学方法及实现途径

（一）现代会计教学方法

现代教学法是以发展学生的智能为出发点，充分调动学生学习积极性与发挥教师主导作用相结合，注重对学生学习方法的研究，掌握学生的情绪活动，继承与适时改造传统方法等为特征的、适应21世纪现代教学要求的教学方法。经中外学者、实际工作者的研究与实践证明，适应现代教育要求的核心教学方法是启发式教学。现从会计学的特点出发，具体探讨有效的教学方法。

1. 案例教学法

会计案例教学法就是在学生学习和掌握了一定的财务会计理论知识的基础上，通过分析会计案例，让学生将所学知识运用于"会计实践活动"，以提高学生发现问题、分析问题、解决问题的能力，灵活变通的一种会计教学法。在采用这种方法时，首要问题是要精选案例。在选择案例时要注意：案例必须以会计实践活动为主体，具有典型的代表性、针对性，对学生能起到举一反三、触类旁通的作用；案例必须与会计教学内容紧密相关，存在一定的内在联系；在所选案例中应融入适度的财务会计理论知识或基本方法，具有一定的难度，达到能有效地开发学生思维潜能的目的。案例的设计应随课程的进度由易而难，循序渐进，既不要过于简单，也不要过于复杂。案例的设计可以是正面的，也可以是反面的；可以一个单纯的制造加工企业为例，也可以集团公司为例。总之，案例的选材应是灵活多样的。

在会计案例教学中，案例的选择是案例教学成败的关键。会计案例应当尽量满足以下要求：一是典型性，会计案例应具有普遍的范例作用，学生可以通过案例能举一反三、触类旁通；二是针对性，使学生不仅能胜任解决当前问题，而且能激发其开拓创新能力；三是现实性，会计案例一般都是来自经济活动中最新的、有争议的、可讨论的现象，从而使会计教学贴近现实生活，给学生建构知识的可用性。

2. 课堂讨论法

课堂讨论法是在教师的指导下，学生围绕中心问题相互交流个人看法，相互启发，相互学习的一种教学方法。课堂讨论法可以采用自由讨论、小组讨论或辩论等多种具体形式。这种教学方法可以激发学生的学习兴趣，提高学习情绪，活跃学生的思想；便于培养学生独立思考、分析问题和解决问题的能力；有利于培养学生口头表达能力；还可以培养合作精神：集思广益、相互启发、互相学习、取长补短。运用讨论法时，教师应该采取一定的措施鼓励学生积极、主动地参与讨论活动，例如将讨论效果计入平时成绩或对主动发言的学生给予加分奖励等。

3. 自学指导法

自学指导法是在教师的指导下，学生通过自学教材和参考资料以及进行实验，并通过思考和研究而获得知识、掌握技能的一种教学方法。自学指导法有利于学生深入钻研某一问题，提高自学能力；同时，学生在自学过程中也会培养自信心和独立思考的习惯。

自学指导法强调自学和指导相结合，必须正确处理二者的关系。离开了自学，指导越多，学生学习依赖性越强，自我努力意识越淡薄，学习效率越差；离开了指导，自学将陷入盲目，大部分学生将失去学习的兴趣。教师的指导作用主要是通过设问、引路、沟通、总结来不断提高学生学习的兴趣，而学生则通过自己的努力，去认识、掌握学习的方法，提高自己的能力。

4. 导向式教学法

导向式教学法，是指在课堂教学时，教师在讲授某一知识点前导入一个案例或问题，来引发学生学习的愿望和兴趣的教学方法。学习过程始于问题，针对这门课程专业性、实践应用性强的特点，在教学过程中，通常首先通过实际案例导入本课程所要介绍的基本问题，例如如何记账，如何成为一名合格的会计人员，来引发学生学习的愿望和兴趣。知识的掌握固然重要，但能力的培养更不容忽视。

5. 探索式教学法

探索式教学可以用于考察学生的认知能力和分析能力。在运用这种教学方法时，教师可以根据学生的实际状况，布置一些简单的、与日常生活联系密切的知识点供学生分析讨论。这种教学模式也有利于学生个体的发展，既锻炼了他们的口才，也克服了有些学生上讲台胆小、紧张的心理。

6. 情景模拟教学法

会计专业教师通过制作教学情景演示课件，在讲授的同时播放情景，加深学生对所学知识的理解。会计学对初学者来讲，很抽象，所以选择有代表的会计实体为案例，根据教学光盘的演示，跟教材同步进行，能使学生尽快地融入专业课学习的氛围中。通过教学情景光盘辅助，把枯燥的教学内容具体化、故事化，教学效果也会大大提高，促进师生交流。

以上教学方法都是从会计学的特点出发，在会计学教学实践中总结出来的有效方法，根据不同的会计学课程、不同的教学内容适当选用，可以单独使用，最好结合使用。

（二）现代会计教学方法实施途径

传统的系统知识讲授法、演示法等，对学生掌握会计基础知识、基本技能有一定的成效，但忽略了学生的主观能动性，对培养学生的创造能力收效甚微；注入式教学，会造成学生思考问题单一化，不能形成科学的学习方法，缺乏获取知识和分析处理信息的能力。为弥补传统教学的不足，建议在会计学教学活动中，切实抓好以下工作：

1. 教师要树立启发式教学观念

启发式教学法不是指某种具体的教学方法，而是对能够引导学生主动积极思考的各种教学方法的通称。启发式教学法通常是贯穿在讲授法、讨论法、实证法等具体教学方法中加以使用。具体的应用方式、方法有：对比式启发、由浅入深启发、讨论式启发、案例教学启发、课堂练习式启发、思考性启发、实践性启发、回顾式启发、总结式启发、多媒体教学启发等。在会计教学过程中，教师应正确把握自己的地位和作用，针对不同的教学内容采用不同的启发式教学方法。

（1）启发式教学的优点

启发式教学是遵循教学客观规律，运用各种教学方法，充分调动学生学习的主动性和积极性的一种教学方法。现代教学论中的启发式教学，其特点是：强调学生是学习的主体，把发挥教师的主导作用与调动学生的学习积极性结合起来；强调学生智力的充分发展；强调激发学生学习的内在动力；强调理论与实际的结合。树立启发式教学的指导思想与观念，是现代教育发展的要求，它是一种以活跃学生思维为标志的教学方法。

启发式教学方法与注入式教学方法相比，具有三方面的突出特征：

第一，启发式强调学生积极思考，多从事实际活动，挖掘学生学习的内在因素；而注入式是单纯强调教师的"灌"和学生的"接"。

第二，启发式强调教师主导性和学生主动性的统一；而注入式则片面夸大教师的作用，忽视学生的主体能动性作用。

第三，启发式不仅承认学生是教育的客观对象，同时也承认学生是教育的主体；而注入式只把学生看作是消极的对象，否定学生的主观作用。

从上述启发式教学方法和注入式教学方法的区别来看，启发式教学方法的基本特征是教师引导学生，学生主动学习，教学民主。因此，与注入式教学方法相比，它有着极大的优越性，对提高教学质量有着不可低估的作用。

（2）启发式教学对教师的基本要求

第一，备好每一堂课。启发式教学的核心是要启动学生的思维，一旦学生思想活跃了，涉及的问题也就会多起来，这就要求教师在讲课前应有充分的准备。要备好每一堂课，除了根据教学大纲的要求，深入钻研教材外，还应考虑会计理论和实务会随着经济体制改革的不断深入而不断发展和完善的特点，或参阅有关资料，或深入实际调查了解，尽可能地丰富其备课内容；根据教学内容的特点和学生的实际情况，尽量准确地估计教学中可能会碰到的问题和需要突破的难点。同时，教师在备课时，还必须挖掘出那些有利于学生思维能力培养的素材，考虑怎样提出问题，什么时候提出问题，哪些地方应该由教师讲，哪些地方应该组织讨论，什么内容要板书，怎样板书等方法问题。总之，只有在备课时精心设计好课堂教学的全过程，才能保证在课堂上应用自如。

第二，上好第一堂课。教师必须在第一堂课中，讲清楚会计学课程与其他课程区别的特点，介绍学习会计知识的有效方法，培养和提高学生的自学能力。同时，教师要用事例、数据去激发学生学习会计知识的热情，树立学习会计知识的信心，变"要我学"为"我要学"。只有把学的兴趣培养起来，学生才会在未来的课堂上积极参与到教师的教学过程中去，才会体现出启发式教学的效果。

（3）会计教学中启发内容

第一，对比式启发。我国会计准则改革后的会计内容与改革前的相比变化很大，要想掌握新的会计内容，有必要将新旧知识进行充分对比。

第二，由浅入深启发。会计作为一门实践性很强的学科，来自实践，应用于实践，与现实生活紧密相连。这一特点使我们在学习会计理论时可以结合大量的实例引导学生由浅入深，从感性认识到理性认识。

第三，讨论式启发。课堂讨论是一种重要的教学形式，它是学与思、学与论的结合，是在教师指导下以学生活动为主的课堂教学方式。要求教师注意：①认真选择和推敲讨论题目，着重于基本概念的理解，并根据实际中遇到的问题和常用的知识来设计问题，注意理论性、启发性、综合性、创造性的结合；②做好讨论前的充分准备工作，让学生在事先有准备的条件下进行讨论；③组织好学生的讨论，主讲教师、辅导教师必须亲自参加讨论，正确引导讨论论题；④教师要及时做出总结，肯定正确意见，表扬有创造性的见解，指出错误的论点及模糊的地方，这样既提高了学生的认识水平，又使学生在思维方法上有所收获。课堂讨论创造了一种生动活泼的气氛，让学生在参与中既掌握教学内容，又培养创新能力和创新精神。

第四，课堂练习式启发。会计学科自身的特点决定了课堂练习在教学中不可或缺。在课堂上进行习题训练，有利于学生理解和巩固知识，掌握会计操作技能。在练习题目的选编上，教师应精挑细选，选择一些具有典型性、综合性和实践性较强的习题供学生练习。对于一些难点，教师在启发和提示的基础上，让学生互相讨论，逐步深入，在争论中得出答案。最重要的是，练习结束后教师应与学生共同总结练习题目的特点、难点和容易出现错误的模糊点。因为习题课更应注重过程，总结就是对过程的回顾、对思路和方法的归纳。教师在课后根据课堂反馈的情况进一步总结，以便在以后的课程和练习中不断改进。

第五，案例教学启发。案例教学对于教师的要求较高。首先，教师要对大量的案例进行选择和编排，使之配合教学内容，适合教学目的的需要。其次，教师要把案例吃透，根据案例，给学生提前设计出讨论题，并且要能够预计出学生可能提出什么样的问题，搜集相关的资料做好准备。以上这些仅仅是针对课前准备而言的，在课堂上组织案例讨论还需要有较高的驾驭能力，要善于组织和引导学生的讨论。在讨论难以继续的情况下，应善于启发和引导，让学生真正成为讨论的主体，不要遇到障碍就取而代之，把学生的讨论变成教师的一言堂。应该注意的是，讨论应鼓励多种想法、多个答案，即便是明显的错误也应巧妙对待，务必维护学生的积极性和自尊心。案例课结束前，应由教师以及学生代表讲评、总结方法，畅谈感想和收获。

第六，模拟实验启发。会计专业大都开设模拟实验或类似的实训课程，在模拟的环境中，以实际工作所用的凭证、账簿进行业务处理，每个学生都要亲自动手操作，使学生巩固理论知识和操作技能，检验过去的学习效果，为将来的实际工作打下一定的基础。需要注意的是，模拟实验切忌搞成"大练习"，即单纯地做业务题。模拟实验要做到单项模拟与综合模拟相结合，学生既要分岗位、分角色模拟，掌握个别岗位的业务，还要学习掌握处理一整套业务，不仅要学习会计业务的流程，还要从管理的角度发现问题、提出问题和思考问题。

(4) 实施启发式教学应注意的问题

要善于调动学生的自觉性和积极主动性。会计教学最重要的方法原则是使学生积极参与到教学过程中。一堂课，只有把学生的学习自觉性和积极主动性调动起来，让学生保持轻松愉快的学习心情和高涨的学习热情，课堂气氛才会活跃，学生灵感才会产生，才能真正启动学生思维，达到启发式教学的目的。为此，要注意抓好以下三方面工作：

第一，多设提问。教学过程是一个不断提出问题、解决问题的过程，课堂应自始至终充满着矛盾，形成设问→求疑→解疑的过程，并不断循环。提问是思维的开端，有了问题学生才会产生寻找答案的动机，达到启动思维的目的。

在设问时要注意两点：一是要特别重视一堂课的开始和结束时的设问。开始时的设问，能迅速集中学生的学习注意力，使课堂教学尽快走上正轨；结束时的设问能激发学生去预习教材内容，为下堂课的学习打下良好的基础。二是要注意设问是以调动学生的学习积极性为宗旨，因此必须考虑学生的实际情况，要做到设问多而不难，且问题相互连贯。

第二，建立联想。建立联想是指考虑新讲授的知识和学生已掌握的知识之间的有机联系，要么根据已知让学生去推断未知。

第三，重视学生的反馈。教学应是一种双边活动。如果教师只注意自己的信息输出，而不管学生的反映，这时的课堂秩序也许井然，但学生是被动的，其思维不能充分展开。如果教师及时注意课堂的信息反馈，不断地调整教学方法，刺激学生的思维，课堂气氛就会"自由"，学生的思维功能就会充分发挥出来，教师的主导作用和学生的主体作用也就能相"匹配"，使课堂真正成为传授知识和发展学生智力的场所。

2. 建立会计实验室

建立实验室在自然科学的理论研究和教学中司空见惯，并被证明对提高理论研究水平和教学水平，培养学生分析问题能力、解决问题能力有着重大意义，是理论联系实际的重要途径。但是，在社会科学理论研究和教学中，尤其是在会计学科的理论研究和教学中，却很少有实验教学。

(1) 实施会计实验教学的必要性

会计学科是一门应用型管理学科，会计教学中的理论联系实际，是会计学科改革的基本原则和目标。因此，在教学过程中，不仅要向学生传授会计理论和方法，而且要培养学生应用会计理论和方法，解决会计实践中的问题的能力。这为我们完善教学改革指明了方向，即必须加强会计学科实验教学，这一点是由会计学科本身的性质与特点所决定的。所以，建立会计实验室势在必行。

建立会计实验室，是会计实验教学的第一步，而运作好会计实验教学才是关键。搞好会计实验教学的途径有许多，例如学生下厂实习，请有实践经验的会计师讲授企业的实务等，这些"走出去、请进来"的做法对于加强会计的理论联系实际都起到了一定作用，但也存在一定的问题。目前，学生去企业实习存在以下几方面的问题：

第一，学生不能及时消化书本所学的知识。一般来说，学生实习主要集中在某一门专业课学习结束后或全部专业课结束后进行，需要实习内容多，实习时间有限，加之教学与实习时间上存在差异，学生很难有效地解决书本上没有搞清的问题。

第二，不能解决实践操作问题，不能提高学生操作能力。在实践中会计业务问题比较严格，责任重大，会计人员不会让学生亲自动手操作各类经济业务的处理。因而学生实习时只看不做的现象大量存在。学生对实习失去了兴趣，实际操作能力得不到提高和锻炼。

第三，不便于学生管理。由于各企业单位会计业务工作都比较忙，企业一般不愿带实习生，再由于会计工作岗位的特殊性，即使接受实习生，每个单位最多安排2~3个人，这样一来实习点多、面广,一个指导教师要管理几个实习企业的学生有一定困难。单位会计人员对实习生的指导也不尽如人意,所以常常出现放任自流的现象,达不到实习后的最佳效果。

第四,如果把有实践知识的会计人员请到学校讲课,能够使学生了解一些会计实践中的具体情况和处理方法,但仍然解决不了提高、加强学生操作技能与动手能力的问题。

根据会计教学和会计实践中存在的问题,会计学专业建立会计实验室是搞好会计实验教学的主要途径和措施。它既能解决学生去企业实习存在的不足,又对解决会计教学和学生实习过程中存在理论与实践相脱离的问题有十分重要的作用。当前,已有很多大专院校均建立了实验室,再结合各校会计学专业的实践环节存在的问题,进一步进行完善即可达到预期效果。所以,建立会计实验室来实现会计实践教学,不但理论上是有必要的,而且实践中也是可行的。

(2) 编写会计模拟实验教材

在会计教学中,由于会计教科书理论性较强,而会计实验课偏重实际操作,因此,存在着理论与实际脱节的现象。为解决这个问题,必须组织编写《会计模拟实验课教程》,其原则是:尽量使教材接近实际,用原始凭证来反映经济业务的发生,改变用文字表达经济业务的做法,使教程具有真实性、形象性,供学生使用。在教程中,可以充分加强在校生会计基本技能训练,丰富会计实验教学,提高会计学专业学生业务素质。所以,组织编写会计模拟实验教材,意义十分重大,是提高会计教学的重要步骤和内容,也是会计教学改革的一项有益行动。

(3) 加强会计实验教学

在教学中,学完"基础会计学""财务会计学"后,学生对会计业务有了较全面的理解和掌握,这时立即组织学生进入实验室进行会计模拟实验,目的就是培养学生实际操作能力,尽量缩短会计理论教学和实际业务内容的差距。具体实习中,组织学生进行分项操作,并让学生在实验中观摩。由于会计模拟"信息"来源于实践,使学生做起来比较直观,容易接受,从而加深理论理解。在模拟实验结束后,再进入成本会计、管理会计、财务管理等有关专业课进行实习或实训。具体要求是:

第一,在实验教师指导下,系统地学习各种典型经济业务。要求学生理论联系实际,把书本与会计实务对照,搞清模拟业务中全部经济业务的账务处理、有关数字的来龙去脉及相互联系,全面系统掌握会计核算过程的操作。学生边进行业务处理边复习理论,对于理论与实务不相符的地方,对照提出问题、解决问题。在操作过程中还可将课堂上讲的凭证、账簿、报表等概念直接与实物对照,对会计核算过程有更加清楚的认识。

第二,进行实际操作,锻炼和提高动手能力。根据实验模拟作业要求,发给同学各种会计凭证、账簿及各种报表的空白表格，在实验室老师指导下，从审核原始凭证，编制记账凭证、汇总记账凭证、登记总账、明细账、日记账，计算成本、计算利润，到编制会计报表，对整个会计核算过程进行系统训练，使学生对学过的会计理论融会贯通，并能实际应用，从而使知识掌握得更为扎实。

第三，写出实验报告。及时对实际操作过程进行总结，形成文字材料，使感性认识进一步上升为理性认识，实现从理论到实践，再从实践到理论的循环。

（4）精心设计账务处理程序挂图

图解教学方法在会计教学中具有特殊作用。图解教学方法是教师在会计教学过程中，通过分析与归纳，将会计处理程序、会计凭证以及会计账簿之间的关系抽象概括为图表形式，在此基础上向学生讲解会计知识的一种教学方法。这种方法的最大特点就是利用图解进行会计教学直观形象。针对"财务会计学"课程中相关的工业企业主要经济业务核算内容，把采购储备、生产过程、产成品入库及销售过程的资金运动，采用真实账、表的方式，把对供、产、销的会计核算过程制作成模拟实际运行的程序图，使之具有模型化、直观化、操作化的特点，让学生手眼脑并用，对会计核算过程取得深刻而直观的印象，轻松掌握会计的内容和方法。财务处理程序图应挂在实验室的相关岗位处，让学生在实习时一目了然。

（5）采用现代化教学手段

为适应现代化教学的需要，应建立与完善多媒体电教演示教学系统，配置会计电算化教学实验机房，安装适合教学的会计软件，使模拟实验的内容由手工记账平稳过渡到电算化核算，从而实现教学手段现代化。21世纪是一个全方位的信息时代，是一个视觉时代，所面对的教学对象思想超前，喜欢接受先进快捷的教学方法，传统的口头说教已不能适应时代的发展，人们喜欢用感官快捷地去认识世界。采用电化教学手段，一是课堂教学的知识输出量增加，教学效率大大提高；二是学生不易疲劳，以新颖的视觉刺激学生大脑的兴奋点，可以收到较好的教学效果。

应用计算机教学，可以把枯燥无味的会计理论如会计报表、会计要素等表现得生动有趣，通过动画、音乐、图像等手段的使用，可以打破传统课堂的压抑气氛，形成良好的师生互动；师与生、教与学有了更好的协作空间，形成更加和谐的课堂氛围，也使课堂教学的知识输出量增加，缩短教学时间，提高教学效率。

3. 加强会计实践基地建设

会计岗位不同于工厂车间，企业所能容纳的实习学生是有限的，更何况还有些已成为实习基地的企业，根本不让实习学生参与具体业务，只安排学生做些简单的办公室工作，或是让他们作为旁观者，真正的顶岗实习难以实现。这就是会计学专业实习基地建设的现状,加强会计实践基地建设刻不容缓。

(1) 会计实践基地建设的原则

各校建立校外实践基地的具体目的可能所不同,但从会计实践基地的共同要求上考虑,应当坚持以下原则:

①具有思想教育的典型性

作为会计实践基地必须随时给学生以积极的思想政治影响,学生到实践基地活动能从各个方面耳濡目染,这种教育影响是学校和老师无法替代的。

②具有专业活动的实践性

学校选择会计实践基地应该避免纯管理型的单位,要寻找那些有明显专业性和技能技术要求的生产型企业,有利于学生将书本上学到的专业知识进行实验、实践,以加速提高学生的创业能力。

③具有现代化管理的先进性

作为会计实践基地的企业,必须具有现代化管理模式、生产技术、设施设备、思想观念,这样的企业能激发学生的就业兴趣和学习动力,产生紧迫感和使命感。

④具有高品位的企业文化

现代人的高素质必然是高度的文明。作为会计实践基地单位必须具有外观优美、管理科学、人际和谐、上下平等,业余活动丰富,学习知识、探究技术气氛浓厚,这就构成了一种愉悦向上,高度文明的企业文化。

⑤具有凸显的代表性

会计实践基地选择要具有代表性,既要考虑机关、事业单位和非盈利组织、金融机构和非金融机构、工业企业与其他类型企业,又要考虑企业规模、不同地区企业间的差异。

⑥就近性

由于学校的办学经费有限,会计实践基地建设还必须考虑成本和效益,宜采用就近性建设的原则,注意巩固学校周边地带的实践基地,远近结合,恰当布点。

⑦自愿性原则

学校与企业建立实践基地时,应该根据双方的特点和趋向,充分协商,本着平等自愿的原则,签订实践基地协议。

(2) 会计实验基地建设途径

实验基地建设不是学校单方面努力能实现的,需要企业、单位积极支持。从长效机制角度考虑,学校可与地方政府签订科技服务协议,将实验基地建设作为一个子项目,希望得到地方政府大力支持。会计实践基地建设具体途径可以是:

①校企合作共建实践基地

多数学校的当地企业都很发达，可以考虑合作办基地，合资建基地。学校充分利用本地区以及自身优势，根据会计学专业的特点，努力开发一批具有实践价值的企业，通过与企业签订合同，明确职责，履行手续，建立合作伙伴关系，多个专业共享。

②与会计师事务所共建实践基地

学校还可与会计事务所挂钩，组建产学研一体化的协作同盟。事实上，许多高校教师有可能在某一事务所挂职，会计师事务所每年年审阶段都有一段时间很忙，应鼓励教师经常到企业做审计。审计过程中有大量技术含量不太高的工作也可以由在校学生来完成，这样既减轻了会计师事务所的工作量，也加强了联系。同时，可以使学生接触到真正的企业实际资料，对企业实际经营情况产生初步的感性认识，为将来直接从事会计工作打下扎实的基础。此外，还可以将会计师事务所负责人聘为学校会计学专业建设小组成员，并将其注册会计师聘为基地会计指导教师。这样，使学生有计划、分期分批去基地实习。

③创办经济实体，成立财务公司

有条件的学校，可以创办实体性公司、产学研一体化的研究机构或创办类似于经济实体的服务性、经营性的组织，也是一条有效的会计实践基地建设途径。如直接建立校办企业、会计师事务所或会计公司，形成自己稳定的实习基地。学校应利用教师中现成的资源，充分使用教师中的注册会计师、会计师，让部分教师和学生参加日常的经营管理，从事会计、审计和其他管理工作。

第三节 会计教学手段

一、教学手段概述

（一）教学手段的含义

什么是教学手段？教学手段是什么意思？到目前为止，还没有一个统一的认识。一般认为，教学手段是师生教学相互传递信息的工具、媒体或设备。

教学手段的概念，在普通教育学与普通教学论的教材、专著及其相应的辞典里是找不到的，但在学科教育与学科教学论中又层出不穷，且解释五花八门。所有的学科范畴内的解释，都是不全面的，没有真正体现教学手段的内涵（即教学、教学生学习的目的、内容等）。尽管如此，从教学手段的内涵角度出发，把教学手段定义为：教师在教学活动中为达到让学生接受知识、形成技能、习得情趣、掌握学习方法的目的，而采用的听、说、读、写、模拟、演示、展示、要求等八种基本教学方式。

（二）现代教学手段对传统教学的突破

计算机多媒体技术和网络技术在课堂教学上的应用，其优越性和灵活性已越来越得到显示。多媒体教学手段的感染力和表现力能直观生动地对学生的心理进行"催化"，使学生的情绪高涨，将淋漓尽致发挥心智潜能，把学习当作一种乐趣去追求、探索。因此，在课堂教学中适时使用多媒体课件，其动态感知的优势会凸显：激发学生的求知欲和探索精神；增强学生对抽象事物与过程的理解和感受的能力；便于学生接受、理解、掌握知识；为学生创造了良好的学习环境，增加课堂的信息容量；优化课堂讲授内容结构，极大提高课堂教学效果；有助于学生整体素质的提高。这是教学改革和发展的趋势，是教育整体的突破口。

投影、幻灯、电视、录像、计算机等组成的多媒体系统，是现代教学手段的典型代表，且已越来越多有学校引进课堂教学。在教学过程中运用先进信息技术，将引起传统教学发生重大变革：

1. 改变学生认识事物的过程

传统教学过程是由感知事物、理解教材、巩固知识和运用知识四个环节顺序连续地组成，而先进教育技术则把感知、理解、巩固、运用融合为一体，有形有声，直观地引导学生直接揭开事物的本质和内在的联系，使他们容易理解和掌握事物的本质，有利于培养学生认知能力。

2. 改变教学原则

传统的教学过程遵守由近及远、由浅入深、由表及里、由具体到抽象的原则，而先进教育技术可以改变这个惯例，能够实现把远方的东西移到学生眼前，把复杂的东西变为简单，把时空放大或缩小，一切从有利于学生认识出发加以适时运用。

3. 改变教材和教学内容

形式通过先进教育技术，可以将许多不容易理解的新科技内容增加到教学内容中，使教学内容现代化。

教材的范围突破了单一的文字课本形式，图片、音带、像带、光盘等引进其中。这些视听教材的出现，不仅丰富了知识信息，优化了知识传授方式，而且还改变了人们的教材观念，为教材的开发利用创造了新的领域。

4. 改变教师、学生、教材三者之间的关系

应用先进教育技术可以把教师和学生的主动性都调动起来，改变课程教学固有模式。

教师的角色从单纯讲授知识转变为设计教材，学生从单纯接受知识转变为自我学习、自我发现，有利于因材施教和个别教学。

在现代教学手段环境下，教师的现代化是实现"因材施教"的关键。这里的教师的现代化，是指教师思想观念现代化、知识结构现代化、教风师德现代化和教学方法现代化。因为，教师的思想观念不改变就不可能有所创新，知识结构单一不可能有作为，教师师德不正不可能有责任感，教学方法陈旧不可能教好学生。所以，教师自身的现代化至关重要。

充分运用现代化教育手段，能够满足不同层次学生的要求。多媒体教学不仅能提高教学效率和教学效果，而且还能激发学生的学习兴趣。用现代教育手段可以直观地指导学生动手动脑，把学生引入本学科的现代技术领域。

5. 改变课堂教学结构和气氛

多媒体技术的介入，使知识信息呈现出多状态、多渠道发挥作用。师生之间也可以通过多媒体感知、认识和交流，形成以人与媒体为主干的信息网络。同时，多媒体技术可以将知识转化为声、光、色的状态，让抽象、静止的知识变为具体、动态的现实生活呈现眼前，引起学生兴奋，激活课堂气氛，满足学生学习的需求。

现代教育多媒体技术具有动静转化的功能。把工厂、车间、生产作业、产品等生产工艺过程，供产销等生产环节，账、证、表等会计核算工具，等等会计管理需要真实信息，通过多媒体计算机演示出来，使难以讲解的、想象实物资料变为可见的东西展现在眼前。多媒体组合以声光图形营造的声情并茂的场面、直观显赫的情景和动静交替的画面，直接作用于人的不同感官，引起师生的兴奋和愉悦，从而使课堂、实验教学处于活跃、愉悦状态之中，为教学活动的正常进行创造了良好的氛围。

由此可以看出，现代信息技术在教学中的应用，打破了传统的封闭式教学，促进了教学活动的全面开放，使教学过程和教学效率得到优化，为深化教学方式与模式改革，提供了新思路、新方法和新途径。因此，实现教学现代化，是提高教学质量的有效途径。

二、传统教学手段与现代教学手段

多媒体教学与传统教学各有其优势，也各有其不足。多媒体教学手段运用中的不尽如人意之处，通常是传统教学方法的优势所在，而传统教学手段的不足之处也往往是多媒体教学手段的优势所在。

（一）传统教学手段的优势及弊端

以班级授课制为标志的传统教育在人类教育史上是一个巨大的进步，它满足了工业化社会对智能劳动力的大量需求，是人类文明的继承和发展。传统教学手段的优点是：

1. 有利于提高教师素质

作为以传统文化为背景的传统教学手段，要求教师具备较高的、多方面的基本功。这些基本功表现在：教师不仅要有较高的文化素养和扎实的专业理论功底，而且还要有较好的写、书能力、广博的知识结构、语言表达能力、逻辑思维能力等。这既是一个教师最基本的素质要求，也是传统教学手段中最值得肯定和传承的内容；同时还是中国传统教育文化中优秀的文化，是最值得发扬光大的一种教育文化。

优秀的传统教学手段，无论是对教师素质的提升，还是对学生文化素养的培养，都是不可或缺的。一方面，从教师一堂课所表现出来的书写能力、板书设计、语言表达、专业能力、理论功底等，可以反映出其所具备的基本功，同时还能检验教师的教育素质、文化素养、教育能力，以及教师的课堂组织教学、教学水平、教育质量，对学生起到言传身教的感化作用和潜移默化作用，也能予以反映；另一方面，教师所具有的扎实基本功而会使得课堂教学艺术表现得淋漓尽致。例如会计凭证概念的讲授，如果教师博览群书、视野开阔，通过经典案例分析、逻辑推论、层层递进、引经据典，就能对"直接反映经济业务、明确经济责任、具有法律效力、据以登记账簿"这四个定语进行精辟解读，同时通过引经据典的经典案例分析对教材中的会计凭证概念还会起到画龙点睛的作用。

2. 有利于发挥教师主导作用

在传统教学手段下，教师能发挥教学活动中主导作用，有利于科学知识的系统传授，讲课的艺术、情感在教学过程中的重要作用能得到充分展示。在教学过程中或因教学内容，或因学生提问，或因师生互动，需要教师临场突发教学灵感，补充既符合当时教学情境又能产生意想不到的奇妙教学效果的教学内容。这种情形下，传统教学比多媒体教学更适合也更方便教师的临场发挥。

传统教学多使用语言讲授知识，虽然不够直观，但完全可以做到绘声绘色、绘形传神，而且在没有视频的定格和先入为主的情况下，教师更能凭借语言魅力、肢体艺术、广博知识魅力给学生留下烙印，留下无限丰富的想象空间和多姿多彩的审美感受。

传统教学中，教师的个人特长、个性化教学风格与学科教学内容的有机结合，往往有相得益彰的功效，能直接影响学生。如漂亮的字迹、美观的板书、声情并茂的朗诵、流畅潇洒的作图、动作娴熟的实验演示，通常都能给学生留下终生难忘的深刻印象。

3. 有利于提高学生学习积极性

在传统教学手段下，更适合互动教学。在教师主观能动引导下，增强学生的学习兴趣，活跃课堂气氛，引领台上、台下教与学的互动与共鸣。如果教师具有较高的教材驾驭能力、知识面广、专业理论扎实，授课过程中的讲课艺术炉火纯青、传授信息信手拈来、引经据典出口成章,必然会产生意想不到的教学艺术和教学效果。这既体现了传统教学手段较高的艺术境界,又体现出教学没有陷入枯燥的、僵化的说教程式化的俗套中。受教师直接的或潜移默化的影响,使学生更崇敬更仰慕老师,进而爱屋及乌,更喜欢这个老师所教的这门学科。

随着科学技术的进步,教育事业的发展,传统教学手段的弊端也凸显出来。其具体表现在:教学手段的单一,传递知识的途径主要是口说形式并配以一定的板书和教具等辅助手段,使教学过程的节奏、速度较为缓慢;严重缺乏形象、直观、立体的教学特点,容易使学生在学习过程中,产生听觉、视觉等感官上的疲劳,而导致学生注意力分散;传统教学在教学方法上是重接受、轻探究,重用脑、轻实践,重记忆、轻应用,重结果、轻过程,使得知识只能以孤立的形态而不是以相互联系的形态为学生所接受;传统课堂教学刺激单一、内容封闭、资源缺乏、交互不足、没有个性等缺陷,使学生主体作用得不到充分发挥,难以实施因材施教,学生创新能力的发展受到制约。

综上所述,传统教学手段与多媒体教学手段相比较,其不足主要是:讲授内容受到时空限制;不能展示三维空间图像;不能模拟实验操作过程;不能重复回放教学内容;单位时间信息容量偏少。

(二) 现代教学手段的优势及弊端

1. 现代教学手段的含义

在当前教学实践活动中,有两种教学手段并存。一是传统的教学手段,二是现代化教学手段。现代化教学手段是指在现代信息技术条件下,以计算机为核心的现代信息技术在教学领域中应用的各种方法、形式的总称。

狭义现代教学手段,一般是指多媒体教学。多媒体教学是特指运用多媒体计算机并借助于预先制作的多媒体教学软件来开展的教学活动过程。多媒体教学,根据教学目标和教学对象的特点,通过教学设计,合理选择和运用现代教学媒体,以多种媒体信息作用于学生,力求形成合理的教学过程结构,达到最优化的教学效果。

与传统的教学手段相比,现代化教学手段具有显著特点:一是教育信息传播距离远,传播面大,传播速度快;二是教育信息存储方便,信息量大,形式多样;三是教育信息的处理快速、准确、到位;四是教育资源得到全面开发、利用、显效,实现了图文并茂、动静相兼、声情融合、视听并用的逼真表现效果。

2. 现代教学手段的优势

引入多媒体技术后,使传统的教育方式发生了深刻的变革,教育质量和教学效果都得到显著提高。相对传统教学手段而言,多媒体及网络技术应用的现代教学手段有更多优势。

现代信息技术在教学上的应用，使教学手段发生了革命性的变革。在现代教学手段下，使受教育者视觉、思维和方法都得到充分开发和利用，且由信息技术衍生出来的多媒体、电子课件等的使用，将知识的传递和教学所呈现出来的迅速、快捷、动感、立体、直观、感性等特点发挥到了极致。

(1) 提高学习效率

现代教学手段主要是以信息技术为支撑的多媒体、电子课件等作为教学手段来解读教材内容，采用屏幕展示教学内容，并配以图片、动画、图表、文字说明等形式进行课堂教学。实践中可以做到：以图片的形式提供会计学科及职业的历史和现实的真实画面，让学生直观地感受书本知识的客观性与针对性；以动画的形式解读会计组织体系等教材内容，使学生能立体地感觉到书本知识的生动性与形象性；以图表的形式对比分析账户体系、会计核算形式、成本计算方法、固定资产折旧方法等知识，使学生感觉到书本知识的真实性与可靠性；配以文字说明、分析教材内容，使学生感受到书本知识的理论性和逻辑性等。而且这些教学形式在现代教学手段中的交替使用，会使教学内容产生情景交融、赏心悦目的效果。这些新颖的教学手段的使用已被学生所接受，也被社会所认可。

多媒体技术可以将过去形式单一、平面展开的教学内容变得直观、立体，从而激发学生的学习积极性，提高学习效果。在多媒体技术应用的教学中，其文字、图像、动画、视频可以作用于视觉；旁白解说、示范阅读、背景音乐可以作用于听觉；优美的界面，激情的互动能最大限度地发挥人的眼、耳、手等器官的协同作用；丰富多彩的教学信息，能够为学生营造一个色彩缤纷、图文并茂、动静相融的教学情景，激发学生的思维活动。

(2) 教学信息多向化

传统教学手段是以教师为中心，教师面对面地向学生传授知识和技能，教学辅助手段是单向传送信息。这样，教师难以准确、全面地掌握学生学习与操作的全部情况，无法做到及时提醒和即时个别辅导。在多媒体和网络技术引入教学过程后，教学信息呈多向化：学生与计算机之间、学生与学生之间、教师与教师之间、学生与教师之间多向适时交流；教师在总控台上能及时了解每个学生上机操作的具体情况，了解学生的思维活动，调节教学过程；利用双向交流功能进行师生之间的对话、经验介绍、疑问解答；学生之间进行学习方法、学习心得、学习思路等学习经验交流，提高学生学习的主动性和积极性。在现代教学手段下可以真正实现师生之间在空间、时间和心理上的"零距离"，做到因材施教，使所有学生都能获得满意的学习成果。

(3) 大量节省时间

在传统教学中，老师的板书、教具的演示和教学挂图的张贴等，需要占用不少课堂时间。运用多媒体课件动态演示，可以把知识的形成过程直观、生动和便捷地展示在学生面前。学生一边眼看精美的教学影片，一边耳听教师的生动讲解或多媒体播出的声音，动静结合，轻松突破教学重点、难点，容易掌握其内在规律，完成知识的构建。这样，就可以节省大量的教学时间，有机会增加相关教学信息，实现课堂互动，解答、讨论学生在课堂中提出的问题。

3. 现代教学手段的弊端

任何一个新生事物的产生，对社会的影响都存在有利和不利两方面。因为新生事物产生后，需要一个不断完善的过程，在这过程中必然存在不足。多媒体、电子课件等现代教学手段的同样存在弊端，还需要不断完善。

（1）教师主观能动作用差

教师在理解、解读、挖掘教材内容可能会出现不足，引申、拓展、牵引教材知识点可能会出现不确切。由于在多媒体环境下，教师过多地采用动画、音频、图片、展示等教学形式来解读教材内容，很容易使教师对教学内容停留在教材知识的表象演绎，忽视深入剖析教材所蕴含的更多、更深层次的知识，致使不能对教材上知识结构引起学生深入地、多角度地思考，从而获得多方面的知识。这对学生拓展知识面、开阔眼界、提高思维能力与思想境界等都存在一定的局限。同时，多媒体课件等现代教学手段中过多的动画、音频、图片、演示等又容易喧宾夺主，使学生因好奇、新鲜而不深入思考和理解教材内容，而且教师在课堂上又难以主动弥补这一漏洞，导致学生只看见事物的表象而没有体会到事物的本质及规律。

（2）教师教学基本功退化

教师在现代教学手段中，过多地依赖多媒体和电子课件等现代教学手段，而忽略了作为一名教师应该具备的书写技能、板书设计、理论功底、知识广博、语言优美等基本功能，因而在教学过程中不能很好地发挥示范作用；同时，会使教师在教学过程中难免舍本求末，师生对事物的认识都停留在表面，不能很好地把握教材知识的系统性和全面性。

（3）学生基本素质可能受损

多媒体和网络技术在教学中的应用所形成的现代教学手段，虽是对传统教学方式的挑战，但并不能完全替代传统的教学手段，因为网络教学手段同样存在一些自身的不足，尤其是对提高学生基本素质影响很大。网络的开放性和海量的信息，很容易使学生出现"迷航"失控，如不能及时正确引导、控制，排除负面信息的干扰，很容易造成对社会和个人的不良后果，尤其是中小学生的"网迷"已成为家庭和社会的棘手问题；对于大学生过多地运用网络，依赖人机交互，容易导致对现实世界的冷漠和自我封闭，不利于正常人格的形成。

综上所述，多媒体教学手段的弊端可以归纳为：备课费时费力；教学成本高；操作较机械；不便于教师临场发挥；教师基本功和特长不易展示；可能阻塞学生想象空间；信息量过大，良莠难取；容易喧宾夺主，影响教学内容的学习和消化。

这些负面影响表明：网络技术并不能完全替代传统课堂教学手段和传统教育媒体工具，多媒体教学也不可能是未来教学的全部。所以，教师应该根据教育内容、教育对象和目标的不同，灵活地选择应用各种教育媒体和教学手段，做到取长补短，优势互补，以发挥其最佳功效。正因为如此，会计手工操作和电算化操作同等重要。

（三）传统教学手段与现代化教学手段的关系

传统教学手段有利于教师主导作用的发挥，但不能充分地发挥学生的认知主体作用。多媒体教学手段可以提高学习效率，节省大量时间，使教学信息多向化，但并不能完全替代传统教学手段。二者应当是一个有益的共存与互补的关系。教师要找准两种教学手段的契合点，扬长避短，构建科学、合理的教学模式。

1. 传统教学手段与现代教学手段是辩证统一关系

由于现代教学手段和传统教学手段各自都存在利与弊，因而不能在这两种教学手段中一味地去肯定与否定、偏袒与排斥某一种教学手段。在教学实践过程中，对两种教学手段的产生和存在的客观实事要有清醒的认识，不能走极端，不能以一种倾向掩盖另一种倾向，否则教育事业得不偿失。事实上，两种教学手段之间是辩证统一的关系，可以从以下几方面来认识：

第一，随着科学技术的发展和社会的进步，教育事业发展中的教学手段逐步更新变革，这是不容置疑的，符合事物发展的客观规律，但任何事物的发展都是承前启后、继往开来的。现代教学手段是在传统教学手段基础，借助现代信息技术而发展起来的，其优点我们必须重视，但传统教学手段中优秀的方式与方法，也不能忽视或排斥，必须继承、传续。

第二，无论是现代教学手段还是传统教学手段都不应该背离教育教学的客观规律，都应保持教育教学的理论性、知识性、时代性、针对性、趣味性、形象性、实践性、育人性等基本特点，并发挥各自的优势，摒弃各自的劣势。

第三，从现代教育教学过程的客观实际需要来讲，现代教学手段和传统教学手段应交替使用，相互补充，相得益彰，这样才能使教学手段更为完美，使教育更具魅力。无论对现代教学手段还是对传统教学手段，都要趋利避害，博采众长，取长补短；既要顺应时代潮流变革图新，又不能丢弃传统教学手段中优秀的形式。唯有这样，教育教学才会不断完善，不断进步。

2. 传统教学手段与现代教学手段应是一个共存与互补的关系

现代教学手段与传统教学相比，主要变化是：以学生为中心，教师从讲授者转变成学生学习活动的设计者、组织者和指导者；教学媒体由过去静态单向的书本为主转变为以书本为主，辅之以由声音、图像和影像等构成的多媒体，并采用超文本、超媒体链接方式且有检索功能的网络媒体，具有动态交互的特点；教学传播从单一的师生交流转变为教师、学生和电脑的三方交流；教学目的从使学生掌握知识为主转变为使学生学会学习为主。

现代教学手段与传统教学手段应当是一个有益的共存与互补的关系。它们的发展不是相互替代，而是互生互存。现代手段和传统教学手段在教育层次、对象、领域和教育目的上有时可以分工，有时可以互为交叉，各自发挥优势来弥补对方的不足。教育教学是多方面、全方位的，师生情感的交流、团结和谐的氛围是多媒体手段不可能完成的，现代教学手段不可能完全取代传统教学手段，只能从互补的角度进行研究、探索，注重研究两者的最佳结合点。

（四）现代教学手段与传统教学方法的合理运用

多媒体教学手段，集声音、图像、视频和文字等媒体为一体，具有形象性、多样性、新颖性、趣味性、直观性、丰富性等特点。它可以根据教学目的、要求和内容，创立设计形象逼真的教学环境、声像同步的教学情景、动静结合的教学图像、生动活泼的教学气氛。但在具体的教学实践中，如前所述的一些问题也日渐暴露出来，而且课堂的教学模式并没有发生质的变化，只是用多媒体屏幕代替了黑板板书，现成的软件和网络下载的内容代替了教师的教案。对学生的学习方式、教师的教学方式、师生互动方式和教学内容的多少并无飞跃改进。由于这些问题的存在，使现代教学手段的优势尚未真正发挥出来。

究其原因，是有些教师对多媒体教学存在着一定误解，仅把它简单地理解为在传统的教学方法和教学模式中，加入多媒体等现代信息技术，忽略了对相关现代教育思想理论的学习，片面追求形式，没有根据新的教学要求去更新教学方法和精心设计现代教学模式。也有些教师片面地认为，多媒体教学手段一定优于其他教学方法，而忽略了对其他教学媒体和方法的运用。

教学中在使用信息技术的同时，又要合理吸收传统教学手段中优良内核，做到优势互补，协同发挥其教学功能。为了实现教学目标，照顾到不同层次的学习者，教师应当选择合适的方法，新旧结合，加以运用，而不能一味追求信息技术的运用。要本着从实际出发、因地制宜的原则，挖掘和发挥传统的各种技术手段在教学中的积极作用。

在教学实践活动中，要合理运用传统与现代教学手段，克服它们缺点，充分发挥各自优势，需要处理好以下四个关系：

1. 教师主导作用与学生主体作用的关系

教师与学生是教学过程中两个核心要素，现代教学论十分强调师生之间关系和谐，以及教学过程中师生的共同参与和互动。在多媒体教学环境下的课堂教学内容无论是在广度上，还是在深度上，因信息量大而可能出现很大的灵活性。如果学生还是一味地等教师在课堂上灌输，课前不预习，课后也不复习，就会出现课堂上记与听产生矛盾，顾了记顾不了听，顾此失彼，所以就要求充分发挥学生学习的主观能动性。对于教师来讲，因受传统教学理论和教学方法的影响，重心是围绕"教"做文章，而忽视了学生的"学"。教师用事先设计好的课件，单方面一味地解读，学生毫不动脑地记笔记或听讲，多媒体教学成了讲稿演示。在多媒体教学过程中，很多情况下都是教师的主导性和学生的主体性难以得到很好的发挥，学生大部分时间都在忙碌着被动接受知识，无法与教师进行交流。

教师对多媒体教学课堂所讲内容难以主观能动发挥，基本上是按预制内容依次解读。在传统教学手段中的课堂讲课并不完全按讲稿讲授，随时随地可穿插简单案例、实物展示，或画简图来说明问题，或突发灵感对一个问题有了更好的表达方式，完全可脱离讲稿顺畅地讲下去。但在多媒体教学手段下，因是多媒体屏幕将黑板遮住或根本没有设计黑板，教师无法利用黑板来发挥图表、账册、财务资料等的形成过程；同时，用多媒体投放到屏幕上图表、账册、财务资料等，一放而过，学生印象不深，且学生不能跟随教师边画边讲进行理解、拓展思路。这种课堂教学中师生双方活动变得较为死板，很难调动学生的主动性及参与意识，教师与学生的关系变成了演示者与观看者的关系。这样不但不能发挥多媒体教学的优势，反而连传统教学中的一些优势也丢失了。

所以，在使用现代教学手段时，既要强调调动学生的主体作用，又要注意教师主导作用的发挥。目前高等教育教学改革的主要目标之一，就是要改变传统的以教师为中心的教学结构，建立一种既能发挥教师的主导作用，又能充分体现学生学习主体作用的新型教学结构。在这种教师为主导、学生为主体的教学模式中，在整个教学过程中教师有时处于中心地位，便于主导作用的发挥，但并非自始至终都如此；学生有时处于被动学习状态，但更多的是在教师帮助下进行主动学习。教学媒体可作为辅助教学工具，也可作为自主学习的工具，整个教学过程始终应处于师生互动、互进的状态之中。

2. 现代教学手段与传统教学方法的关系

正确处理好传统教学与现代化教学的关系，是提高教学效果的重要途径之一。教师不能一味地追求现代化的教学手段而完全放弃传统的教学方法，应因材施法，合理地综合利用各种教学方法和教学媒体。传统教学方法和教学媒体是广大教师在长期的教学实践中总结出来的，有其自身的优势和价值，甚至可以说有很多是中国教育文化的组成部分。但相对现代化教学手段而言，传统教学手段使用在教学过程中存在着速度慢、范围窄、信息少等缺陷，但它仍有顽强的生命力，它与多媒体教学手段在教学活动中的作用各有侧重，各有特点，且是相辅相成的关系。如黑板的即时重现性较强，随写随看随擦，灵活方便。某些账务处理程序结构可边画简图边讲解，这样更能吸引同学们的注意力，若用幻灯片反映则一放即过；相反，幻灯片操作简单，同学们可打印可复制。所以，在会计学课堂教学中，最好是既使用多媒体也使用黑板，多媒体用来播放复杂的解剖图、讲课提纲，黑板用来在讲解过程中画简单的结构图和经济业务来龙去脉路径演示图。这样将现代化的教学手段和传统的教学方法结合使用，更有利于提高课堂教学效果。多媒体屏幕上只放复杂的图形、动画和讲课提纲，教师根据提纲讲解，并不需要在屏幕上播放过多文字，这样就减少了学生费力地、紧张地记忆屏幕上即现即逝的内容和赶笔记的辛苦。

　　无论是多媒体教学手段，还是传统教学媒体，都不是最重要的教学途径。在教学中人与人之间的自然语言是最具亲和力、最灵活的交流工具，师生之间课堂上互动性的交流才是最有效的教学途径。课堂上师生互动既有知识的传授，又有感情的交流，而人与机器的交流则是冷冰冰的、单向的、无感情的交流。因此，在运用多媒体教学手段展现课件时，教师要时刻注意学生的情绪变化，要走下讲台，到同学们当中边走边讲解，多用眼光与学生接触，随时回答同学们提出来的问题，并根据学生的反映和表现随时调整教学进度、教学内容和教学方法，用积极的双向交流来促进学生对知识的学习和运用。

　　3. 多媒体教学与教学内容的关系

　　多媒体辅助教学屏幕交换快，可在短时间内向学生展示大量的教学信息，省去了写板书和擦黑板的时间，教学节奏明显加快，教学内容容量加大，但却忽视了学生的学习兴趣和接受能力，忽视了重点与难点的突破。使用多媒体教学最突出的优点是可以更好地解决在传统教学中不能或难以解决的问题，但这并不意味着所有的课程所有教学内容都能运用多媒体教学。如银行结算使用的不同颜色凭证及传递程序，在黑板上画既难又慢，浪费了有限的课堂教学时间，这时使用多媒体就非常恰当。再就是课件画面最好单一，不要追求漂亮和全面，添加一些与教学无关的图像与动画，这样会由于画面的漂亮和形式的多样而分散学生的注意力，从而使教学课上成了欣赏课，使多媒体教学陷入华而不实的境地。另外在突破重点、难点时，如多媒体使用恰当确实具有事半功倍的效果，但如不分详略一味地链接较多的教学资料，内容尽管较多，却游离于具体的教学目标之外。这样既分散了学生的注意力，又浪费了学生宝贵的课堂学习时间。多媒体教学的图像和影视等非常直观的表现形式确实具有突破学习难点的优势，但也有不利于学生独立思考和训练抽象思维的弱点。因此，在利用多媒体手段为学生提供学习资源时，不能脱离教学目标。补充的教学资料一定要与教材内容相统一，尽量去用那些有利于突出重点、突破难点、将抽象化为具体的媒体材料，并根据学生的实际情况和教学资料的难易程度，随时控制教学难易、程度和节奏,让学生来得及看清,来得及思考,来得及接受和消化,使多媒体真正成为促进学生学习的工具,真正发挥好其辅助教学的作用。

4. 多媒体教学课件与教师授课的关系

多媒体教学需要教师对所教知识进行再加工,对教学目标、教学内容和教学对象等进行分析设计,按照自己的思路制作出教学课件。课件毕竟是教学的辅助工具,代替不了教师的主导作用。一方面,现成的课件与学生的学习能力不一定相符,课件容量小,会使学生的学习松懈,浪费学生的学习时间;课件容量大,会加重学生处理信息的负担,也使学生难于抓住重点;再者,各校的学生实际情况不同,办学风格和特色不同,即使使用统编教材、统制课件,也不可能达到一样效果,教师必须从实际出发自制课件,做到因材施教;另一方面,使用统制课件,除了完全忽视了所教学生的实际情况外,还忽视了自身的教学语言、授课艺术和教学特点,背离了多媒体辅助教学"辅助"的本意,更弱化了教师自身在课堂教学中的主导作用。因此,为了更好地体现教师自己的教学意图和教学风格,更好地突出教学重点、难点,更好地发挥教师的主导作用,教师应自己创作课件,或选择现成课件中能为己用的部分并加以改造,使课件与自己的授课风格相适应。

多媒体辅助教学手段,仅仅是构成教学环境的一个重要方面,不可取代教学过程中的所有环节。使用多媒体教学要与传统的教学手段有机结合,使多媒体教学真正成为优秀的教育资源,成为促进学生发展的有效手段。

三、 现代会计教学手段及实施路径

(一) 现代会计教学手段的含义

现代教学手段又称现代化教学手段或者现代教学技术手段,是指以形、声、光、电结合而成的记录、储存、传输和调节教育信息的教学手段。常用的有幻灯、录音、唱机、电影、电视、语言实验室、计算机网络等。也可统称多媒体技术教学手段。

现代教育是建立在现代化科学技术基础之上的,信息技术的发展给会计教学模式的更新带来了机遇。现代化会计教学手段是计算机网络教室、会计教学软件加上传统的教学手段相结合的模式。

会计教学软件包括多媒体课件、会计核算教学软件、会计管理教学软件以及考试软件,其设计和研制工作一般由会计教师、专业设计人员来完成。会计教师和专业制作人员根据会计教学内容和特点,利用多媒体课件制作软件将会计课程教学的重点、难点内容制作成集画面、图像、文字和声音等为一体的、具有智能结构的多媒体会计教学软件,为多媒体课件;利用系统软件设计出能够适应模拟会计核算和会计管理过程的会计教学软件,为会计实用软件；利用系统软件设计出能够适应会计课程考试的会计教学软件，为会计考试与改卷软件。

（二）会计学反会计教学的特点

由于会计学是一门技术性、应用性很强的学科，为了培养学生的理论分析能力、实际动手能力和对会计环境的适应能力，在教学活动过程中应把握以下特点：

1. 会计知识内容具有结构化、过程性的特点

会计学作为管理科学中的一门应用型学科，其大部分课程的知识体系都具有结构化的特点，特别是知识内容前后能自然形成整体，只有学好前面内容后才能学习后面的内容，而且在学习后面的内容时又能自然地运用以前的知识；另外，会计学中的核心内容——会计核算，又体现了很强的过程性特征，即在会计核算过程中，凭证、账户、账簿、报表等顺次使用的核算工具，以及供应、生产、销售、分配各个环节前后呼应，通过数据之间严格的钩稽关系来反映会计处理流程。然而，教师很难用单一的传统教学手段将分散于各个章节的、关于经济信息经过会计系统加工的全部流程完整清晰地向学生交代清楚，必须借助现代教学手段才能完成任务。

2. 会计方法体系完备，具有规律性的特点

会计学是搜集、处理、提供会计信息的技术性学科。会计信息的形成需要使用很多方法。其实，工业企业的生产特点和管理要求对产品成本计算的影响主要表现在对成本计算对象的确定上，不同的成本计算方法，其成本计算程序基本上是相同的。教师很难用传统的教学手段将各种成本计算方法所具备的基本相同的计算程序归纳出来，形成直观印象。如果采用多媒体教学，就可以用表格、图式等方式反映各种成本计算方法之间的联系、区别、应用范围。

3. 会计信息依赖实物载体特点

在会计学教学中，总是离不开各种各样的会计信息载体，即会计凭证、账簿、报表等。实现电算化之后，尽管传统的信息载体实物已逐渐被电子化信息所取代，但是作为概念上的载体功能还是存在的，它们作为信息存储的逻辑含义与传统的实物载体是一致的。在传统的课堂教学中，往往难以将信息载体实物与会计信息加工处理流程结合起来。另外，对于教师来讲，即使将各种实物带到课堂上，效果也不甚明显，且也不方便。

4. 会计教学具有很强的实践性特点

会计学是一个实践性很强的专业，要求学生具有较强的动手能力。为了培养学生的实践能力，通常要进行实验教学和实地考察，既注重理论教学，又注重实验教学，这样才能培养动手能力，全面启发学生的思维，调动学生学习的积极性，激励创新精神。而传统会

计教学模式下，多是强调手工实习，而对电算化会计与审计实务却接触不多。

总之，会计教学应根据理论联系实际和直观性教学原则，教师应按照不同的课程、不同的内容，尽量增强教学内容的真实感和灵活性，提高学生的感性认识、形象思维和参与意识，从而提高会计教学效果。同时，应将传统教学手段与现代教学手段结合使用。

第三章 会计人才培养方案

第一节 适应中小企业发展的会计人才培养方案

一、引言

改革开放以来，中小企业发展迅速，取得了重要的成就，成为我国经济社会发展中的重要力量。单从就业方面来看，我国中小企业已成为扩大高等院校毕业生就业的主渠道，对会计人才的大量需求必然日益剧增。然而，我国会计专业人才培养模式中存在的一个主要问题是高等院校会计类人才培养方案与中小企业的实际需求不对称，这也制约了高等院校会计专业人才培养目标的实现。在市场经济环境下，高等院校的办学好坏，在一定程度上是以满足市场人才需求的程度及被培养者对社会贡献的程度为衡量标准的。而会计人才对于促进我国经济社会发展有着不可或缺的作用。因此，如何有效地促进会计人才培养方案和教学改革与中小企业的发展相适应，满足中小企业对会计人才的实际需求，是当前高等院校会计教学变革中面临的一项紧迫任务。

二、中小企业会计人员素质结构分析

（一）中小企业经营管理活动的特点

与大型企业相比较，中小企业在经营管理活动中表现出与生俱来的特点。第一，由于中小企业规模较小，资本结构简单，经营业务广泛，较少涉及对外投资活动；第二，大部分中小企业在组织形式上表现为所有权和经营权的高度统一，其结果是企业的组织化程度较低，没有较多的管理层次，企业主的决策在经营管理活动中起着重要的作用；第三，由于组织结构简单，使得中小企业机制灵活、工作效率高，经营富有弹性，生命力旺盛，具有较强的市场应变能力。同时，简单的组织结构造成现代组织制度、管理制度的缺失，企

业经营管理的权力过于集中；第四，大多数中小企业管理者都是凭着个人的人格魅力和自身的实践经验开始创业，并逐步走向成功，即使企业达到规模以后，经营者的传统管理模式难以得到改变，不容易接受先进的管理思想和管理理念，管理水平难以提高。此外，由于社会诚信机制和法制观念在一定程度上的缺失，中小企业管理者在经营过程中，为了自身的利益，往往有通过逃避纳税的方式增加财富的动机，特别是在经营状况不好时，逃避债务的愿望表现得更为强烈。

可见，为了进一步发挥中小企业在我国经济社会发展中的作用，在其经营管理中，如何凸显其优势、改善其不足势在必行。从优化社会人力资源配置的角度来看，高等院校会计专业毕业生加盟中小企业，必将有利于中小企业经营管理活动的改善，以致最终推动中小企业健康和可持续发展。然而，高等院校会计专业毕业生能否在中小企业发展中有效地发挥作用，还取决于中小企业对会计人员素质结构的要求。

(二) 中小企业会计人员素质结构

1. 中小企业会计人员应该具有丰富的文化素养

文化素养是反映个人或群体对社会、历史、文化、宗教等社会人文领域知识掌握和认识到一定程度上所表现出来的一种文化素质和修养。文化素养往往会外化为一个人的处世态度、思想境界、人生追求以及理想、信念等人格因素，也体现为一种创新的精神，并通过日常言行表现出来，成为影响其所处组织的氛围和形象的重要方面。由于中小企业的大部分员工接受教育的程度普遍较低，特别是受到市场经济浪潮的冲击，可能过分地追求经济利益和物质享受，职业观念淡薄，缺乏爱岗敬业的奉献精神，在企业内部难以形成一种积极进取、和谐相处的企业文化。而会计人员直接从事着反映和监督企业的财务资源的活动，与企业的财产、物资及人员接触和交流密切，是中小企业重要的管理队伍。如果会计人员缺乏文化素养，长期受到不良环境的感染和侵蚀，会丧失理想信念和长远奋斗目标，甚至价值观会发生扭曲，变得唯利是图，其后果难以想象。相反，如果会计人员具有丰富的人文知识、强烈的职业情感和良好的人际关系，也必然会影响到其他员工以至企业的整体形象，在企业内部逐渐形成一种良性、向上的文化氛围，从而有利于中小企业在健康的轨道上快速发展。此外，由于创新是中小企业存在和发展的灵魂，具有丰富文化素养的会计人员必将成为企业管理创新的一支重要力量。

2. 中小企业会计人员应该具有综合的专业素养

专业素养是反映个人或群体掌握某种专业知识的深度和广度以及在实际工作中运用该专业知识的能力。会计专业知识是会计人员知识结构的核心所在，具体表现为日常经济业务的账务处理与编报、成本计算与分析、预算编制与利润预测、财务分析与规划、内部审计与控制等。然而，随着市场竞争的日益加剧和信息技术的迅猛发展与运用，企业对会计人员的工作提出了新的要求：

（1）监控资金的流动，确保财产物资的安全。

即要求会计人员实时掌握资金从哪里获得，分布到哪些部门和业务中，以及最终又如何汇集或以何种状态存在的明细情况，并分析其过程和结果是否能够得到有效控制，是否存在风险等。

（2）分析产品或服务的获利能力

即要求会计人员分析企业销售产品或提供服务的市场分布情况，并能对产品或劳务的市场价格与成本进行合理比较，从而明确地反映企业的产品或劳务的获利情况。

（3）优化产品或服务的成本结构

即要求会计人员分析在保证产品或服务质量的前提下提出如何降低成本的策略，以帮助企业提升利润空间。可见，会计人员不仅要掌握和运用会计专业知识，而且还要把握市场动态，熟悉资本运作，跟踪生产过程，有效实施控制等，这样才能适应现代企业发展的需求。尤其在中小企业中，管理人才相对缺乏，往往是一人身兼多职。因此，迫切需要这类既懂得会计与财务业务处理，又熟悉企业生产过程控制、了解市场供需关系以及资本运作的复合型人才。所以，中小企业对会计人员专业素养的要求不仅限于本专业，而且要体现为一定深度和一定广度的综合性。深度体现为对会计知识的历史、现状的掌握和应用以及对未来发展的判断，广度体现为对生产、金融、税务、营销等经济管理相关知识以及数学、逻辑学、行为学等基础知识的了解。此外，专业素养还表现为一种自我学习的能力。中小企业会计人员一般接受培训和知识更新的机会相对较少，因此，他们应该具有自我学习的能力，以不断丰富自身的知识结构。

3. 中小企业会计人员应该具有良好的身心素养

身心素养是反映个人或群体在社会实践活动中所呈现的身体健康状况和应具备的心理素质情况，具体表现为身体素质和心理素质两方面：一方面，拥有一个强健的体魄是中小企业对会计人员身体素质的必然要求。近些年来，尽管会计专业毕业生随着高校扩招政策的实施而逐年增加，但由于中小企业经济规模小、待遇一般偏低以及工作环境不甚理想，最终就业于中小企业的会计人才仍相对较少。因此，在中小企业中，高学历的会计人员依然偏少。一旦就业于中小企业，这些科班出生的会计人员必然成为企业的中坚力量，而且要求他们身兼多职，不仅表现在工作中的超负荷工作强度，而且为实现二次创业和持续发展的目标不断承受新的压力与挑战。可见，会计人员只有具备了健康的身体素质，才能适应和胜任中小企业高强度工作的需要。另一方面，良好的心理素质也是中小企业会计人员必不可少的素养构成。心理素质一般包括意志、情感、性格、气质和应变的能力等方面。

其中，最重要的是个人意志，它是指个人在正确目标引导下，为达到这一目标自觉地组织自己的行为并与克服困难相联系的心理过程的素质。由于中小企业始终面临着生存与发展的问题，这必然要求会计人员的个人目标始终与企业目标保持一致。在困难和挫折面前，会计人员需要表现坚强的个人意志，不能轻易动摇个人的目标，而应该与企业同舟共济、共渡难关，积极运用自身专业知识为企业出谋划策以摆脱困境。此外，由于中小企业的会计环境较为复杂，会计人员应该在性格上要保持时序上的一致和空间上的连续，情感上表现出自尊和独立，时刻保持冷静的头脑，以应对各种情况的发生。因此，良好的身心素养是作为一名中小企业合格会计人员的必要条件。

4. 中小企业会计人才应该具有高尚的道德素养

道德素养是反映个人或群体在社会实践活动中自觉表现出来的对职业道德和行为准则的遵循情况。会计职业道德是中小企业会计人员道德素养的主要体现。会计职业道德是指在会计职业活动中应遵循的、体现会计职业特征的、调整会计职业关系的行为准则和规范，如工作中的爱岗敬业、诚实守信、廉洁自律、客观公正、坚持准则、提高技能等方面的行为标准。如果将会计人员应具备的道德素养和专业能力看成一座金字塔，道德素养必然是位于塔的最底部，是根基所在。如果一个会计人员没有良好的道德素养，那么他的业务能力越高，就可能给企业、国家造成的损失就越大。由于中小企业的会计人员管理体制不清，会计机构设置往往不规范，缺乏健全的内部会计和审计制度，会计核算随意性较大，会计监管也难以得到有效的实施，后续的培训和教育又不能及时开展。在这种工作环境中，会计人员很容易在个人经济利益的驱使下，无视政策观念和纪律性、原则性，不恪守职业准则，不客观反映和监督会计事项。

综上所述，文化素养、专业素养、身心素养和道德素养是中小企业会计人员素质结构的重要组成部分，缺一不可。其中，专业素养和身心素养是会计人员业务水平和工作能力的体现，构成了会计人员素质结构的核心部分；文化素养体现会计人员的人生奋斗和追求的价值取向，是会计人员素质结构的导向部分；道德素养则是会计人员运用自身的专业素养和身心素养来实现人生理想的保障，是会计人员素质结构的根基部分。

三、适应中小企业发展的会计人才培养方案设计

（一）会计人才培养方案设计的思路

第一，要动态地分析中小企业经营管理活动的特点，明确中小企业需求的会计人员应该具备的素质结构，即包括文化素养、专业素养、身心素养和道德素养四方面；第二，为了适应中小企业对会计人才素质结构的要求，高等院校在制订人才培养方案时要强调课程

体系设置的合理性，在教学过程中注重并强化四方面的素养教育，并通过持续创新和改进教学过程来予以实施；第三，高等院校与中小企业之间始终保持一个通畅的信息沟通渠道，并通过获得中小企业对已使用会计人员的相关评价信息，来调整课程体系和教学过程。总之，通过会计人才供需的评价与反馈，高等院校在培养方案设计方面与中小企业需求之间形成一种动态信息沟通机制，从而大大提高学校教育与企业需求的结合度。

（二）会计人才培养方案设计的内容

1. 合理设置课程体系

根据中小企业对会计人员素质结构的要求，高等院校在设置课程体系时应从如何提高和加强会计人才的文化素养、专业素养、身心素养和道德素养四方面进行综合考虑，进行模块化的课程设计，即将四方面的素质结构分解成九个课程模块，再将课程模块细化为具体的合理化的课程。高等院校组织教师通过对学生具体课程的讲授达到素质结构培养的目的。具体课程模块及其课程的划分如表3-1所示。

表3-1 课程模块及其课程划分表

素质结构	内容	课程体系课程模块	课程
导向部分	文化素养	公共基础模块	政治理论、形势与政策、法律基础、中外历史纲要、外国语言
		文化选修模块	文学欣赏、写作、审美艺术、国学选读
核心部分	专业素养	专业基础模块	经济学、财政学、金融学、统计学、管理学、经济法、税法、计算机与信息技术
		专业必修模块	会计学（审计学）、财务管理系列课程
		专业选修模块	会计学（审计学）、财务管理系列拓展课程
	身心素养	体能训练模块	军训、体育、体能拓展训练
		心理素养模块	职业发展规划、创业原理、职业拓展训练
根基部分	道德素养	公共道德模块	思想品德修养、公共关系学、职场礼仪学
		职业道德模块	职业教育、会计职业道德规范与案例

同时，课程体系的合理设置还表现为使不同的课程模块在教学课时数与教学时间安排上相互配合，加强不同课程模块之间的交叉融合，形成一个有序的、系统的有机整体，并在具体课程的教学中付诸实施。

2. 创新和改进教学过程

高等院校能否培养适应中小企业需求的会计人才，这一目标的实现程度最终取决于教学过程。因此，在合理设置课程体系的前提下，不断创新和改进教学过程是适应中小企业会计人才需求培养方案设计的重要组成部分。

首先，在教学指导思想上，应该坚持会计人才素质结构的均衡教育理念，既强调专业素养和身心素养的培养，又重视文化素养导向和道德素养根基的熏陶，将文化素养和道德素养教育贯穿于整个专业教学过程。教学指导思想是创新和改进教学过程的先导，只有结合变化的中小企业会计人才需求状况，不断丰富和变革教学指导思想，并在教学过程中得以贯彻和实施，才可能真正实现中小企业会计人才的培养目标。

其次，在教学手段上，应该充分运用现代信息技术来改进教学过程，使教学内容得到系统、全面的展示。培养目标和课程体系的调整并不意味着放弃系统知识的教学，而是要求在教学过程中应用现代信息技术来开发和组织新的教学手段，更好地促进教学活动的开展和科学知识的传授。如：教师在课堂上制作多媒体幻灯片进行展示讲解，设计课程网页进行网络化教学，在局域网中模拟中小企业环境进行沙盘教学，运用多媒体网络教室实现教师与学生实时互动教学，通过电子邮件进行答疑与作业等。通过教学手段的创新，拓宽学生获取知识的途径，从而全面提高和优化学生的素质结构。

最后，在教学方法上，应该变"被动"接受为"主动"获取和"互动"交流知识的模式，使学生全面参与教学过程。由于教学方法是体现教师如何对学生施加影响，把科学知识传授给学生，培养学生各种技能，发展智力，并形成一定道德品质和素养的具体手段。可见，教学方法是会计人才培养方案成功实施的关键环节，一种好的教学方法将极大地推动会计人才培养目标的实现。中小企业会计人员不仅要有自强不息的精神，更要有一种厚德载物的品质。因此，在教学过程中，要多层面、全方位地采用"案例教学""讨论式教学"和"实践式教学"等互动式教学方法。通过让学生收集资料、分析案例、提出问题、实验与实习、开展讨论等方式参与教学过程，坚持以"教师课堂讲授"为主转变为以"学生自学和体验"为主，最终实现学生学习过程由"被动"接受知识转变到"主动"获取知识和"互动"交流知识、运用知识的目的。通过各种教学方法的创新和改进，既培养了学生的好奇和主动性，也使其个人文化和道德修养得到提升，以适应中小企业工作环境的需要。

中小企业不仅在我国经济发展中的作用日益重要，而且对高等院校毕业生就业的贡献越来越大。然而，为了进一步解决会计人才的供需矛盾，提高学校教育与企业需求的结合度，高等院校在会计人才培养方案的制订中，应该充分考虑中小企业经营管理的特点和深入分析会计人员应具备的素质结构要求，运用模块化方法来合理设置课程体系，并通过教学过程的创新和改进，实现会计人才的培养目标，以满足中小企业对会计人才的实际需求。

第二节　国际会计人才培养方案

一、国际会计人才培养的经济背景

（一）经济全球化

随着被世界各国广泛接受的国际惯例和国际准则的建立，自由化的贸易领域不断扩大。在经济全球化的进程中，谙熟国际会计准则、熟悉国际投资环境的会计人才在资本市场中扮演着关键性的角色。因此，各个国家也在积极探索适应经济全球化的会计人才培养模式。

（二）我国对外经贸增长

随着对外贸易的发展，国内会计师行业也从过去的"记账、算账、报账"发展成包括企业战略决策、完善内部控制管理、开展企业价值管理、严格会计监督、建立会计电算化系统等多元化管理领域。可见，传统会计人才的职业素养已经难以匹配高速发展的资本市场。会计行业要着力培养造就具有国际业务能力的高级会计人才，着力培养造就具有国际认可度的注册会计师，着力培养造就具有国际水准的会计学术带头人。

二、国际会计人才培养的组织实施

（一）以严谨的专业课程教学夯实专业理论基础

以专业课程教学大纲为准绳，采取多种形式有效地实施专业教学，夯实学生的专业理论知识基础。

1. 严格按照专业课程教学大纲所设定的内容和标准实施专业教学

按层次分课程依次展开专业理论知识的教学，根据专业课程教学大纲的规划分主次轻重，科学地实施专业课程教学，按各项教学内容的要求标准确定教学任务与教学实施计划，切实完成教学内容，夯实学生的专业理论知识基础。

2. 根据不同的内容和要求选择适当的教学方式与方法

各层次各课程的各项内容对理解掌握的要求不尽相同，可以分别采取深入精讲辅以分析应用、粗讲辅以设题讨论等不同方式展开课程教学。

3. 对教学效果采取有效地考核评价方式

实施教学全过程考核办法，在专业课程教学过程的每个内容结点设置考核，依次进行；对不同专业课程和内容，分别采取书面考试、个别的口头考核、提交专业报告、完成专业实践项目等考核评价方式，以保证专业课程教学的质量与效果。

（二）以紧贴实际的课程实习与专业实习强化职业技能与能力的培养

1. 通过专业课程的各专项实习培养具体的专项职业技能

课程各专项实习组合相关的专业知识形成专业技能的训练项目，有利于提高各项职业技能水平。如财务管理课程的预算编制实习项目操作训练就有助于计划、预算的编制能力的形成与提高；项目投资实习项目的操作训练就有助于快速形成方案的能力、方案的优化与抉择能力的形成与提高。

2. 通过专业综合实习培养专业的综合职业技能与能力

专业综合实习融合了会计、财务管理、国际金融、税务等专业知识，开展专业综合实习有助于培养学生综合运用各种专业知识解决具体业务问题的综合能力。

3. 通过专业实践实习强化职业操作能力，训练职业判断能力

专业实践实习直接面对实际的具体工作与业务，有助于提高实际的职业操作能力，并以具体的专业性实务工作阅历形成一定的职业判断能力，能快速地适应职业环境，进入职业角色。

（三）以广泛的学习交流拓展视野，增强国际化经营环境的适应能力

国际会计人才应具备国际视野的认知能力、业务沟通能力和业务发展能力。开展广泛的学生社会实践活动、专业交流与竞赛活动、国内校际学习交流、国内校企专业实务学习交流能有效地拓宽视野、提高沟通能力与业务开展能力，利用各种国际合作办学的平台开展国际学习交流，增强对国际环境的适应能力。

三、国际会计人才培养战略

任何培养目标都必须依靠一套切实可行的战略措施来保证其实现。为了保证国际化人才培养战略的有效实现，广西财经学院进行了长期艰苦的探索，采取了一系列有效措施：

（一）开展跨文化教育，培养国际型会计人才

1. 在教师队伍建设方面，引进外国智力，建立高素质的师资队伍

引进归国人才，或者通过聘请外籍老师，都可以将国外先进的教学理念和方法融入传

统的教学模式当中。

2. 在学生活动方面，多形式营造异域文化氛围

邀请国外专家进行专业性的讲座，激发学生的学习热情；定期举办外语演讲、外语辩论活动，提高学生外语听、说、读、写的综合能力；组织学生参与国际性的社会活动，提高学生外语自主学习能力和外事工作角色意识。

（二）加强素质教育改革，培养复合型会计人才

1. 改革教学内容

主要体现在课程体系的设置和课程教学内容的选取方面，都大量地以职业性、技能性和素质扩展性教学内容取代减少纯学科性、理论性教学内容。

2. 改革教学方法

采用互动式教学方式，以学生为中心，以需求为动因，以问题为基础，进行发现式、探索性的学习。在互动式的教学中采用案例讨论、角色扮演、课堂报告或演讲、小组作业、专题报告等方式，调动学生的积极主动性，培养学生分析、表达、交流和合作等多方面的能力。

第三节 管理型导向会计人才培养方案

一、以通用性为特征的我国会计人才培养方案及其局限性

为适应会计准则模式的要求，制订反映时代风貌的会计人才培养方案，在传统四门课程——"会计原理""企业会计""企业财务管理"和"企业经济活动分析"的基础上，全国高等院校纷纷编撰会计教育系列教材，形成了以"基础会计""中级财务会计""高级财务会计""成本会计""管理会计""财务管理""会计电算化"和"审计学概论"八门主干课程为核心的教材体系，以推动会计教育改革特别是学科体系、课程设置和教学内容的改革。

会计被公认为国际通用的"商业语言"，是沟通国内市场与国际市场的重要媒介，在合理、有效配置经济资源中发挥着重要作用。

（一）我国存在着管理型会计相对被忽视的现象

1992年，我国的会计改革主要借鉴的是财务会计和管理会计相分离的西方会计模式，

由于时代背景和实施方式的不同，导致我国会计体系出现了对管理型会计相对忽视的现象，这是因为：

第一，现代西方财务会计和管理会计相分离的模式，是建立在管理型会计系统已经比较完善的基础之上的，而1992年我国尚处于从计划经济向市场经济过渡的时期，并没有一个完整的管理型会计系统。

第二，西方经济的发展是一个由下而上的自发过程，管理型会计随着企业的发展得到了相应的发展，而我国的经济改革则是一个由政府主导的、由上而下的变迁过程，实行的是统一领导、分级管理的政府主导型会计管理体制。由于政府把主要精力放在了以对外报告为主要特征的会计准则的建设上，管理型会计没有能够很好地发展。

（二）我国的会计学存在着学科性质定位模糊的情况

会计首先应是一种以提供财务信息为主的工具，至于这一工具所提供的财务信息能起到什么作用，则是一个需要进一步回答的问题。具体而言，其作用可以一分为二：一方面，为协助管理者规划和控制企业的各种经济活动提供信息；另一方面，为外部报表使用者提供决策有用的信息。因此，会计学兼具管理学和经济学的双重特性：协助管理者的职能，使会计学像一门管理学学科；为外部报表使用者提供决策有用信息的职能，使会计学更像一门经济学学科。会计学是作为管理学还是作为经济学发挥作用，主要是看会计在具体的经济环境中履行的是协助管理者的职能还是提供决策者有用信息的职能。

会计学主要作为经济学学科的特性自然影响到会计教育。在会计教育的八门主干课程中，表现出为外部报表使用者提供决策有用信息的职能，核算型会计体系比较健全。除了"管理会计"，八门主干课程中的其他课程组成了一个有机的核算型会计体系。而对管理型会计而言，除"管理会计"介绍了许多管理会计的方法和手段外，其余的则分散在"成本会计""财务管理"的某些课程之中，并没有形成一个完整的管理型会计体系。在整个会计人才培养方案中，核算型会计体系成了其中的主线，管理型会计仅作为核算型会计的一个补充而存在着。

二、管理型导向的会计人才培养方案

这里所称的管理型导向会计是基于以下两点考虑提出来的：一是经过改革，我国事实上已形成一个以核算型会计为导向的会计体系，这一体系一方面对我国资本市场的建立和维护发挥着非常大的作用；另一方面，则存在着对管理型会计相对忽视的现象。二是我国高等院校不应只有一种会计人才培养模式，应根据会计与企业发展的对应关系，根据高等院校服务对象的不同，构建以核算型会计和以管理型会计为导向的两种会计人才培养模式。其中核算型导向会计主要为资本市场和上市公司服务，管理型导向会计主要为非上市公司服务。

因此，管理型导向的会计人才培养方案，就是尽量考虑会计的管理学学科特性，形成一个系统的管理型会计人才培养体系，为以非上市公司为主体的企业服务。同时按照国家有关法规的规定，将一些核算型会计课程逐步纳入培养方案之中。

管理型导向的会计人才培养方案课程体系由三个模块组成。

基础模块由两门课程组成——"业务流程与企业组织"和"基础会计"。将"业务流程与企业组织"课程置于会计人才培养方案之首，主要目的是使学生在学习会计课程之前，先对企业有一个整体的了解。"业务流程与企业组织"课程主要由两部分组成——企业业务流程和企业组织结构。先讲企业业务流程，是因为企业业务流程既是会计进行信息处理的基础，又是企业构建不同组织架构的基础。

将"基础会计"置于基础模块第二门课程的位置，是因为"基础会计"课程主要讲述的是企业的簿记系统，一方面需要业务流程知识的支持；另一方面，在掌握了企业会计信息的基本处理方法后，才能为两个专业模块——核算型会计、管理型会计提供技术支持。

专业模块共有六门课程，分为两个方向：一是核算型会计，由三门课程——"财务会计""成本会计"和"审计"组成；二是管理型会计，由三门课程——"企业内部控制制度""管理会计"和"企业经营分析"组成。

专业模块中的核算型会计课程——"财务会计""成本会计"和"审计"主要以讲述会计核算方法为主，"财务会计"课程整合了原"中级财务会计"与"高级财务会计"课程中的"外币折算""合并财务报表"的内容，内容大体与注册会计师教材的内容一致；"成本会计"课程主要以介绍成本核算方法为主，有关成本管理的内容并入管理型会计课程；"审计"课程主要讲述注册会计师审计。

专业模块中的管理型会计课程，由"企业内部控制制度""管理会计"和"企业经营分析"三门课程组成。"企业内部控制制度"课程主要介绍企业内部控制的相关知识。"管理会计"课程包括成本管理（具体涉及变动成本、标准成本、质量成本以及作业成本管理）、本量利分析、短期经营决策、全面预算管理等内容。"企业经营分析"课程是在综合会计报表分析、企业经济活动分析等内容的基础上形成的。现有的会计报表分析只是一种基于报表的外部报表使用者分析，没有将基于账簿分析的内容有机结合进去，只有金额分析，没有数量分析。"企业经营分析"课程在借鉴企业经济活动分析内容的基础上，试图形成一个数量与金额、报表与账簿、整体与局部分析并重的企业经营分析体系。

综合模块由两门课程组成——"财务管理"和"企业会计制度设计"。"财务管理"

课程是在两个专业模块的六门课程基础上的综合运用,包括筹集资金、使用资金和分配资金三方面;"企业会计制度设计"课程则是对基础模块、专业模块内容的总结和整体回顾,有利于学生对会计知识的系统、熟练掌握。

因此,从基础模块的"业务流程与企业组织""基础会计"课程出发,经过两个专业模块——核算型会计的"财务会计""成本会计""审计"课程和管理型会计的"企业内部控制制度""管理会计""企业经营分析"课程,最后进入综合模块的"财务管理"和"企业会计制度设计"课程,构建出了一个管理型导向的会计人才培养方案课程体系。

第四节 我国法务会计人才培养方案

一、我国法务会计的发展现状

由于我国引入法务会计的时间非常短暂,社会上既精通法律又深谙会计知识的复合型法务会计人才还十分短缺,而且相关的法律知识也尚未建立,现阶段法务会计人才的数量和质量均无法满足社会需求。

(一)法务会计人才匮乏

法务会计不是单纯的会计工作,也不是单纯的法律工作,由于其工作的系统性和复杂性,不仅要求法务会计人员精通会计专业知识,还要熟悉相关的法律注视并具有丰富的实践经验。因此,对于法务会计人才的要求比一般的专家证人更严格。现阶段我国法务会计师奇缺,承担法务会计调查取证等工作的主要是注册会计师或律师。

(二)法务会计人员素质不高

对于法务会计人员的素质要求首先是业务素质方面,法务会计人员面对的问题不仅仅是会计问题,还涉及很多法律方面的问题。因此,他们既要有会计学、审计学专业知识技能,又要具备法学、证据学、侦查学的专业知识。而我国注册会计师普遍只重会计报表,忽视会计调查;只重会计信息,忽视法律程序和证据规则。律师虽然通晓法律,但缺乏必要的会计、审计知识与技能,对于账目的详细审查也不能面面俱到,难以挖掘违规信息;道德修养方面法务会计人员必须在行使其职能时保持客观、公允、公正的态度。法务会计是沟通会计与法律两个不同领域的特殊职业,而这两大领域中从业人员的职业道德通常都存在相应的争议,这就要求其必须有较高的职业道德。严谨的治学态度、实事求是的工作作风，自律、保密、公平竞争等都是从业人员不可或缺的道德素质。

（三）法务会计人员缺乏系统的教育培训

我国现有的实施法务会计工作的人员几乎没有专业的法务会计人员，而是靠注册会计师或律师来承担法务会计调查取证等工作。目前我国开展法务会计教育的份额极低，且主要集中在高等教育方面，社会上相应的法务会计人才培训机构的数量几乎为零，而我国只有极少数大学开设了法务会计专业，普及率非常低。教育培训机构的不完善极大程度上遏制了中国法务会计的发展。

（四）法务会计理论研究成果还不完善

目前我国对法务会计的理论研究还处于刚起步阶段，建议设立中国法务会计学会及培训机构，专门开展对法务会计理论与实务的研究；创办法务会计期刊，编写大量的法务会计教学教材。我国对法务会计领域的研究成果理论性较强，相对缺乏实践性。应在开展法务会计理论研究的过程中，加强会计界与法学界的相互联系，协调司法权威性与会计专业权威性，丰富法务会计的理论与实践。

二、法务会计人才的培养方案

（一）通过高等教育培养

1. 设置法务会计专业方向

我国法务会计人才培养起步较晚，培养方式主要是通过高等教育。已经开设了法务会计专业的学校主要有复旦大学、中国人民大学、中国政法大学、西南政法大学、西北政法大学、华东政法大学、渤海大学。

对于目前仅开设会计学方向和法学方向的高等院校可以实行"3+1"教学模式（即本科实行四年制教育，在本科阶段的前3年，学生主要学习会计学或法学专业；在最后1年，根据学生自由意愿，会计学学生加强法学课程的学习，法学学生加强会计学课程的学习，在修满规定的学分后可以获得管理学或法学学士学位）或"3+2+1"双学位教学模式（即本科实行六年制教育，在本科前3年，学生学习会计学或法学专业；后2年，根据学生自由意愿，会计学学生加强法学课程的学习；法学学生加强会计学课程的学习；最后1年，要求学生参与相关社会实践，学生在修满规定学分后，可分别获得管理学学士和法学学士双学位）。对于法务会计专业课程设置不仅要包括会计、审计方面的知识，还要涉及相关的法律知识、心理学知识及计算机信息技术和网络技术等方面的知识。

此外还可以采取本、硕连读的方式对法务会计人员进行更加系统的培养。中国政法大学、北京大学、南京审计学院等高校在会计专业或法学专业已经开展了法务会计本科生和硕士生的培养。

2. 加快研究型法务会计人才培养

加快研究型法务会计人才培养，需要尽可能多地开设法务会计专业硕士点，深化法务会计的理论研究。这些研究生在读期间除了学习有关法务会计专业研究型的理论课程外，还要求在会计师事务所和律师事务所等机构参与社会实践，使其初步具备专门从事法务会计理论研究和实际操作的能力。在现代法务会计发展所提供的法务会计课程，不仅面向在校学生，更多的是面向有实际工作经验的在职人员。他们凭借在实际工作中的经验更能完善法务会计理论研究的发展，也应鼓励招收法务会计在职研究生。

3. 建设实训场所

法务会计人才培养不仅要求学习理论知识，积累相应的实践经验也必不可少，所以必须要有实训场所。校内，加强会计模拟实验室和模拟法庭建设并定期进行模拟实训。校外，选择一些业务全面，具有代表性的单位，作为院校的专业实训基地，并聘请具有丰富实践经验的会计人员做学生的实训教师，加强实践教学环节，使学生在社会第一线得到实践与锻炼。

（二）建立和完善法务会计师资格认证制度

首先，要提高我国法务会计人员的素质要求必须执行法务会计师资格认证制度。从事法务会计业务的人员必须通过法务会计资格考试，这种准入资格考试应当采用类似注册会计师的资格考试。考试的课程内容应当包括"法务会计职业道德规范""会计""审计""民法""刑法""诉讼法"和"司法鉴定"等，并要求定期进行继续教育。其次，为规范法务会计师的职业行为提供法律保障，要制定一套法务会计从业制度，将法务会计的执业资格要求、执业准则等以法律的形式规定下来。最后，在法律中明文规定法务会计师法律责任，使法务会计师在执业时有责任心，保持严谨态度，降低职业风险。

财政部门、税务部门要定期对法务会计师及其所属的会计师事务所对国家法律、行政法规和工作规则的遵守情况及业务执行情况等进行监督，发现违反法律法规及工作规则的情况应依照相关规定行为进行处理。

（三）开展法务会计职业道德教育和后续教育

1. 职业道德教育

法务会计师应严格自律，遵守行业规则，并对其接受的委托保密，不向委托人以外的任何一方泄露有关业务对象的任何信息，而背离公认的会计原则和法律规定。且法务会计师应以独立第三者身份从事法务会计工作，保持其独立性。这种独立性不能仅仅局限在形式上，而应体现在实质上，这是保证法务会计调查顺利进行的基本条件。另外，法务会计师应恪守客观、公正的原则，在整个调查取证过程中，不受主观意志的影响和支配，不卷入利益冲突的任何一方，客观公允地报告所发生的事实，确保调查结果的客观性和真实性，保持严谨态度，降低职业风险。

2. 加强法务会计人员的后续教育

现有法务会计人员大多是注册会计师，在会计审计知识与技能方面比较强，法律相对知识欠缺。且随着我国会计改革步伐的加快和新会计准则的逐步颁布和实施，法务会计人员只有紧紧跟住会计制度和国家其他财务会计法规的发展和变化，才能更好地完成委托业务，才能胜任融专业性和时代性于一体的法务会计工作。

为促进法务会计人员的后续教育，特别是要加强对法务会计人员法律知识及证据知识的培训，我国应尽快成立法务会计师协会。同时进行定期或不定期系统的培训，包括专业知识培训和职业技能培训和职业道德培训。使法务会计人员的知识结构由单一型向复合型转化，提高专业胜任能力，从而正确处理日益复杂的法律会计问题。

第五节 战略管理会计人才培养方案创新

一、战略管理会计在我国运用存在的问题分析

（一）战略管理会计在我国应用的问题分析

战略管理会计在我国应用存在如下问题：

1. 战略管理会计的理论体系尚不完善

战略管理会计理论知识普及程度还比较低，我国在20世纪80年代引进了战略管理，其使用者大部分是政府部门和外资企业。在20世纪90年代，国内一些大、中型企业才开始逐步运用战略管理理论，一直到21世纪的今天，战略管理理论在国内也未能得到普及。战略管理会计也未形成一套严密而科学的理论体系，理论体系的不完善以及知识普及程度的低下，降低了战略管理会计在我国的实践理论功能，同时也影响了战略管理会计在我国的快速发展。

2. 多数企业的会计工作的重点仍在财务会计上，管理会计只是零散地应用

与财务会计相比起来，管理会计在我国大多数企业中仍然不是工作的重点，其在实务界中的地位远不如在理论界中的地位，在企业的机构设置和人员聘用上几乎没有哪一个企业设置了专门的管理会计部门，管理会计的职责及其运用大多由企业的管理人员代劳，只是作为财务会计的一个附属品。这种情况影响了管理会计的实际运用，也影响了管理会计人员工作经验的加深，从而限制了战略管理会计在我国的快速发展。

3. 企业高管缺乏战略管理理念

战略管理是企业高层管理人员在确定战略目标后，全面考虑企业的内外部经济环境中的相关因素，为达到企业经营目标而制定相应的战略并在企业经营中加以实施的过程，是企业的高层管理人员战略管理理念的具体化。因此，对企业实施科学有效的战略管理尤为重要。然而我国绝大多数企业的高层管理人员缺乏甚至没有战略管理理念，没有考虑企业的长远利益。国内曾经发生过的重大投资或经营决策失误的企业，其原因大多是企业决策者管理水平较低，管理、决策程序缺乏一定的科学性，决策人员急功近利，忽视企业长期利益的结果。

4. 战略管理会计人才的极度匮乏

与传统管理会计相比，战略管理会计方法有了很大程度的改变。战略管理会计不仅是财务指标的简单整理计算，还是价值链分析法、战略成本动因分析法、平衡计分卡法、竞争对手分析法、竞争优势分析法、产品生命周期分析法、作业成本法等多种技术方法的灵活运用，这显然与传统管理会计有明显的不同。所以，战略管理会计要求会计人员在系统、熟练地掌握财务会计、成本会计、管理会计、财务管理、会计信息系统、税法、经济法、预算会计、金融会计等一系列会计学专业的专业知识外，还要熟悉经济学、管理学、市场营销学、计算机、统计学、甚至心理学、行为学等学科，要具备战略的眼光、大胆的谋略以及敏锐的洞察力，并能够在激烈的市场竞争中把握瞬间即逝的机遇，战略管理会计人才能够从战略的高度制定经营战略，进行投资决策。这种高素质的战略管理会计人才正是大多数企业所缺乏的。大部分企业的高层管理人员还没有真正意识到战略管理会计的重要性，也就不可能考虑会计人员关于战略管理会计相关知识的培训或促使会计人员自觉地进行学习研究，提高自己的战略管理能力，这就造成了我国战略管理会计人才的极度匮乏。

（二）战略管理会计缺失的解决对策

与财务会计相比，财务会计比较偏重于经济业务的核算，而战略管理会计则偏重于企业间的竞争，偏重于用战略的眼光看待企业内部信息、外部市场信息和竞争者信息；偏重

于为企业创造低成本优势、企业核心竞争力。战略管理会计能把财务数据与各种经济规律相结合，帮助高层管理人员从多个方案中做出最优决策，为企业的经营和发展提供决策信息和切实可行的方案。当前，中国外经贸企业的国际化程度越来越高，需要引进当今世界先进的管理理念和经验，做好企业成本核算，急需战略管理会计人才。战略管理会计对管理会计人员提出了更高层次的要求，不仅需要专业的财务方面的知识。还要掌握企业运营的各方面专业知识，培养高素质的战略管理人才成为目前会计界的首要而迫切的任务。

二、企业战略管理人才培养方案

（一）培养企业主要领导人的战略管理会计意识

培养企业主要领导人的战略管理会计意识已经成为提高战略管理会计应用水平的当务之急，如果企业领导没有战略管理会计意识，即使会计人员水平再高，也难以发挥他们在预测、决策、规划、控制中的应有作用。因此，作为企业高层决策者就要具有战略管理意识、竞争优势观念、企业核心竞争力观念，时刻指导自己决策，使企业随时根据市场经济环境的变化采取相应的策略。

（二）加强在岗财会人员进行战略管理会计内容的培训

我国现有在岗的会计人员大多数没有接受过正规的、系统的战略管理会计教育，对于20世纪80年代及以前的财会专业毕业生来说，所学的管理会计内容非常简单，当年的管理会计教材还没有战略管理会计的内容。对这一部分财会人员，首先要让他们掌握战略管理会计知识，再树立其战略管理会计意识，才能在第一线应用战略管理会计，这样才能促进战略管理会计实践中的广泛应用及发展。而这一部分财会人员的队伍庞大，要有计划、有步骤地利用节假日分批进行，可以按照地理位置划分成不同的区域，然后按照一定的顺序进行编号，再有计划地实施。在安排计划时要尽量避免影响企业的正常的生产经营，避开单位的集中结账时间，合理安排；同时还要考虑会计人员的自身业务素质和知识层次，要深入浅出，运用生动丰富的案例进行培训；同时要分组讨论，每个财会人员把自己在工作中遇到的与战略管理会计有关的重大筹资投资决策、质量控制问题、存货决策问题、竞争优势问题、绩效评价问题、成本动因分析问题等记录下来，由小组成员进行讨论，运用所学的战略管理会计知识逐个分析；最后由培训老师总结点评，以达到理论与实践现结合的目的，以便提高教学培训效果。

第四章 会计教学改革中的人才培养

第一节 互联网远程教育在会计人才培养中运用

一、远程教育的概念及其特点

这是一种新兴的教育模式，一般更加适合业余充电学习者的一种教育方法。它采用的媒体手段一般以网络以及电视为主，它打破了地域和时间的限制，学习者可以没有固定的学习场所，学生不需要在规定的时间和地点听课学习，学生和老师也不需要见面，学习的整个阶段都是通过远程的移动网络或者广播等数字媒体传送的。远程教育是一种非常开放的、灵活的学习方式，它打破了旧有的单一学习模式，使得学习途径更加丰富、多样的同时也增加了适应性。

二、远程教育下，会计实践教学过程中存在的问题

（一）学习者学习自主性不够

虽然远程教育模式有非常大的便捷优势，但是也正是由于这种教育模式对地点、时间没有强制限制，学习程度强弱全凭学习者的自我控制，使得通过这种方式学习缺少了大众学习的课堂环境，容易使学生在没有人监管的情况下丧失自制力。会计学课程繁重，如果没有很好的学习自控力，这个学习方式不利于提高学习效率。

（二）教学内容过于陈旧

对会计学专业的学习不能脱离国家经济发展的大环境，会计学科属于经济类，它需要随着社会经济的发展而不断更新。在会计学科教学中需要拥有和运用适应时代的优秀课本，这种新型课本内容应该是与时俱进的，在各种与会计有关的内容上符合现在经济发展

趋势、国家政策和法规。然而，现实是目前的课本更新缓慢，大部分会计院校利用的还是之前落后的课本，接受的还是旧的知识体系。

（三）实践教学所选择的教学内容不能够满足各个层次的学生

目前来看，这种教育方式相对于受众群体来说过于单一，运用远程方式接受学习的多数并不是学生而是各个行业已经参加工作的已上岗工作人员。他们所处的行业和基础受教育程度不尽相同，存在着非常大的差异，这就需要远程教学具有针对性，根据受众群体的不同应用不同类别的教育课程。然而，目前的远程教学并没有区别开来，无论是受众学习者的受教育程度如何，或者是其工作岗位是何种，都使用同一固定的教育模式，没有针对性地改变教学中的内容，从这方面讲，目前远程教学不能满足多方面学习者的需求。

（四）设备简陋和师资力量薄弱，难以提高远程教学的质量

由于远程教学方便、快捷、相对自由，所以一经出现就得到了国家的极力推广，也受到广大学习者的喜爱。对比远程教育来说实践中的教育场地和远程设备的建设却落后很多，这就导致需要和供应供求失衡，简陋的设备已难以满足教育需要。另外，从国家培养适应远程教育的教师上看，并没有专业的制度规范老师进行专业的学习，这方面老师的水平整体偏低，也没有相关制度对老师的实践进行培养，教师们自身存在的知识局限性限制了学生们的学习范畴。

三、远程教育会计专业实践教学的重要意义

远程教育会计学专业的培养方向主要是向社会输出适应各种国有、民营、基层单位财务方面人才，通过对学生的远程培育使其能在相关单位担任财务核算、整理、分析等工作并能够运用高科技手段处理工作业务，达到会计学专业必须具备的实用性特征。不难看出，会计专业的最终培养方向还是使学生能胜任企业职位，这就需要培养学生的教学内容不只是局限在理论知识的学习上，还要结合实践进行实操训练。只有将教学理论和实践相结合，多增加锻炼实操的各种体验课程，才能培养出学生高能力、高水平，培养出真正适应工作岗位的会计人才。

会计专业高等院校作为培养会计专业人员的主要场所，各个院校输出的会计人才能不能适应社会企业岗位，是否有过硬的业务实操能力，直接反映出院校的教学水平，也是社会评价院校的铁标准，所以实践教学的构建也是提高教学质量的重要步伐。

新型的教学模式要培养出适应工作需要的实操型会计人才，就要在教学中将理论知识和实践能力契合地相互融入，梳理两者的相互联系，不断优化理论知识在实际工作中的应

用方法，提高实际操作的学习质量。将建设远程教学打造为理论与实践并重，适应多种学习受众群体的特色实践性教育性体系。

四、远程教育会计专业实践教学体系的构建

会计专业的学习主要包含三方面：一是理论基本知识，二是会计基础技能的学习，三是会计实际操作培训。最后一项是通过加强学生实践，增强学生理论和技能的理解和掌握，让学生明白怎么具体操作，经过这三步的培养，学生对知识的认知和实际操作的运用能够得到有效加强。具体来说，会计实践教学结构中包含的项目有教学实验、规定时间内的专业实习、模拟专业体验等。高效的专业教学质量还需要有充足的实践教学时间以及高标准的教师指导，需要具有模拟真实常见工作场景的场所，还需要具备专业的管理模式。

坚持以实践教学思路为指导是构建远程会计专业实践教学体系的关键所在，首先要从思想上重视专业学习中实践教学的部分，从政策上支持实践教学。其次，要坚持教学中理论与实际相结合的基本思想，还要坚定教学方式转变的信念，明确其重要地位。实践教学是有其整体体系的，整个体系中的环节缺一不可，实践教学应建立在教师学生积极参与过程中，将老师教授课程过程和学生学习课程过程都融入参与中完成，这也是实践教学的基础。体系中需要将课程进行的实际操作和学生实习期学习作为实践教学效果的增强力量。最后，综合素质运用，如毕业设计实践操作，作为体系核心完成全部实践教学体系结构，细节分类又可以从实践教学方式上、内容上、教学程序上做详细分析。

首先，从教学方法上来分析主要体现在利用多种形式贯穿全程参与，意思是必须保证教学过程学生全程参与其中，参与程度可以逐层加大，由起初的小范围手工实验模拟到中间阶段的基地实战训练，再到最后完全自己实践完成毕业论文。

其次，从教学内容上分析主要体现在实践课程安排递进进行，第一阶梯是小范围实验教学；第二阶梯是实习实践，学生进入到实习单位接受实际工作完成任务；第三层阶梯是实战训练，学员深入到具体单位完成完整业务；第四阶梯是毕业论文和毕业设计。四个阶梯如同楼梯一般上下分明，一层层递进，通过前一层才能到达下一层。教学机构需要坚持以理论联系实际的教育原则，合理安排教学内容，对各个阶段学生的参与成果进行指导，最后用心合理地选择毕业论文命题。

最后，从教学程序规划上分析，要以"以学生为中心、全过程监控"为指导原则，多方面完善教学计划促使教学规划顺利完成。一是要严格完成规划内学时时长，会计专业学生要利用足够的时间进行实践活动，选择实践活动的方式方法，这也就是常说的教学计划执行监督；二是要对学生进行的学习实践提供必要的场地、所需要的设施以及专业化的指导和评价，也就是常说的服务支持；三是需要为进行实践活动的学生们组织专门的教学老

师、设置教务组织等，以保障实践活动教师团队的专业性，也就是人员方面的支持。

五、 会计专业实践教学方案的实施过程

远程教育作为一种开放式的教学方法已经被越来越多的学习者喜欢和接受，追随这种发展趋势，以此为基础设计出适合会计学专业的实践教学体系是开始新的教学方案的第一步，实践教学方案的完整实施还需要很长的路要走。

遵循教学方案的整体结构，在进行实践教学步骤时需要按照大纲要求步步分解开来，一步一步依次进行学习。清晰了解实践学习包含的三方面步骤、四步递进阶梯、五种监督机制，在此基础上逐层分化进行小范围实验课，针对性实习，专业基地实战，最终重点聚集实操，完成毕业方案。全程完成细节包括以下几方面。

学生学习过程中要做到理论与实践相结合，两方面的学时时长应当相当，不应顾此失彼或者一方学时太长太短。这样更有利于学生在学习会计专业基本知识、基本技能的同时锻炼其对实际账目分析、整理能力，这就为以后步骤的学习奠定了扎实基础。这个学习过程同样需要老师的监督，教师们通过考核记录成绩、评价实践效果、到课人数签名等措施提高学生积极性。

实践教学学习不是一成不变的，无论是学生实习期还是实践基地学习中都可以灵活学习方式，设计加入符合学生单一培训的学习模式，通过小插曲似的针对性实操业务工作提高学习者的主动性，加强兴趣感。学生在企业实操实习过程中，学校须关注并指导学生在其实习的企业财务业务上寻找自己擅长的、实用的毕业论文选题，以便在后期论文设计中将实习期所学学以致用。

会计专业学生通过深入企业具体财务岗位实践可以学习到实时的行业动态，也会在具体工作中自然而然地将校内所学理论知识得以应用。实践和理论的双重融合培养了学生学以致用的能力，为实践教学的下期步骤树立基础。

为了使实践教学规划方案得到实施，在整个教学实践中必须充分重视对实践教学全程的监督评价工作。学校为保证这一职能发挥充分作用需要设立专门部门，组织各个职位人员对教学过程分段监督。实现有力监督的同时，学校也应该积极对教学效果及时评定，评定须具体细化，如对学生出勤、实操、主动性、理论理解、实践应用、财务业务分析，报表编制等做出评定，达到督促目的。在评定学生各方面同时教师需要对学生体验、实验过程的问题做出引导，并结合新兴模式教学，适用当下学生乐于接受的教学方法灵活授课、多样授课，在注重教学效果的前提下保障学习者的积极性。

六、 针对远程教育下会计教学过程中存在的问题提出以下建议

（一）利用多媒体教学手段激发学生的学习兴趣，提高学习会计学的积极性

远程教学现在被越来越多的学习者喜爱和接受，这种开放式的教学方式可以使教师节约出更多的时间，将精力放在优化授课媒介上。教师需要结合当下互联网时代学生的特点，设计活泼的、多样的教学内容，发挥教学过程中学生的主动性和参与性，使得会计学习者们能从本身乏味的学科体验感中脱离出来，坚持认真的学习态度，从而提高学习效率和质量。

（二）根据学生学历教育水平制订针对性的教学计划

远程教育教学方案的设定应该具有针对性，由于远程教育受众群体有着广泛性，基础不同的人群对待知识的接受能力存在较大差异。教学方案应该根据这种差异规划教学内容框架，如对于初次学习会计学的人群需要让其学习基本入门理论知识以及基础实操，首先让学习者熟悉核心内容即会计中的核算部分，实践课程后期逐渐添加。

（三）加强师资力量队伍的建设

教师在远程教育授课时发挥辅助作用，但是实际上教师的重要性不容忽视，老师专业水平如何直接决定能否制定全面系统的教学课件，教学形式能不能吸引学习者主动学习，直接影响到教学效果，提高老师专业水平同样至关重要。正因如此，加强培养高水平、高专业度教师就显得尤其紧迫。有两种方式可以借鉴：

第一，老师深入企业岗位进行实操工作，从而接受新信息，进行专业技能的锻炼。

第二，需要让老师进入相关培训机构进行专业的、系统的知识训练，而且需要让那些非常专业的、经验丰富的人来指导上课，老师不仅可以提高自身水平还可以充实知识储备。

（四）采用新教材

和经济发展形式直接相关的就是会计学，对于会计专业人才的培养也必须要适应市场经济的需要。所以，训练会计专业人才的时候，相关教学内容最好是关于新方法和新制度的实用性会计教材，而且教学内容要涵盖现在流行的热点。

七、远程网络精品课程的体系构建

(一) 网络精品课程建设现状

运用现代信息技术的网络课程,借助互联网传达教学内容然后进行相关教学活动。网络课程分为两大部分:以确定的教学策略和教学目标组织起来的课程内容和网络学习环境,一方面体现成人教育的特色,另一方面也突出远程教育特色的优质网络课程,成为提高现代远程教学教育水平的重要一环,同时也成为建设网络教学资源的切入点。精品指的是什么?无论是教学内容、教学资源,还是师资队伍、支持服务和教学管理等方面都是高质量,可以完全达到既定教学目标、有一定特点,让学生在体验愉悦的学习的同时收获学业上的成就。

(二) 远程教育网络精品课程建设的必要性

近些年,中国远程教育事业发展迅猛,无论是教学模式、人才培养模式还是管理机制方面进步都十分明显。教学的基本单元是课程,教学资源建设的核心以及重点已经转向了网络课程,成为现代远程教育建设工作的一项重要内容。网络课程的开展尤其是精品网络课程对现代远程教育的意义非常重要,第一,伴随着现代远程教育的纵深发展,深化教学改革势在必行;第二,创新教学方法,在远程教学过程中运用现代最新技术;第三,提高现代远程教育教学质量有利于保证阶段性试点工作取得的成果;第四,建设高质量网络在线教学资源,可以组建开放式、共享式的教学资源群,最终构建全民学习型社会和终身教育体系。

一般专业学科和系列课程的建设需要精品课程来拉动,这样才能对教学工作起到示范的作用,有利于形成较理想的社会氛围。

(三) "互联网+" 背景下的建设趋势

发展到 21 世纪,现代信息技术迅猛发展,特别是在"互联网+"时代,网络和各行各业进行跨界合作,明显对传统社会生活手段和经济模式造成了一定的影响。"互联网+"时代,以学习者为中心的网络精品课程,应当做出个体化、在线性、开放性等方面的改变,才能被不同需求的学生所接受。所以,网络精品课程发展出 4 种迹象:①加强在线交互,适时跟进学习进程,增进学生与学生、老师与学生之间的讨论交流,做好课程学习反馈和跟踪;②课程设计利用数据分析需求层次,在学生的角度,进行分层设计;③网络平台拓宽服务范围,充分开放,越来越多的学生参与其中;④教学手段日益丰富,不仅有形式多样的单项专题，而且教学资源体系完整，可以让学生在碎片化时间内完成学习。

第二节　会计人才胜任能力评价指标体系的建立

一、胜任能力概述

（一）胜任能力的内容

胜任能力指的是可以胜任某种工作或者活动而且比他人优秀的一种能力和素质，或者说，胜任能力强调员工高于一般的优秀素质水平。

人力资源管理理论与实践和现代管理学非常重视的就是胜任能力。如何界定人力资源个体胜任能力，可以得出招聘和任职的依据，可以顺利地找到优秀的人才，同时也有利于员工招聘任职之后进行正确培训、高效使用和进一步的开发。

（二）胜任能力的内容

最常见的、具有一定普遍意义的胜任能力涵盖以下6大类别20个项目：

第一，个人特征：自信，自我控制，灵活性，组织承诺。

第二，影响特征：个人影响力，权限意识，公关能力。

第三，服务特征：人际洞察力，客户服务意识。

第四，管理特征：指挥，团队协助，培养下属，团队领导。

第五，成就特征：成就欲，主动性，关注秩序和质量。

第六，认知特征：技术专长，综合分析能力，判断推理能力，信息寻求。

认知能力主要指一个人如何分析和思考问题的能力，如问题解决能力、发现问题的能力、决策能力、项目管理能力、管理时间能力等。与工作习惯有关的因素主要关系到一个人在特定情境下采取何种行动，人际关系能力是与人打交道的种种技能，如处理与上司、同事、客户等的关系。

二、基于功能分析法的职业胜任能力现状研究

说起我国会计人员胜任职业的能力状况，初级会计人员供大于求，而高等的财会人才成为至宝，需求量越来越大。那么，高等会计人员到底应该具备哪些能力，初级会计人员欠缺的能力到底有多少，到底是什么能力指标限制了他们的能力发展？

会计学术界以及会计从业人员仔细探索研究过会计人员胜任职业的能力，归为以下几点主要问题：

（一）会计职业道德观念有待提高

我国的财务人员贪污挪用公款和资本市场财务造假以及美国的"世界通信事件"爆出的财务丑闻等，反映出从业人员职业道德缺失，各项研究中提到最多的问题就是职业道德危机。官方在会计从业资格考试职业道德科目中明确表示，会计职业道德8项要求：提高技能、客观公正、参与管理、爱岗敬业、坚持准则、强化服务、廉洁自律、诚实守信。事实上，大多会计人员对这些要求并不关心，有的会计完全依照上级领导的要求处理账务，弄虚作假、贪污腐败，甚至爆出财务丑闻。会计行业信誉被这些违背职业道德的行为伤害很严重，现在行业里讲究诚信至上，结果让会计人员身败名裂的并不是不熟悉职业知识，主要是因为败坏了职业道德。

（二）信息化条件下，会计人员业务水平不够

现在的用人单位都认为信息化十分重要，当成管理信息化的一个主要分支，会计信息化对会计人员的要求越来越多，但是有的会计人员，特别是喜欢手工处理账务的大龄会计，对财务软件的使用根本掌握不了，直接限制了公司实现信息化。更有甚者，有的公司要求使用信息化软件，会计人员业务能力不足，全都是形式主义、表面工作，根本实现不了现代公司的管理模式，导致了大量人力物力的浪费。我们能够从研究中发现，很多公司对面试会计人员是否熟悉财务软件及办公软件的使用有明确的要求，尽管有的公司没有直接说明，但是会计在工作时也会用到相关软件。

（三）缺乏必要的职业技能，无法顺利完成工作任务

尽管相关会计人员熟悉大量的专业知识，而且获得了很高的学术研究的成果，但这不表示他们能做好会计工作，主要就是缺乏必备的职业技能。如果不善于沟通，与公司其他部门的合作就不会太通畅，无法快速适应规则和相关法律规范的变化。

（四）知识结构不合理，财务业务水平也不高

由于会计人员单一的知识结构，初级会计人员仅仅熟悉会计核算，对金融、投资等方面的知识完全不懂，导致职业水平被限制。成为高等会计人员对入门会计人员最大的优势，高等会计人员的工作任务不局限于处理账务，主要管理公司资金，进行正确的投资、融资等管理财务事务，必须掌握会计核算知识以及金融、投资、经济等相关专业知识，会

计人员增加学历教育和提高实践经验才能解决这一问题。

中国会计人员职业能力问题突出，必须构建一个职业框架规范相关能力，给社会上的会计人员提高职业能力做出一个参考，也是构建职业胜任能力框架的主要目的。

三、经济全球化大背景下会计人才胜任能力评价指标体系的建立

（一）经济全球化大背景下会计人才胜任能力评价指标设立原则

1. 可行性原则

指标的确定必须要有理论依据、合理科学的指标，而且必须结合实际情况，直观可量化、操作起来切实可行，用这样的指标来进行评价，得出的结果才是正确的、合理的。

2. 科学性原则

如果要求指标得出的结果更接近客观事实，那么设计评价指标时必须坚持科学性原则，得出的结果才是真实可靠的，评价的结果才是可信的。如果准确和全面地评价一个对象，那么必须有一系列具有内在联系能够立体地对评价对象进行评价的指标体系。因此，坚持评价指标的科学性原则，基本上体现在指标的数量和层次上。

3. 可操作性原则

如果评价体系指标设计得粗陋简略和烦琐复杂，就违背了科学性与可操作性原则，直接后果就是结果太简单有失精确或者过程太复杂无法计算。因此，在科学合理的前提下，设计指标的时候应尽量做到简单，而且要充分考虑实际情况，可以在具体操作中进行简单的操作，让设计出来的指标具有实际意义。

4. 目的性原则

每一个因素或指标都是借助层次分析法把总目标逐级分层得到分目标，因此在设计指标时，要保证每一个指标都能和上一级目标结合，并且能够全面体现这一目标，同一层次的不同指标可以互相补充，这些指标放在一起可以完整地展示他们上一级的目标。

5. 分类原则

把会计人才分为初级、中级和高等会计人员，初级会计主要处理基础的财务工作，在企事业单位中一般担任会计和会计助理等职务；中级会计人员是指可以担任企事业单位主要财务负责人职务或者可以处理相关领域的财务工作，主要涵盖小公司财务部门的负责人或者大公司集团会计总负责人助理等职位；高等会计人员是指掌握丰富的会计实践经历和较强的职业能力，可以独立领导和组织处理本单位财务会计工作，进入公司的管理层，在企事业单位中主要担任高等财务分析师、高等会计师、首席财务师。基于不同层次的人才，承担不同的工作，对他们的胜任能力要求也是不同的。

（二）经济全球化大背景下会计人才胜任能力评价指标内容

1. 初级会计人才胜任能力评价指标内容

（1）知识

一般来说，在经济全球化大背景下基础会计人员应该熟知的知识划分为信息技术知识、会计专业知识与相关专业知识。

信息技术知识是目前会计人员必须具备的，这样才能顺利完成会计工作，由于现代公司之间的交易和相关经济业务基本上都是借助互联网在计算机上完成的，借助计算机软件也能对公司会计信息进行计算，会计人员必须了解这些方面的知识才可以处理财务工作，这些知识一般涵盖商务相关信息技术知识和常用软件工具的操作。商务相关信息技术知识涵盖电子汇兑、信息安全、电子商务系统和电子数据交换等；常用软件工具的操作涵盖PPT、Excel、Word等常用软件。在经济全球化大背景下这些知识是十分重要的，熟练学习了信息技术相关知识就可以借助信息化的工具完成会计工作。

专业知识是会计人员必须具备的基础，是担任工作的前提，基本涵盖财务会计和会计管理等。在经济全球化大背景下，要做到全面系统的监督与核算公司发生的各项经济业务，能够给涵盖公司投资人、债权人等在内的与公司利益密切联系的人提供公司的经营状况与获利能力。

专业相关知识是与会计工作相关的知识，一般涵盖税务、法律等相关知识，尽管这些知识不是会计专业的基础知识，但是由于经济全球化大背景下，公司与外部金融、法律机构之间的关系越来越紧密，这使会计工作和这些相关知识也变得越来越紧密，在会计工作中变得日益重要，因此必须掌握相关知识。

（2）能力

完成一项工作，不单靠专业能力，同时应该具备与完成工作相关的能力，由于专业能力与专业密不可分，这是保证工作完成应该掌握的基本的职业能力，基础会计人员最起码应该掌握本职业的业务能力，还应该掌握沟通表达能力，才能胜任其本职工作。

会计信息化专业是在信息化的背景下产生的一个学科，专业性很强，会计人员如果进行会计信息化的相关工作首先应该掌握相应的职业能力。以会计信息化人才为例，入门级会计信息化人员着重锻炼实务技能和职业判断力，实务技能重点在培养经济全球化大背景下会计人员顺利完成简单的财务工作的能力；判断能力是在大量复杂的业务信息场景中，由于社会环境的千变万化，影响会计业务的因素与日俱增，不同因素的影响程度存在很大的差异，因此要求会计人员在从事会计业务时必须使用专业知识进行谨慎、全面的思索，保证能够准确公示公司会计信息，保证会计信息的真实性。

(3) 技能

技能是保证本职工作顺利完成的基本方式。知识是技能产生的基础，技能体现了对知识的运用，不同的知识结构下技能结构也是不尽相同的。会计人员应该掌握的技能必须和本人具备的知识相匹配，因此会计人员必须具备专业技能与相关技能。

专业技能涵盖税务报告和日常业务会计核算。要求会计人员可以熟练地对公司日常发生的相关会计业务进行正确的计算，涵盖熟练地在计算机会计软件上进行凭证的填制和审核、账簿的查询，进行成本的归结计算，填写期末会计报表，清查月末财产以及准确地借助税务系统软件申报电子纳税。

相关技能涵盖会计软件的使用和计算机常用工具软件的操作。经济全球化大背景下，给会计人员对公司发生相关业务的数据进行系统性对比和分析提出了新的要求，会计人员必须可以灵活地操作 PPT 和 Word 等日常办公软件进行相关数据的归类、分析比对，同时阐述相应的结果。

(4) 素质

在职业道德素质方面，经济全球化大背景下要求会计人员的职业道德要适当提高：①爱岗敬业。在开放的互联网背景下，以网络为根基的会计信息化，虽然让我们的生活变得先进和便利，但是安全性面临巨大的挑战。如何保障会计信息不被泄露、篡改、窃取，如何安全地传递信息，免受病毒和黑客等的入侵，这是摆在会计人员面前的课题。他们不仅应该掌握业务技能和信息技术，还要做到认真负责，有高度的责任感和敬业意识。②诚实守信。高速发展的信息技术与会计的结合，市场竞争变得越来越混乱，关系变得错综复杂。在市场经济中，商业信息的背后往往是巨大的利益，在工作的时候会计人员会知道很多公司的机密，这些秘密涉及社会各个层次和方面的人的利益，对不同的人也会带来不同程度的影响。所以，会计人员应诚实守信，保守商业秘密，成为必备的责任。③自律精神。在传统的会计环境下，会计信息均记录在纸质介质上，不容易被篡改，而在经济全球化大背景下，信息需要在计算机中录入和处理，如果提前植入软件或运用超级用户法等方式进行舞弊，会不会有纰漏，这对会计人员的自律精神提出了巨大挑战。④客观公正。互联网让会计人员拥有更高的责任，会计人员不仅要为税务机构、金融机构等提供财务信息，而且要为公司利益相关者服务，因此会计人员必须客观公正，为各方会计信息使用者提供客观、准确的信息。

2. 中级会计人才胜任能力评价指标内容

(1) 知识

在经济全球化大背景下，中级会计人员的知识结构也涵盖专业知识和专业相关知识。中级会计人员不仅要熟知基本的财务专业知识，同时应该具备高等财务会计知识，因为在经济全球化大背景下，公司会出现基础财务会计中不予涵盖或公司偶尔经历的特殊经济业务，这需要中级会计人才利用高等财务会计相关知识进行核算和监督，向与公司利益相关者提供有价值的会计信息或者有用的决策。同时，中级会计人才还须掌握财务管理知识，因为中级会计人才需要能够在既定的整体目标下，借助综合各种信息渠道所获得的信息，灵活地做到对财物的运用、分配及管理。除此之外，中级会计人员仍须具备审计相关知识，做到进行基本的对凭证和账簿的复核审查，对经济活动过程的记录、计算和反映进行监督，对财产的清查，确保会计资料的真实准确，为企业的管理和决策提供真实有用的资料和信息，并且在财务人员权限分工中做到不相容职务相分离，从制度上加强对经济活动过程的记录、计算和反映的监督。

中级会计人员在积极参与公司经营决策时，借助综合分析各项财务信息，在合法性、目的性、筹划性基础上，借助税收筹划，实现纳税人的税收利益最大化，让公司生产经营决策、可支配收入增加，让公司正确进行投资、获得延期纳税的好处，公司减少或避免税务处罚取得最大化的税收利益等。

与此同时，在会计信息化条件下，随着社会经济和财政政策制度的不断变化，相关法律知识、会计政策以及税收政策处于不断变动之中，中级会计人员应随时掌握相关法律知识、会计政策以及税收制度的增减和修改更新，随时掌握最新政策变动和经济形势。

（2）能力

在经济全球化大背景下，中级会计人员胜任岗位工作所须的能力涵盖获得信息的能力、职业判断能力、分析与解决问题能力、组织协调能力。

（3）技能

在经济全球化大背景下，中级会计人员胜任岗位工作所需的技能涵盖业务技能与业务相关技能。

专业技能。在经济全球化大背景下，借助对会计核算结果进行专业处理后，对公司的偿还能力、经营能力、获利能力、发展前景和现金流量等方面进行分析，从而预测公司未来资金状况，分析公司的筹资、投资以及资金的分配活动，并制订相应的计划，为公司的经营管理提供分析支持。

随着经济全球化大背景下会计管理决策职能的扩大，要求中级会计人员在初级会计人员所掌握的专业相关技能的基础上熟练使用公司管理软件和会计软件外，还应熟悉公司业务流程，对公司业务有宏观的把握，有利于财务管理的进行。

（4）素质

在经济全球化大背景下，中级会计人员胜任本职工作所需具备的素质涵盖业务素质和道德素质。

在经济全球化大背景下，社会经济发展日新月异，会计人员的会计观念也要跟随时代的步伐，树立新的会计理念。首先，会计人员要树立新的信息观念，经济全球化大背景下信息的传递和获得更加快捷便利，使得越来越多的会计工作采用实时处理、在线管理，只有具有信息观念才能与此业务处理模式相适应；其次，会计人员要树立新的时间观念，互联网的不断发展要求会计工作从对事后的关注转变为面向未来的时间观念；最后，会计人员要树立信息质量观念，在经济全球化大背景下，社会各单位部门之间利用互联网实现信息的实时共享，大量的信息会不断地涌现，且这些信息都是处于变化之中的，只有借助对信息进行有力的辨识、过滤和加工，才能够得到有价值的信息，为公司经营管理提供数据支持，实现预期目标。

在道德素质方面，经济全球化大背景下中级会计人才应做到坚持准则、提高技能、参与管理决策、具有服务意识。

坚持准则。要求会计人员在业务操作过程中，严格按照相关会计法律法规办事，不对经济进行违规处理。随着社会的发展，不断有新的经济形势、经济业务的出现，准则也在不断地进行修改和完善，会计人员应不断掌握准则的动态，坚持准则，更好地为社会服务。

提高技能。要求会计人员提高职业技能和执业能力，以胜任本职工作。在经济全球化大背景下，不仅要求会计人员熟练掌握会计的基本技能和相关知识，还要求其掌握信息技术知识，熟练计算机操作技能、软件操作、网络技术等一系列技术。同时，还要求会计人员具有不断学习的精神，信息技术的快速发展和会计理论的不断创新要求会计人员不断提高自己的业务技能。

参与管理决策。到目前为止，会计信息系统已经从核算型转变为管理型，涵盖了供产销、人、财、物以及决策分析等公司经营管理活动的各个领域，并与管理信息系统中其他子系统有机融合，其内容已经超越了传统的核算，这就要求会计人员熟练运用会计信息系统，为决策者提供有价值的信息，积极参与公司的管理活动。

服务意识。在经济全球化大背景下，会计信息的作用越来越突出，社会经济主体和社会公众对信息的获得和交流速度有了更高的要求，会计人员应有强烈的服务意识，为他们提供快捷、有效的信息和服务。

3. 高等会计人才胜任能力评价指标内容

（1）知识

把在经济全球化大背景下高等会计人才胜任本职岗位所需知识分为专业知识和管理相关知识。

会计专业知识。高等会计人才除了需要掌握财务会计与报告、会计管理、税收、审计、财务管理等财会基础专业知识外，还须掌握财务战略、审计内控、风险管理、购并重组、财务控制等高等财务知识，高等财务知识是高等会计人员区别于其他会计人员特有的知识。在经济全球化大背景下，公司外部经济、业务环境复杂多变，高等会计人才须结合公司自身财务业务情况制定相应的财务战略。在市场经济条件下，风险无处不在，加之经济全球化大背景下，公司内外部环境处于不断变动中，造成风险的因素多种多样，对风险的影响也各不相同，所以高等会计人才须要加强对风险的管控。在经济全球化大背景下，公司之间的竞争日趋激烈，公司之间的购并重组时有发生，高等会计人才需掌握购并重组相关知识，以有利于公司对别的公司进行购并重组或者对别的公司进行反购并重组，以保持公司的竞争优势。

管理相关知识。在经济全球化大背景下，随着公司管理的现代化和信息化，高等会计人才作为公司的管理人员，需要掌握与现代公司管理与决策的相关知识，以匹配其管理职能，这些知识涵盖战略管理、公司治理、决策模型、管理学、目标管理法、价值管理、价值工程等。经济全球化大背景下，公司处于不断变化的市场和金融环境中，为了让公司积极应对外部环境的变化，高等会计人才还应对社会宏观经济、金融市场有一定的掌握，这就需要掌握经济学、金融学、财政学、宏观经济学、资本市场等经济金融知识。经济全球化大背景下，因为经济环境的不断变化，会计制度与政策等不断地随着经济环境的变化做出相应的调整，同时公司与其他社会组织关系复杂多变，高等会计人才应掌握公司法等与公司相关的法律知识和会计及与其相关的经济法律、法规、规章和制度等。

（2）能力

当下环境，把高等会计人员应该掌握的能力分为分析决策能力、业务能力、组织领导能力以及沟通协调能力。

分析决策能力。在"互联网+"形势下，会计人才在管理决策中的角色权重加大，对高等会计人员来讲，首先具备的就应该是分析决策能力，它要求高等会计人员运用各种信息，建立数学模型，使用推理演绎、抽象思维、批判性分析等手段对财务和决策进行分析。同时，要求高等会计人员对信息进行分析之后，独立思考，判断机会和风险，然后借助使用战略性方法和建立决策模型来进行决策分析，最后参与决策的制定。

业务能力。如今，高等会计人员需要根据公司具体业务情况把握市场经济的形势，在遵守会计准则的情况下，掌握会计的职业判断力，如如何对经济业务进行精准计算，采用什么表现手段，具体方法是什么，如何控制成本、核算成本等。会计人员需要对以上情况判断和决策，高等会计需要一定的判断力来应对不断出现的新事物。如今，现代公司的制度日趋完备，高等会计人员必须提升在公司内部组织和实施控制的水平，内部控制是现代公司管理的重中之重，同时也是高等会计人才的主要职责。现代公司一般借助内部控制的手段来进行深化改革、完善公司治理和运作机制保持公司健康稳定发展。如今，公司内外环境日新月异，可以借助各种各样的途径和方法去获得信息，而且具有快速准确的特点，高等会计要熟悉公司自身财务信息，结合公司内外因素来分析判断，给公司的经营管理出谋划策。面对这种情况，高等会计需要利用相关财务信息分析公司的财务状况以及对公司各项经营活动进行细致、深入、全面的分析和判断，提出公司发展中的问题和不足，从专业的角度找出相应的解决办法，密切关注公司外部信息，针对公司发展战略和未来发展方向为公司决策者提供宝贵的意见和建议。

组织领导能力。身为公司的管理层，高等财务人员要锻炼领导能力，激励和发展员工潜能，做到组织和分解工作，可以设定目标、引导和影响员工效率等。身为公司管理人员还要有团队建设能力，为了快速完成工作，高等财务人员要做到管理资源，组织有战斗力的会计团队，规划和控制财务目标，控制交易流程，简化财务流程，建立高效会计核算系统，领导团队实施财务战略，实现财务功能远景。

沟通协调能力。高等会计是管理者，在公司内部应该及时与公司管理层和公司内部员工进行有效的沟通，同时高等财务人员经常代表公司与社会其他组织展开沟通，因为沟通渠道的方便快捷，公司内部上下级之间、各部门之间、公司内外的沟通越来越频繁，所以高等财务人员要掌握与不同层次、不同背景的人书面和口头沟通的能力、演讲及谈判能力和说服他人的技巧。高等财务人员在与公司外部组织沟通过程中需要对外建立广泛的人际关系，在工作中会与股东沟通公司发展战略，在公司内部与公司员工交流推广业绩战略，以及与其他高层管理人员、业务部门交流形成业务伙伴关系，与财务部门内部人员沟通了解财务情况等，在进行这些沟通的同时高等会计也要掌握协调与合作的能力，有助于进行有效的沟通。所以，只有具备良好的沟通与协调技能、维护相关关系的能力才能做好相关工作。

（3）素质

视野素质、职业素质、职业道德是"互联网+"形势下高等会计人员应该具备的基本素质。

视野素质。身为公司管理者，高等会计人才必须具备宏观方面的视野素质。具体来说涵盖以下几点：①政策视野。身处社会经济之中，公司会受到国家经济政策的影响，"互联网+"背景下，社会经济发展迅速，国家经济政策随时会做出调整，所以高等会计人才也要密切关注会计政策变化，关注社会经济变化。②风险视野。即风险意识，在"互联网+"形势下，机遇和风险并存，高等会计人员要合理使用各种金融工具以及管理手段规避风险、防范风险。③行业视野。公司之间的竞争十分严重，为保持公司的活力，高等会计人员需要熟知公司的经营发展方向、生产和经营模式以及在行业中处于什么样的地位，而且能够正确评估公司所在行业的机会和风险。

职业素质是保证完成工作的基础。高等会计人员的职业素质有3点：①坚韧果断的人格魅力。高等会计人员在做决策时，要做到勇敢果断，现在经济形式千变万化，机遇和挑战并存，这时候必须要鉴别机遇与挑战，做出正确的决策。②运筹帷幄、处变不惊、灵活应变的素质。如今公司内忧外患，一个高等会计要做到宠辱不惊，关于公司内外局势要做到心中有数。③相关政策理论水平。高等会计要具备一定的理论水平，提高自己的理论素质，可以多参加一些有关会计理论政策的研讨会。

无论在什么状态下，会计人才都要以职业道德当成职业活动中必须遵守的行为准则。在职业道德水平方面，高等会计人员要比初级和中级会计人员高得多，因为高等会计人才所在的层次很高，面对的诱惑压力也大得多。但是，因为公司内部的压力越来越小，所以高等会计人才要遵循职业道德规范的同时具备自律精神，涵盖以下方面：

第一，自律精神。公司的高层管理者，在面对诱惑和内部监督减少时，要正确行使自己的职权，做到遵纪守法。尤其在"互联网+"形势下，信息对公司以及利益相关者特别重要，虽然容易获取海量信息，但是重要机密信息的泄露变得不容易被察觉，所以高等会计人员要加强自律。

第二，遵守法规法律。在"互联网+"背景下，面对纷繁复杂的经济业务，公司之间的关系变得错综复杂，在处理经济业务时，高等会计人员应该以法律为准绳，坚决执行会计准则、证券交易法、公司法、会计法、税收法等相关法规以及相关的经济法律和规章制度。

第三，社会责任。在"互联网+"形势下，信息渠道越来越快捷化和透明化，大众可以看到公司的重要决策信息，与公司财务决策相关的内容，涉及投资者、管理者等在内的很多人，高等会计人员要加强社会责任感，关注社会公众的利益。

第四，诚实守信。会计和信息技术的紧密结合，让市场竞争变得越来越激烈，关系也变得纷繁冗杂。在大环境下，秘密意味着利益，而且秘密与社会各个阶层的利益都很密切，造成的影响也不尽相同。高等会计人员身为公司高层，对公司很多重大的商业机密都有所见闻，高层管理人员知道的商业秘密往往关系到更多人的利益，所以高等会计人员不能泄露机密、杜绝利用职务之便牟取非法利益。

第五章 财务管理

第一节 财务管理概述

一、财务管理的内涵与特点

（一）财务管理的内涵

财务是指政府、企业和个人对货币这一资源的获取和管理。国家财政、企业财务和个人理财均属财务的范畴。财务管理是基于企业生产经营过程中客观存在的生产活动和财务关系而产生的，是利用价值形式对企业生产经营过程进行的管理，是企业组织财务活动、处理财务关系的一项综合性管理工作。

首先，企业的经营活动脱离不了资产，其中长期资产包括建筑物、设备和各种设施，短期资产包括现金、应收账款和存货等，而购置这些资产需要资金。企业可从自身经营所得中提取资金用于再投资，也可以从金融市场上以一定的价格发行股票、债券或向金融机构借贷获取资金。企业的财务管理人员在筹集资金过程中要研究和设计最优的筹资方案，使企业筹资的成本最小，所筹集的资金能发挥最大的效益，从而使企业的价值达到最大。因此筹资决策是财务管理的研究对象。

其次，企业资本和资产运用于所投资的项目，包括实物资产、技术和人力资源的投入和产出是否经济、合理，投资收益是否高于成本，风险如何补偿等相关问题。企业的投资决策正确与否，直接影响到未来的净现金流量，也影响其资产的增值。因此投资决策也是财务管理研究的重要问题。

最后，企业的一切财务活动与其外部环境息息相关。国家的经济发展周期、政府的财政政策的宽松和紧缩对企业财务管理策略有很大影响，与企业筹资直接相关的金融市场及利率是企业财务必须熟悉和重点研究的领域。财务管理在企业和资本市场之间、企业和国家宏观财税政策之间的桥梁和资金转换作用是显而易见的。财务管理就是在一定的外部环境下，寻求企业资金的运用尽可能有效的方法，这就需要在企业的需求与收益、成本及风险之间进行衡量，做出最终能使股东财富达到最大的决策。

（二）财务管理的特点

企业的管理活动是全方位的，包括人、财、物等各个要素以及供、产、销各个环节的管理活动，如材料（商品）供应管理、生产管理、销售管理、劳动人事管理、技术管理以及财务管理。各项管理工作存在着密切的联系和配合，同时又各具特色，其中财务管理的特点更加明显，主要特点可以概括如下：

1. 财务管理的实质是价值管理

企业的各项管理活动是企业分工的要求，它赋予不同管理活动以不同的权力。有的管理活动侧重于物的使用价值管理，如生产活动产品质量管理。有的管理活动则侧重于人的素质和行为管理，如劳动人事管理。而财务管理则侧重于价值管理，即在物和人的管理活动中所涉及的价值方面的管理，都属于财务管理的范围。如提高产品质量必然涉及成本和费用的增加，这就不仅是质量管理的范围，还需要财务管理活动的参与，需要通过质价比衡量提高质量的得失。再如劳动人事管理活动，人员的调配和人才的引进是其日常工作范围，但如果涉及增加工资和提高人才福利待遇的问题，无疑也需要有财务管理的参与。从这个意义上说，各项管理活动尽管是独立的，但它们都必然与财务管理有着紧密联系的一面。所以财务管理其外在特点是价值管理，内在特点则是一种综合性管理活动。

2. 财务管理的根本是资金管理

财务管理活动深入到企业各项管理活动是由于对它们所涉及的价值能够加以制约和调控，而这种制约和调控都会引起资金流量的变化。可以说一切与资金无关的价值管理都是虚拟的财务管理，特别是现代财务管理活动的重要内容，包括利用资本市场进行资本运作的企业收购、兼并、控股等重大理财活动，也都会引起资金流量的剧烈变动，如果缺少资金的介入，资本运营则完全是一句空话。可见价值管理就是要把资金的增减、收支、筹集和使用管理起来，并通过科学的理财手段和方法调度资金，有效地对资金运用进行配置，提高单位资金的使用效率，所以说财务管理要以资金管理为根本。

3. 财务管理是企业管理的中心

企业管理以财务管理为中心，财务管理以价值管理为实质，价值管理以资金管理为根本。由于各项管理活动与价值管理、资金管理密不可分，并形成了递进式的联系，因此加强企业的财务管理工作，中心就是要做好资金的管理工作。资金犹如企业经济活动的血液，当资金充足、运用得当时，企业各项活动就会健康发展并达到良性循环。当资金短缺、运用失当时，企业就会贫血，缺少生机，出现病态现象。由此可见，企业管理的第一位工作就是加强资金管理工作。资金管理包括资金的筹集、资金的合理配置、资金的使用效率以及资金效益的合理分配。资金管理各项工作渗透到企业各项管理活动中，各项管理活动也都需要资金的支持，保证其运行的畅通。这就体现了财务管理是中心、价值管理是实质、资金管理是根本，其内涵是一致的。

二、企业财务关系

企业财务关系是指企业在组织财务活动过程中与各有关方面发生的经济关系。企业的财务关系可概括为以下七方面：

（一）企业同其所有者之间的财务关系

企业同其所有者之间的财务关系是指企业的所有者向企业投入资金，企业向其所有者支付投资报酬所形成的经济关系。企业所有者主要有国家、法人单位、个人和外商。企业的所有者要按照投资合同、协议、章程的约定履行出资义务，以便及时形成企业的资本金。企业利用资本金进行经营，实现利润后，应按出资比例或合同、章程的规定，向其所有者分配利润。企业同其所有者之间的财务关系，体现着所有权的性质，反映着经营权和所有权的关系。

（二）企业同其债权人之间的财务关系

企业同其债权人之间的财务关系指企业向债权人借入资金，并按借款合同的规定按时支付利息和归还本金所形成的经济关系。企业除利用资金进行经营活动外，还要借入一定数量的资金，以便降低企业资金成本，扩大企业经营规模。企业的债权人主要有以下几种：第一，债券持有人；第二，贷款机构；第三，商业信用提供者；第四，其他出借资金给企业的单位或个人。企业利用债权人的资金后，要按约定的利息率，及时向债权人支付利息，债务到期时，要合理调度资金，按时向债权人归还本金。企业同其债权人的关系体现的是债务与债权的关系。

（三）企业同其被投资单位的财务关系

企业同其被投资单位的财务关系是指企业将其闲置资金以购买股票或直接投资的形式向其他企业投资所形成的经济关系。随着经济体制改革的深化和横向经济联合的开展，这种关系将会越来越广泛。企业向其他单位投资，应按约定履行出资义务，参与被投资单位的利润分配。企业与被投资单位的关系是体现所有权性质的投资与受资的关系。

(四) 企业同其债务人的财务关系

企业同其债务人的财务关系是指企业将其资金以购买债券、提供借款或商业信用等形式出借给其他单位所形成的经济关系。企业将资金借出后，有权要求其债务人按约定的条件支付利息和归还本金。企业同其债务人的关系体现的是债权与债务关系。

(五) 企业内部各单位的财务关系

企业内部各单位的财务关系是指企业内部各单位之间在生产经营各环节中相互提供产品或劳务所形成的经济关系。企业在实行内部经济核算制的条件下，企业供、产、销各部门以及各生产单位之间，相互提供产品和劳务要进行计价结算。这种在企业内部形成的资金结算关系，体现了企业内部各单位之间的利益关系。

(六) 企业与职工之间的财务关系

企业与职工之间的财务关系是指企业按照职工提供的劳动数量和质量定期向职工支付劳动报酬的过程中所形成的经济关系。这种企业与职工之间的财务关系，体现了职工和企业在劳动成果上的分配关系。

(七) 企业与税务机关之间的财务关系

企业与税务机关之间的财务关系是指企业在按照税法规定缴纳相关税费的过程中与税务机关所形成的经济关系。任何企业都要按照国家税法的规定缴纳各种税款，以保证国家财政收入的实现，满足社会各方面的需要。及时、足额地纳税是企业对国家的贡献，也是对社会应尽的义务。因此，企业与税务机关的关系反映的是依法纳税和依法征税的义务权利关系。

三、财务管理的目标

(一) 企业财务管理目标的选择

财务管理目标是企业进行财务活动所要达到的根本目的，它决定着企业财务管理的基本方向。目前最具代表性的财务管理目标主要有以下几种观点：

1. 利润最大化

以利润最大化作为财务管理目标的原因有 3 点。一是人类从事生产经营活动的目的是为了创造更多的剩余产品，在商品经济条件下，剩余产品的多少可以利用利润这个价值指标来衡量；二是在自由竞争的资本市场中，资本的使用权最终属于获利最多的企业；三是只有每个企业都最大限度地获得利润，整个社会的财富才可能实现最大化，从而推动社会的进步和发展。因此，以利润最大化作为理财目标，有其合理的一面。企业要追求利润最大化，就必须讲求经济核算，加强管理，改进技术，提高劳动生产率，降低产品成本，这些措施都有利于资源的合理配置，有利于经济效益的提高。

2. 资本利润率最大化或每股盈余最大化

资本利润率是税后净利润与资本额的比率；每股盈余是税后净利润与普通股股数的比值。资本利润率最大化与每股盈余最大化的实质相同，只是上市公司用每股盈余最大化。

这一目标的优点是把企业实现的利润额同投入的资本或股本进行对比，能够说明企业的赢利水平，便于不同资本规模的企业或不同期间进行比较，揭示其赢利水平的差异，但该指标也仍然存在以下两个缺陷：第一，没有考虑货币的时间价值；第二，没有考虑风险因素，也不能避免企业的短期行为。所以，现实中一般也不予采用。

3. 企业价值最大化或股东财富最大化

企业价值最大化是指企业财务管理行为以实现企业的价值最大为目标。企业价值的大小取决于企业全部财产的市场价值和企业潜在或预期获利能力。对于股份制企业，企业价值最大化可表述为股东财富最大化。对于上市的股份公司，股东财富最大化可用股票市价最大化来代替。

该目标考虑了货币的时间价值和投资的风险价值，反映了对企业资产保值增值的要求，有利于克服企业管理上的片面性和短期行为，有利于社会资源的合理配置。但也存在如下缺陷：第一，对于股票上市公司虽可通过股票价格的变动揭示企业价值，但股价是受多种因素影响的结果，特别是即期市场上的股价不一定能够直接揭示企业的获利能力；第二，为了控股或稳定购销关系，现代企业不少采用环形持股的方式，相互持股，法人股东对股票市价的敏感程度远不及个人股东，对股价最大化目标没有足够兴趣；第三，对于非股票上市企业，只有对企业进行专门的评估才能真正确定其价值，而在评估企业的资产时，由于受评估标准和评估方式的影响，这种估价不易做到客观和准确，这也导致企业价值确定的困难。

4. 相关者利益最大化

在市场经济中，企业的理财主体更加细化和多元化。股东作为企业所有者，在企业中承担着最大的权利、义务、风险和报酬，但是债权人、员工、企业经营者、客户、供应商和政府也为企业承担着风险。因此，在确定企业财务管理目标时，不能忽视这些相关利益群体的利益。

相关者利益最大化目标的具体内容包括：第一，强调风险与报酬的均衡，将风险限制在企业可以承受的范围内；第二，强调股东的首要地位，并强调企业与股东之间的协调关系；第三，强调对代理人即企业经营者的监督和控制，建立有效的激励机制以便企业战略目标的顺利实施；第四，关心本企业普通职工的利益，提供合理恰当的福利待遇，培养职工长期努力为企业工作；第五，不断加强与债权人的关系，培养可靠的资金供应者；第六，关心客户的长期利益，以便保持销售收入的长期稳定增长；第七，加强与供应商的协作，共同面对市场竞争，遵守承诺，讲究信誉；第八，保持与政府部门的良好关系。

可见，以相关者利益最大化为目标，有利于企业长期稳定发展。由于兼顾了企业、股东、政府、客户等的利益，也就是将企业财富这块"蛋糕"做到最大的同时，保证每个利益主体所得的"蛋糕"最多，有利于实现企业经济效益和社会效益的统一。

（二）影响财务管理目标制定的因素

企业财务管理目标的演进过程，直接反映着财务管理环境的变化，反映着企业利益集团利益关系的均衡，是各种因素相互作用的综合体现。企业财务管理目标的制定受以下因素的影响：

1. 财务管理主体

财务管理主体是指企业的财务管理活动应限制在一定的组织内，明确了财务管理的空间范围。由于自主理财的确立，使得财务管理活动成为企业总体目标的具体体现，这为正确确立企业财务管理目标奠定了理论基础。

2. 财务管理环境

财务管理环境包括经济环境、法律环境、社会文化环境等财务管理的宏观环境，以及企业类型、市场环境、采购环境、生产环境等财务管理的微观环境，这同样是影响财务管理目标的主要因素之一。

3. 企业利益集团利益关系

企业利益集团是指与企业产生利益关系的群体。现代企业制度下，企业的利益集团已不是单纯的企业所有者，影响财务管理目标的利益集团包括企业所有者、企业债权人、政府和企业职工等方面。不能将企业财务管理目标仅仅归结为某一集团的目标，而应该是各利益集团利益的综合体现。

4. 社会责任

社会责任是指企业在从事生产经营活动，获取正常收益的同时，应当承担相应的社会责任。企业财务管理目标和社会责任客观上存在矛盾，企业承担社会责任会造成利润和股东财富的减少。企业财务管理目标和社会责任也有一致性，主要表现在：首先，企业承担社会责任大多是法律所规定的，如消除环境污染、保护消费者权益等，企业财务管理目标的完成，必须以承担社会责任为前提；其次，企业积极承担社会责任，为社会多做贡献，有利于企业树立良好形象，也有利于企业财务管理目标的实现。

（三）财务管理目标的协调

企业财务活动涉及不同的利益主体，其中最主要的是股东、经营者和债权人，这三者构成了企业最主要的财务关系，企业是所有者即股东的企业，也是经营者和债权人等利益相关者的企业。财务管理目标是股东的目标，也应当兼顾经营者和债权人的目标。企业经营是不同利益主体共同作用的结果，将企业价值最大化作为企业财务管理目标的首要任务就是协调相关利益群体的关系，化解他们之间的利益冲突。

1. 所有者与经营者的矛盾与协调

股东为企业提供资本金，目标是使其财富最大化。经营者则希望在提高企业价值或股东财富的同时，提高自己的报酬、荣誉和社会地位，增加闲暇时间，降低劳动强度。

简言之，经营者和所有者的主要矛盾就是：经营者希望在提高企业价值和股东财富的同时，能更多地增加享受成本；而所有者和股东希望以较小的享受成本支出带来更高的企业价值或股东财富。

为了解决这一矛盾，应采取让经营者的报酬与绩效相联系，并配之以一定的监督措施：

第一，解聘。这是一种通过所有者约束经营者的办法。如果经营者决策失误，经营不力，未能采取有效措施使企业价值达到最大，就解聘经营者，经营者因担心解聘而被迫实现财务管理目标。

第二，接收。这是一种通过市场约束经营者的办法。如果经营者决策失误，经营不力，且未能采取一切有效措施使企业价值提高，该公司就可能被其他公司强行接收或吞并，相应地经营者也会被解聘。因此，经营者为了避免这种接收，必须采取一切措施提高股票市价。

第三，激励。将经营者的报酬与其绩效挂钩，经营者更愿意自觉地采取能满足企业价值最大化的措施。激励有两种方式：第一种是"股票期权"方式，它允许经营者以固定的价格购买一定数量的公司股票，股票的价格越高于固定价格，经营者所得到的报酬就越多，经营者为了获取更大的股票涨价利益，就必然采取能够提高股价的行为；第二种是"绩效股"方式，它是公司运用每股利润、资产报酬率等指标来评价经营者的业绩，按其业绩大小给予经营者数量不等的股票作为报酬。如果公司的经营业绩未能达到规定目标，经营者也将部分丧失原先持有的"绩效股"。这种方式使经营者不仅为了多获得"绩效股"而不断采取措施提高公司的经营业绩，而且为了实现每股市价最大化也采取各种措施使股价趋于上升。

当然，不管采取哪一种措施，均不能完全消除经营者背离股东目标的行为，且采取任何一种措施，所有者都必须付出一定的代价，有时代价会很大。监督成本、激励成本和偏离股东目标的损失之间此消彼长，相互制约。股东要权衡轻重，力求找出能使三项之和最小的解决方法，它就是最佳解决方法。

2. 所有者与债权人的矛盾与协调

当公司向债权人借入资金后，两者也形成一种委托代理关系。所有者的财务目标可能与债权人期望实现的目标发生矛盾。首先，所有者可能未经债权人同意，要求经营者投资比债权人预计风险要高的项目，使偿债风险加大，债权人的负债价值必然会降低。或高风险的项目一旦成功，额外的利润就会被所有者独享；但项目失败，债权人却要与所有者共同负担由此造成的损失。这对债权人来说风险与收益是不对称的。其次，所有者或股东可能未征得现有债权人的同意，而要求经营者发行新债券或举借新债，致使原债务价值降低。

所有者与债权人的上述矛盾可通过以下两种方式解决：

第一，限制性借债。即通过对借债的用途限制、借债担保条款和借款的信用条件来防止和迫使股东不能利用上述两种方法削弱债权人的债权价值。

第二，收回借款或停止借款。当债权人发现公司有侵蚀其债权价值的意图时，采取收回债权或不给予公司增加放款，从而来保护自身的权益。

3. 企业财务目标与社会责任

企业财务管理目标与社会目标在许多方面是一致的，企业在追求自己的目标时，必然为社会提供服务，自然会使社会受益。但企业财务管理目标与社会目标也有不一致的地方，如企业为了获利，可能生产伪劣产品，可能不顾工人的健康和利益，可能造成环境污染，可能损害其他企业的利益等。当企业有这些行为时，社会将因此而受损；另一方面，企业承担过多的社会责任，必然会增加成本，降低每股盈余水平，从而导致股价降低，减少股东的财富。

为解决这一矛盾，可以采取以下方式：

第一，立法。政府颁布一系列保护公众利益的法律，如公司法、反不正当竞争法、反暴利法、环境保护法、合同法等，依此调节股东和社会公众的利益冲突。

第二，监督。法律不可能解决所有的问题，特别是在法制尚不健全的情况下，企业可能在合法的情况下从事不利于社会的事情。企业除了要在遵守法律的前提下去追求企业价值最大化的目标之外，还必须受到道德的约束，接受政府以及社会公众的监督，进一步协调企业与社会的矛盾。

四、财务管理的原则

财务管理原则也称理财原则,是进行企业财务管理所应遵循的指导性的理念或标准,是人们对财务活动的共同的、理性的认识。它是联系理论与实务的纽带,是为实践所证明了的并且为多数理财人员所接受的理财行为准则,是财务理论和财务决策的基础。

(一) 系统原则

财务管理是企业管理系统的一个子系统,本身又由筹资管理、投资管理、分配管理等子系统构成。在财务管理中坚持系统原则,是理财工作的首要出发点,具体要求做到两点:

第一,整体优化。只有整体最优的系统才是最优系统,理财必须从企业整体战略出发,不是为财务而财务;各财务管理子系统必须围绕整个企业理财目标进行,不能"各自为政";实行分权管理的企业,各部门的利益应服从企业的整体利益。

第二,结构优化。任何系统都是有一定层次结构的层级系统,在企业资源配置方面,应注意结构比例优化,从而保证整体优化,如进行资金结构、资产结构、分配结构(比例)优化。财务管理系统处于理财环境之中,必须保持适当的弹性,以适应环境的变化,达到"知彼知己,百战不殆"的境界。

(二) 平衡原则

在财务管理中,贯彻的是收付实现制,而非权责发生制,客观上要求在理财过程中做到现金收入(流入)与现金支出(流出)。在数量上、时间上达到动态平衡,即现金流转平衡。企业的现金流入和现金流出的发生,是因营业收入与营业支出产生的,同时又受企业筹资与投资活动的影响。获取收入以发生支出为前提,投资以融资为前提,负债本息的偿还支付及红利分配要求企业经营获利或获得新的资金来源。企业就是要在这一系列复杂业务关系中保持现金的收支平衡,而保持现金收支平衡的基本方法是现金预算控制。现金预算可以说是筹资计划、投资计划、分配计划的综合平衡,因而现金预算是进行现金流转控制的有效工具。

(三) 权衡原则

在理财过程中,要获取收益,总得付出成本,同时面临风险,因此成本、收益、风险之间总是相互联系、相互制约的。理财人员必须牢固树立成本、收益、风险三位一体的观念,以指导各项具体的财务管理活动,具体要求如下:

第一，成本、收益权衡。在财务管理中，时时刻刻都需要进行成本与收益的权衡。在筹资管理中，要进行筹资成本与筹资收益的权衡；在长期投资管理中，要进行投资成本与投资收益的权衡。在运营资金管理中，收益难以量化，但应追求成本最低化，在分配管理中，应在追求分配管理成本最小的前提下，妥善处理各种财务关系。

第二，收益、风险权衡。收益与风险的基本关系是对等关系，高收益对应高风险，低收益对应低风险。但应注意的是，高风险并不必然带来高收益，有时甚至会带来高损失。可见，认真权衡收益与风险是很重要但也是很困难的。在筹资管理中，要权衡财务杠杆收益与财务风险；在投资管理中，要比较投资收益与投资风险；在分配管理中，要考虑再投资收益与再投资风险。在整个理财过程中，收益与风险权衡的问题无处不在。一般情况下，风险与收益总是相互矛盾的，为追求较大利益，往往要冒较大风险，风险过大会减弱企业未来获利能力，收益过小也会增加企业未来风险。因此，财务管理的原则，是在风险一定的情况下，使收益达到较高的水平；在收益一定的情况下，将风险维持在较低的水平。

第三，成本、收益、风险三者综合权衡。在理财过程中，不能割裂成本、收益权衡与收益、风险权衡，而应该将成本、收益、风险三者综合权衡，用以指导各项财务决策与计划。权衡即优化，决策的过程即优化的过程。财务管理中，各种方案的优选、整体（总量）优化、结构优化等，都体现了成本、收益、风险三者的综合权衡。

（四）管理原则

在全面协调、统一的前提下，按照管理物资与管理资金相结合、使用资金与管理资金相结合、管理责任与管理权限相结合的要求，实行各级、各部门共同承担责任的财务管理，以调动全体员工管理的积极性，将各项管理措施落到实处，务求有效。

（五）代理原则

现代企业的委托代理关系一般包括顾客与公司、债权人与股东、股东与经理以及经理与雇员等多种关系。企业和这些关系人之间的关系，大部分是委托代理关系。这种既相互依赖又相互冲突的利益关系，需要通过"合约"来协调。在组成合约集的众多关系中，都会出现代理难题和代理成本。由于委托人与代理人之间在企业的经营过程中会有多次利益背离，委托人为了确保代理人的行为符合自己的利益，就有必要进行激励、约束、惩罚和监督，而这些强制措施都会带来代理成本。为了提高企业的财务价值，企业可以采取更加灵活多样的激励机制，如员工持股、利润分成、高层管理人员股票期权以及灵活的福利制度等来降低企业的代理成本，同时也增加员工对企业的认同感。另外，对于财务合约中的债务合约、管理合约等的执行情况要进行监督，建立健全完善的约束机制。

第二节 财务管理的环境

一、财务管理环境的意义

理财环境对企业财务管理活动的重大影响作用，可以从财务管理的发展历史中得以印证。在 20 世纪初，企业迅速发展，各类企业都面临如何筹集扩展所需要的资金，而当时的资本市场、金融机构和金融工具都不成熟，因而筹资成为企业理财最重要的问题和最主要的活动。到了 20 世纪 50 年代，由于市场竞争日益激烈，企业为了获得更好的经济效益，开始重视资金的使用效率管理，因而企业营运资金的管理成为企业财务管理的重要内容，同时各种财务分析、财务计划和财务控制方法也开始得到广泛的运用。到了 20 世纪六七十年代，企业的规模不断扩张，经营活动日趋复杂，同时市场竞争趋于白热化，投资风险不断加大，这种环境促使投资管理在企业财务管理活动的重要性得以突出，各种投资的理论和方法也在这一时期迅速发展起来。到了 20 世纪 80 年代，跨国公司发展迅速，世界经济开始出现一体化的趋势，企业面临在全球环境下开展理财活动的挑战。在企业财务管理中，风险管理、国际融资问题、国际投资环境的评价问题等成为新的重要问题。可见，企业的财务管理环境的变化和发展，引导着企业的财务管理目标、内容和方法的变化和发展。

二、财务环境的分类

（一）按照财务环境涉及的范围分类

按照财务环境涉及的范围分类，可以分为宏观理财环境和微观理财环境两个层面。

1. 宏观理财环境

宏观理财环境是指存在于宏观范围中对企业财务管理有重大影响的各种条件，它通常存在于企业外部，包括了政治环境、经济环境、法律环境、金融市场环境和社会文化环境等各种因素。其中，社会文化环境包括教育、科学、文学、艺术、新闻出版、广播电视、卫生体育、世界观、理想、信念、道德、风俗，以及同社会制度相适应的权利义务观念、道德观念、组织纪律观念、价值观念、劳动态度等。这些因素均会对财务管理的内容产生一定的影响。

2. 微观理财环境

微观理财环境是存在于某一范围内地对某种财务活动产生重要影响的各种条件，主要包括企业的所有制、经营方式和组织形式、管理体制、产品的营销情况、市场营销环境、物资供应环境和生产环境等。作为影响企业财务活动的各种微观经济因素，微观环境对企业财务活动的开展起着重要的影响和制约作用。例如，企业的规模大小对企业财务管理活动的影响就很直接，小规模企业的财务管理简单，而大规模的企业集团或跨国公司的财务管理活动就十分复杂。

微观环境包括两方面：一是有形的环境，例如，企业组织形式、生产状况、产品销售市场状况、资本供应情况，等等，有形的环境主要影响和制约企业财务行为的选择；二是无形的环境，例如，企业内部的各项规章制度、企业管理者的水平、企业家素质等因素，无形环境的变化一般只对特定企业的理财活动产生具体影响。具体如下：

第一，企业的所有制、经营方式和组织形式。企业的所有制有全民所有、集体所有、个体经营之分，还有中外合资经营、合作经营、外商独资经营等。对于不同所有制的企业，其资金来源、利润分配、税收、价格、政策等都有一定差别。财务管理工作必须根据企业的特点，筹措资金，分配收益，处理好各方面的财务关系。而经营方式也有承包经营、租赁经营、股份经营之分，不同经营方式对于企业的筹资来源、筹资方式、财务管理办法等也有很大影响。企业的不同组织形式对于企业内部财务管理体制的建立有重要影响，在财务管理中应根据企业生产类型的特点组织各项财务活动。

第二，采购环境和生产条件。采购环境，又称物资来源环境，对企业理财有重要影响。按不同的标准可对采购环境做不同的分类，采购环境按物资来源是否稳定，可分为稳定的采购环境和波动的采购环境。企业如果处于稳定的采购环境，可减少储备存货，减少存货占用的资金；如果处于波动的采购环境，则必须增加存货的保险储备，以防存货不足影响生产，这就要求企业把较多的资金投资于存货的保险储备。采购环境按价格变动情况，可分为价格上涨的采购环境和价格下降的采购环境。在物价上涨的环境下，企业应尽量提前进货，以防物价进一步上涨而遭受损失，这就要求企业在存货上投入较多的资金。反之，在物价下降的环境里，企业应尽量边使用边采购，以便从价格下降中获得好处，也可在存货上尽量少占用资金。

企业按生产条件来分，可分为劳动密集型企业、技术密集型企业和资源开发型企业。对于劳动密集型企业，所需的工资费用较多，长期资金的占用则较少。技术密集型企业需要较多的先进生产设备，所需人力较少，此时企业就需筹集较多的长期资金，资源开发型企业初期往往需要投入大量资金，而这些资金的回收期都较长。

（二）按照财务环境的稳定性分类

按照财务环境的稳定性分类，可分为相对稳定的财务环境和显著变动的财务环境。

企业相对稳定的财务环境主要包括企业的地理环境、生产方向、国家产业政策等。如无特殊情况，在进行财务活动时，可作为不变因素来考虑。对于处于显著变动状态的财务环境，例如，产品的销售市场、原材料供应市场、资金周转情况等，在进行财务活动时，要及时分析变动趋势，做出客观的财务预测和决策。

（三）按照财务环境与企业的关系分类

按照财务环境与企业的关系分类，可分为企业内部财务环境和企业外部财务环境。

企业内部财务环境，是指企业内部影响财务活动的各种因素，例如，企业的生产技术状况、经营范围和规模等；企业外部财务环境，是指企业外部的影响财务活动的各种因素。

企业内部财务环境一般属于微观财务环境。企业外部财务环境有的属于宏观财务环境，例如，国家政治形势、法律法规；有的属于微观财务环境，例如，企业的产品销售市场、原材料供应市场等。

三、财务环境的内容

（一）内部环境

财务管理的内部环境，又称微观理财环境，其具体内容如下：

1. 企业管理体制

企业管理体制是指国家对企业的各种管理体制和管理方式的总称。企业管理体制一般是由其所有制性质和国家的宏观经济管理体制所决定的。在企业微观理财环境中，管理体制起着决定作用，它直接决定着企业微观理财环境的优劣，以及企业理财权限的大小和理财领域的宽窄。在过去的计划经济体制下，国有企业作为政府的附属部门，几乎没有经营自主权，也无理财自主权。随着国家经济体制的改革，国有企业建立了现代企业制度，明确了企业的法人财产权，实行政企职责分开，要求企业以其法人财产承担民事责任，使企业真正做到"自主经营、自负盈亏、自我约束、自我发展"。同时在现代企业制度下，企业理财自主权进一步扩大，企业可以自行筹资，自主投资，并可以制定自己的财务管理制度，这样企业要根据市场信息做出灵活反应，抓住机遇，避免风险，使企业在"公平竞争，优胜劣汰"的市场大潮中立于不败之地。

2. 企业经营组织形式

企业经营组织形式是指在既定的产权体制下，企业内部的权责结构和利益关系的组合方式，又称经营方式。在企业微观理财环境中，经营组织形式受制于企业管理体制。在管理体制既定的条件下，不同的经营组织形式，决定了企业内部财务管理权限分配和职责划分的不同。在现代市场经济下，企业最主要的组织形式是股份制。股东作为资产所有者，将资产交给别人经营，而不直接参与企业日常经营管理活动，只是间接进行管理，主要包括参与企业重大经营战略问题的决策，以及对企业主要管理人员任免的表决等，这主要通过股东大会来执行。企业管理人员接受委托从事企业的日常经营管理活动，享有经营管理权，也包括日常财务决策权，并且对股东负责，保证其资产的保值和增值，这主要通过董事会来执行，董事会在行使这些权利时要受到监事会的监督。企业的这种权责结构决定了企业管理人员拥有充分的理财自主权，而且，企业的经营成果与管理人员的业绩评价直接挂钩，这就促使管理人员充分发挥其主观能动性，想方设法提高企业的经济效益。同时在股东和监事会的监督下，企业财务管理人员会杜绝各种不良理财行为。

3. 企业生产经营规模

在企业理财的微观环境中，生产经营规模是一个变量，即在企业管理体制和经营组织形式既定的条件下，生产经营规模大小的不同会对财务管理工作提出不同的要求。在大规模企业中，内部分工协作具有明显的专业化特征，而且其工艺过程的现代化水平较高，企业生产经营资金的存量、流量、流向等有多元化、复杂化的特征，这都要求企业财务管理活动贯穿于生产经营的各个环节，企业内部要制定严格的财务管理制度。而对于规模较小的企业，由于经营活动较为简单，筹资、投资活动也只在小范围内进行，这就要根据自身规模小的特点，灵活组织理财活动。

4. 企业内部管理水平

企业内部管理水平是指企业内部各项管理制度的制定及执行情况。从企业理财来看，如果企业内部有着完备健全的管理制度并能得到严格执行，这就意味着企业理财有着较好的基础，有章可循，企业理财工作起点较高，容易走上规范化的轨道并带来理想的理财效果；反之，企业内部管理制度不健全，或管理制度得不到严格执行，这必然给企业理财工作带来困难。

（二）外部环境

1. 政治法律环境

政治法律环境，是指国家在一定时期的各项路线、方针、政策和整个社会的政治观念。政治法律环境在整个社会环境中起基础性的决定作用，它决定着国家在特定时期的经济、法律和科学教育等方面的目标导向和发展水平。从企业理财的角度来看，政治法律环境具有提供保障和目标导向的作用。通过提供安定的社会环境以保障企业理财活动正常进行，通过确定经济工作的中心地位引导企业挖掘潜力，加强财务管理，提高经济效益。

2. 经济环境

经济环境是影响企业财务管理的各种经济因素。经济环境一般包括经济体制、经济发展水平、经济周期、经济政策、通货膨胀和市场环境等。

（1）经济体制

经济体制是某一社会生产关系的具体形式，是一定的所有制和产权结构与一定的资源配置方式的统一。世界各国的经济体制主要可分为两种：计划经济体制和市场经济体制。在计划经济体制下，企业财务管理活动的内容比较单一，财务管理方法比较简单；在市场经济体制下，企业有独立的经营权，同时也有独立的理财权，财务管理活动的内容比较丰富，方法也复杂多样。

（2）经济发展水平

财务管理的发展水平和经济发展水平密切相关。财务管理水平的提高，会推动企业降低成本，改进效率，提高效益，从而促进经济发展水平的提高。而经济发展水平的提高，会促使企业更新财务管理观念，改变财务管理模式，从而促进企业财务管理水平的提高。

（3）经济周期

在市场经济条件下，经济发展与运行带有一定的波动性。大体上经历繁荣、衰退、萧条、复苏几个阶段的循环，这种循环就叫作经济周期。在不同的经济周期，企业应相应采取不同的财务管理策略。当经济处于繁荣时期，经济发展速度较快，市场需求旺盛，企业为了扩大生产，要扩充厂房设备，建立存货，提高产品价格，开展营销规划，增加劳动力；当经济处于衰退时期，经济发展速度缓慢，产量和销售量下降，这时企业会出售多余设备，停止生产销售不利产品，削减存货，停止扩招雇员。

（4）经济政策

经济政策是国家进行宏观经济调控的重要手段。国家根据不同时期社会经济发展的战略要求制定了不同的经济政策，包括产业发展和产业升级政策、经济结构调整政策、区域经济发展、金融政策、财税政策等，构成了现代企业重要的财务管理环境，对企业的筹资、投资和收益分配活动都会产生重要影响。例如，财税政策会影响企业的资本结构和投资项目的选择，产业政策和经济结构调整政策会影响资本的投向，投资回收期及预期收益。

国家对某些地区、某些行业的优惠、鼓励和有利倾斜，一方面构成了政府经济政策的主要内容，以达到政府调控宏观经济的职能；另一方面也是对其他地区、行业的限制。经济政策会因经济状况的变化而调整，如果企业能够及时地预测某项经济政策，把握住投资机遇就能得到国家的优惠条件。

（5）通货膨胀

从经济情况分析，通货膨胀是影响企业财务管理的一个重要因素，因为它直接对企业的现金流量和管理策略都产生重大影响。通货膨胀不仅对消费者不利，对企业财务活动的影响更为严重。首先，企业资金需求不断膨胀。这是因为物价上涨，同等数量的存货占用更多的资金；企业为减少原材料涨价所受损失往往提前进货，超额储备，资金需要量增加；资金供求矛盾尖锐，企业间相互拖欠货款的现象严重，应收账款增加，引起资金需求增加；通货膨胀时，按历史成本原则核算，会造成成本虚低，利润虚增，资金不足，企业维持正常生产，需要增加资金。其次，资金供给持续性短缺。这是因为政府为了控制通货膨胀，紧缩银根，减少了货币资金供应量；物价上涨，引起利息率上涨，使股票、债券价格暴跌，增加了企业在资本市场上筹资的困难；物价上涨时，银行贷款的风险上升，贷款的条件也更加苛刻。最后，货币性资金不断贬值。由于有价证券价格的不断下降，使企业倾向于具有保值性的实物性资产的投资。

为了减轻通货膨胀对企业造成的不利影响，企业应当采取措施予以防范。在通货膨胀初期，货币面临着贬值的风险，企业可以加大投资，避免风险，实现资本保值。与客户签订长期购货合同，减少物价上涨造成的损失。在通货膨胀持续期，企业可以采用偏紧的信用政策，减少企业债权或调整财务政策，防止和减少企业资本流失，等等。

（6）市场环境

企业依赖市场而存在和发展，市场环境影响企业财务活动。企业所处的市场环境通常包括以下四种：完全垄断市场、完全竞争市场、不完全竞争市场、寡头垄断市场。不同的市场环境对财务管理有着不同的影响。处于完全垄断市场的企业，销售一般不成问题，价格波动不大，利润稳中有升，经营风险较小，企业可利用较多的债务资本；处于完全竞争市场的企业，销售价格完全由市场来决定，企业利润随价格波动而波动，企业不宜过多地采用负债方式去筹集资本；处于不完全竞争市场和寡头垄断市场的企业，关键是企业的产品要具有优势，具有特色和品牌效应，这就要求企业在研究与开发上投入大量资本，研制出新的优质产品，并做好售后服务，给予优惠的信用条件。

3. 金融环境

（1）金融市场

金融是所有资本的流动和融通活动的总称。金融市场是资金融通的市场，是资本供应者和资本需求者相互融通资金的场所，借助这一场所，可以实现资本的借贷与融通，从而有效地配置资本资源。企业资金的取得与投放都与金融市场密不可分，金融市场发挥着金融中介、调节资金余缺的功能。

金融市场可以根据不同的标准来进行分类：

第一，以融资对象为标准，金融市场可以分为外汇市场、资金市场与黄金市场。外汇市场以各种外汇金融工具为交易对象，资金市场以货币和资本为交易对象，黄金市场则是集中进行黄金买卖和金币兑换的交易市场。

第二，按照交易对象的期限，金融市场可以划分为货币市场与资本市场。货币市场又称为短期资金市场或短期金融市场，是指交易期限不超过 1 年的短期金融工具的资金市场。其金融工具的期限多为 3~6 个月，长的可达 9 个月或 1 年。该市场提供短期资金融通，主要包括短期存贷款市场、银行同业拆借市场、票据市场、短期债券市场和可转让大额存单市场等。货币市场的主要特点是融资期限短、信用工具的流动性强。货币市场上的资金需求者进入市场的目的主要是为了获得现实的支付手段，而资金供应者向市场提供的资金也大多是短期内闲置的资金。货币市场的作用在于为各有关单位调剂其资金流动性提供便利。

第三，按照交易的性质，金融市场可以分为一级市场与二级市场。一级市场又称为发行市场或初级市场，是指发行新证券和票据等金融工具的市场，也是证券发行者筹集资金的场所。二级市场又称为次级市场或流动市场，是买卖已上市的证券和票据等金融工具的市场，是投资者之间转让证券的场所。

第四，按照交易的地理区域，金融市场可以分为国内金融市场和国际金融市场。国内金融市场的活动范围限于本国领土之内，交易者为本国的自然人和法人。国际金融市场是指国际性的资金借贷、结算、证券、黄金和外汇买卖等所形成的市场。

第五，按照交易的直接对象，金融市场还可以分为票据贴现市场、证券市场、黄金市场、外汇市场、保险市场等。

（2）金融工具

财务管理人员要想了解金融市场，必须熟悉各种金融工具。金融工具是指融通资金双方在金融市场上进行资金交易、转让的工具。借助金融工具，资金从供给方转移到需求方。金融工具分为基本金融工具和衍生金融工具两大类。常见的基本金融工具有货币、票据、债券、股票、期货等；衍生金融工具又称派生金融工具，是在基本金融工具的基础上通过特定技术设计形成的新的融资工具，如各种远期合约、互换、资产支持证券等，衍生金融工具种类复杂且繁多，具有高风险、高回报等特点。

不同金融工具用于不同的资金供求场合，具有不同的法律效力和流通功能，并承担不同的风险和成本。企业要根据实际情况，选择适合自身需要的金融工具，以便降低风险和成本。

4. 法律环境

市场经济的主要特征在于它是一种以法律规范和市场规则为特征的经济制度。法律为企业经营活动规定了活动空间，也为企业在相应空间内自主经营提供了法律上的保护。财务管理的法律环境是指企业和外部发生经济关系时所应遵守的各种法律、法规和规章制度。企业要顺利从事生产经营和处理好各种经关系，必须遵守相关法律规范。影响企业财务管理活动的法律规范主要有企业组织法律规范、税收法律规范和财务会计法律规范。

（1）企业组织法律规范

企业是市场经济的主体，企业组织必须依法成立。组建不同的企业，要依据不同的法律规范，这些法律规范既是企业的组织法，又是企业的行为法。企业组织依据的主要法律有：《公司法》《企业法》《个人独资企业法》《合伙企业法》和《外资企业法》。

例如，《公司法》对公司制企业的设立条件、设立程序、组织机构、组织变更及终止的条件和程序等都做了相应的规定，包括股东人数、法定资本的最低限额、资本筹集方式等。只有按法律规定的条件和程序建立的企业，才能称为公司。《公司法》还对公司生产经营的主要方面做出了规定，包括股票的发行和交易、债券的发行和转让、利润的分配等。公司组建后的各项生产经营活动都要按照《公司法》的有关规定来进行。因此，《公司法》是公司制企业财务管理最重要的强制性法律规范。

（2）税收法律规范

国家财政收入的主要来源是企业所缴纳的各种税金，任何企业都有义务上缴税收，而国家的财政状况和财政政策对于企业筹集资金和税收负担有着重要的影响。有关税收法律规范主要有三类：所得税的法律规范、流转税的法律规范、其他税的法律规范。

无论缴纳哪一种税，对企业来说都是企业的资金流出，加大企业对现金管理的压力对财务管理有重要影响。企业财务管理人员要熟悉国家税收法规，自觉按照税收政策导向进行生产经营活动，精心安排和规划筹资、投资和利润分配。

（3）财务会计法律规范

财务会计法律规范主要有：《企业财务通则》《企业财务制度》和《企业会计制度》，以及具体的会计准则。它们是企业从事财务活动、实施财务管理的基本规范。

除了上述法律规范，与企业财务管理有关的其他经济法律规范还有很多，包括《证券法》《支付结算法》《合同法》等。财务管理人员要在知法守法的前提下，进行财务管理活动，实现财务管理目标。

5. 社会文化环境

社会文化环境包括教育、科学、文学、艺术、新闻出版、广播电视、卫生体育、世界观、理想、信念和习俗，以及同社会制度相适应的权利义务观念、道德观念、组织纪律观念、价值观念和劳动态度等。企业的财务活动作为社会实践活动，不可避免地受到社会文化的影响。但是，社会文化的各方面对财务管理的影响程度是不同的。

例如，科学技术的发展对财务管理工作的完善至关重要。经济学、数学、统计学、计算机科学等诸多学科的发展，在一定程度上促进了财务管理理论的发展；现代计算机、通信设备的普及和会计系统的完善，为财务管理提供了先进的技术条件，促进了财务管理方法的改进和创新。

第三节　财务管理的价值观念

一、资金时间价值观念

（一）资金时间价值观念的概念

资金时间价值，是指一定量资金在不同时点上的价值量差额，也称为货币的时间价值。资金的时间价值来源于资金进入社会再生产过程后的价值增值。资金周转使用的时间越长，所获得的利润越多，实现的增值额就越大。资金时间价值的实质，是资金周转使用后的增值额。也就是说不是所有的货币都具有时间价值，只有在循环和周转中的资金，其总量才随着时间的延续呈几何级数增长，使得资金具有时间价值。通常情况下，它相当于没有风险也没有通货膨胀情况下的社会平均利润率，是利润平均化规律发生作用的结果。

1. 资金时间价值的意义

资金的时间价值对于整个企业的财务管理有着极其重要的意义。主要表现在以下几点：

第一，便于不同时点上单位货币价值量的比较。不同时点上单位货币的价值不同，因此，不同时间的货币收入不宜直接进行比较，需要把它们换算到相同的时间基础上，才能进行数量比较和比率计算。

第二，是正确做出财务决策的前提。资金时间价值是现代财务管理的重要价值基础。它要求合理地节约使用资金，加速资金的周转，以实现更多的资金增值。每个企业在投资某个项目时，至少要取得社会平均资金利润率，否则不如投资其他的项目或其他的行业。因此，资金的时间价值是评价投资方案的基本标准，在财务决策时，资金时间价值是一项重要的因素。

2. 资金时间价值的表现形式

资金时间价值的通常有两种表现形式：一种是绝对数形式即资金时间价值额，即资金在生产经营中带来的真实增值额；另一种是相对数形式即资金时间价值率。为便于不同数量货币资金之间时间价值大小的比较，在实务中，人们常使用相对数表示资金的时间价值。由于资金价值率经常以利率的形式表示，通常认为它与一般的市场利率相同，实际上资金时间价值率与市场利率是有区别的。市场利率除了包括时间价值因素外，还包括风险价值和通货膨胀因素。但由于资金随时间的增长过程和利息的增长过程在数学上相似，因此，在换算时广泛使用计算利息的各种方法。

（二）资金时间价值的表示

资金时间价值可以用绝对数——收益额来表示，也可以用相对数——收益率来表示。

1. 以收益额来计量

利息就是指资金注入并回收时所带来的收益额，一般指借款人（即债务人）因使用借入货币或资本而支付给贷款人（即债权人）的报酬，是资金所有者由于借出资金而取得的报酬。它来自生产者使用该笔资金发挥营运职能而形成的利润的一部分。

从本质上看，利息是由贷款产生利润的一种再分配。在经济研究中，利息常常被看作是资金的机会成本。这是因为如果放弃资金的使用权力，相当于失去得到收益的机会，也就相当于付出了一定的代价。比如资金一旦用于投资，就不能用于现期消费，而牺牲现期消费又是为了能在将来得到更多的消费，从投资者的角度来看，利息体现为对放弃现期消费的损失所做的必要补偿。所以，利息就成了投资分析平衡现在与未来的杠杆，投资这个概念本身就包含着现在和未来两方面的含义，事实上，投资就是为了在未来获得更大的回报而对目前的资金进行的某种安排，很显然，未来的回报应当超过现在的投资，正是这种预期的价值增长才能刺激人们从事投资。因此，利息是指占用资金所付的代价或者是放弃现期消费所得的补偿。

2. 以收益率来计量

资金时间价值收益率可以从两方面进行衡量：理论上，资金时间价值相当于没有风险、没有通货膨胀条件下的社会平均利润率。实际上，购买政府债券（国库券）几乎没有风险，因此在通货膨胀率很低时，可以用政府债券利率来表示资金时间价值。

其他各种收益率，如贷款利率、债券率、股利率等，除了包括资金时间价值外，还包括风险价值和通货膨胀因素。

由于利率还包括风险价值和通货膨胀因素，所以作为资金时间价值的表现形态的利率小于社会资金利润率。

利率是各国发展国民经济的杠杆之一,利率的高低由如下因素决定:第一,利率的高低首先取决于社会平均利润率,并随之变动。在通常情况下,平均利润率是利率的最高界限,因为如果利率高于利润率,借款者就会因无利可图而放弃借款。第二,在平均利润率不变的情况下,利率高低取决于金融市场上借贷资本的供求情况。借贷资本供过于求,利率便下降;反之,求过于供,利率便上升。第三,借出资本要承担一定的风险,而风险大小也会影响利率的波动,风险越大,利率也就越高。第四,通货膨胀对利息的波动有直接影响,资金贬值往往会使利息无形中成为负值。第五,借出资本的期限长短。贷款期限长,不可预见因素多,风险大,利率也就高;反之,贷款期限短,不可预见因素少,风险小,利率就低。

(三) 资金时间价值的计算

由于资金具有时间价值,因此同一笔资金在不同时间的价值也并不相同。计算资金的时间价值,其实就是不同时点上资金价值的换算。它具体包括两方面的内容:一方面是计算终值,即现在拥有一定数额的资金,在未来某个时点将变成多少数额的资金。另一方面是计算现值,即未来时点上一定数额的资金,相当于现在多少数额的资金。

资金时间价值有两种计算方法:一是只就本金计算利息的单利法;二是本金、利息都能生利的复利法。在计算资金时间价值量时,"现值"和"终值"是两个重要的概念,它们表示了不同时期的资金时间价值。具体而言,"现值"又称本金,是指资金现在的或当前的价值。"终值"又称本利和,是指资金经过若干时期后,包括本金和时间价值在内的未来价值。通常有单利终值与现值、复利终值与现值、年金终值与现值。

1. 单利终值与单利现值

单利是指只对借贷的原始金额或本金支付(收取)的利息。我国商业银行一般按照单利计算存贷款利息。

为计算方便,先设定如下符号标识:I 为利息;P 为现值;F 为终值;i 为每一利息期的利率(折现率);n 为计算利息的期数。

第一,单利利息的计算。按照单利的计算法则,单利利息的计算公式为:

$$I = P \times i \times n$$

第二,单利终值的计算。单利终值是本金与未来利息之和。其计算公式为:

$$F = P + P \times i \times n = P(1 + i \times n)$$

第三,单利现值的计算。单利现值是资金现在的价值。单利现值的计算就是确定未来终值的现在价值。例如公司商业票据的贴现。商业票据贴现时,银行按一定利率从票据的到期值中扣除自借款日至票据到期日的应计利息,将余款支付给持票人。贴现时使用的利率称为贴现率,计算出的利息称为贴现息,扣除贴现息后的余额称为贴现值即现值。单利现值的计算同单利终值的计算是互逆的,由终值计算现值的过程称为折现。单利现值的计算公式为:

$$P = \frac{F}{(1 + i \times n)}$$

2. 复利终值和复利现值

复利是计算利息的一种方法。按照这种方法,每经过一个计息期,要将所生利息加入本金再计利息,逐期滚算,俗称"利滚利"。这里所说的计息期是指相邻两次计息的时间间隔,如年、月、日等。除非特别指明,计息期为1年。

(1) 复利终值

复利终值是指一定数量的本金在一定利率下按照复利的方法计算出的若干时期以后的本金和利息。

(2) 复利现值

复利现值是复利终值的对称概念,它是指未来一定时间的特定资金按复利计算的当前的价值,或者说是为了在未来取得一定本利和需要在当前投入的本金。

(3) 名义利率与实际利率

复利的计息期不一定总是一年,有可能是季度、月或日。当利息在一年内要复利几次时,给出的年利率叫作名义利率。当一年内复利几次时,实际得到的利息要比按名义利率计算的利息高。

二、 风险价值观念

风险价值是现代财务管理的基本概念之一,企业很多财务决策均要考虑风险价值因素,因此,熟练掌握风险价值的计量及应用是财务管理人员必备的基本技能。

(一) 风险的概念及其分类

1. 风险的概念

一般来说,风险是指在一定条件下和一定时期内可能发生的各种结果的变动程度。在风险存在的情况下,人们只能事先估计到采取某种行动可能导致的结果以及每种结果出现的可能性,而行动的真正结果究竟会怎样,不能事先确定。例如,预计一个投资项目的报酬时不可能十分精确,也没有百分之百的把握。有些事情的未来发展变化事先不能确知,如价格、销量、成本等都可能发生预想不到并且无法控制的变化。

风险是事件本身的不确定性,具有客观性。投资者进行投资时,不同的投资项目的风险程度是不同的。比如，购买国库券收益稳定且到期一定能够收回本息，风险较小，但是如果投资于股票，其收益的不确定性就高，一旦从事了该项投资，风险的大小也就无法改变，具有客观性。也就是说，特定投资的风险大小是客观的，你是否去冒风险以及冒多大风险，是可以选择的，是主观的。

在实务上对风险和不确定性往往不做区分，统称为风险。某一行动的结果具有多种可能而不肯定，就叫有风险；而某一行动的结果十分肯定，就叫无风险。

风险是可以控制的。采取行动之前，可以测算该行动可能产生的风险程度，根据抗风险能力、心理承受能力等多种因素，选择风险程度适宜的行动方案；当行动进行中，可以通过对行动方案的不断调节和严格的制度保证，来控制行动风险程度。例如，负债所带来的财务风险，可以通过根据企业经营的实际情况，选择适应企业的负债程度控制财务风险，当企业举债程度确定后，还可以通过改善企业现金流转的措施，增强企业的支付能力，控制企业的债务风险。

风险可能给投资人带来超出预期的收益，也可能带来超出预期的损失。一般来说，投资人对意外损失的关切程度，比对意外收益要强烈得多。因此，人们研究风险时侧重减少损失，主要从不利的方面考虑风险，经常把风险看成是不利事件发生的可能性。从财务角度来说，风险主要指无法达到预期报酬的可能性。

2. 风险的分类

（1）从投资主体的角度看

从投资主体的角度看，风险分为市场风险和公司特有风险两类：

第一，市场风险。市场风险是指那些对所有企业产生影响的因素引起的风险，如战争、自然灾害、经济衰退、通货膨胀等。这类风险涉及所有企业，不能通过多角化投资来分散，因此又称不可分散风险或系统风险。对于这类风险，投资者只能够根据承担的风险程度要求相应的报酬。

第二，公司特有风险。公司特有风险是指发生于个别企业的特有事项造成的风险，如罢工、诉讼失败、失去销售市场、新产品开发失败等。从投资者角度看，这类事件是随机发生的，因而可以通过多角化投资来分散，即发生于一家公司的不利事件可以被其他公司的有利事件所抵消。这类风险也称可分散风险或非系统风险。例如，在证券投资上，同时购买若干种股票，风险比只购买一种小。又如，在企业的经营中，在资源允许的前提下，同时经营不同的投资项目，比只经营一种投资项目的风险小。因此，分散化投资更安全。

（2）从企业本身来看

从企业本身来看，风险可分为经营风险和财务风险两大类：

第一，经营风险。经营风险是指因生产经营方面的原因给企业盈利带来的不确定性。

经营风险是任何商业活动都有的，也称为商业风险。企业生产经营的许多方面都会受到来源于企业外部和内部诸多因素的影响，具有很大的不确定性。经营风险主要来自以下几点：首先是市场销售。市场需求、市场价格、企业可能生产的数量不确定，尤其是竞争使供产销不稳定，加大了风险。其次是生产成本。原料的供应和价格、工人和机器的生产率、工人的工资和奖金，都是不确定的因素，因而会产生风险。再次是生产技术。设备事故、产品质量问题、新技术的出现等，不好预见，产生风险。最后是其他。外部的环境变化，如天灾、经济不景气、通货膨胀、有协作关系的企业没有履行合同等，企业自己不能左右，因而会产生风险。

第二，财务风险。财务风险又称筹资风险，是指由于举债而给企业财务成果带来的不确定性。企业举债经营，全部资金中除自有资金外还有一部分借入资金，这会对自有资金的盈利能力造成影响；同时，借入资金须还本付息，一旦无力偿付到期债务，企业便会陷入财务困境甚至破产。当企业息税前资金利润率高于借入资金利息率时，使用借入资金获得的利润除了补偿利息外还有剩余，因而使自有资金利润率提高；但是，若企业息税前资金利润率低于借入资金利息率，这时，使用借入资金获得的利润不够支付利息，还须动用自有资金的一部分利润来支付利息，从而使自有资金利润率降低。如果企业息税前利润还不够支付利息，就要用自有资金来支付，使企业发生亏损。若企业亏损严重，财务状况恶化丧失支付能力，就会出现无法还本付息甚至招致破产的危险。总之，由于许多因素的影响，企业息税前资金利润率和借入资金利息率差额具有不确定性，从而引起自有资金利润率的高低变化，这种风险即为筹资风险。这种风险程度的大小受借入资金与自有资金比例的影响，借入资金比例大，风险程度就会随之增高。借入资金比例小，风险程度也随之降低。对财务风险的管理，关键是要保证有一个合理的资金结构，维持适当的负债水平，既要充分利用举债经营这一手段获取财务杠杆收益，提高自有资金的盈利能力，同时要注意防止过度举债而引起的财务风险的加大，避免陷入财务困境。

（二）风险的衡量

由于风险具有普遍性和广泛性，因此，正视风险并将风险程度予以量化，成为企业财务管理中的一项重要工作。衡量风险大小需要使用概率和统计方法。

某一事件在相同的条件下可能发生也可能不发生，这类事件称为随机事件。概率就是用百分数或小数来表示随机事件发生的可能性大小，或出现某种结果可能性大小的数值。一般用 P_i 表示，它是介于 0~1 之间的一个数。

一般情况下，用 X 表示随机事件，X_i 表示随机事件的第 i 种结果，P_i 为出现该种结果的相应概率。若 $P_i=0$，表示某一事件不会发生，$P_i=1$，表示某一事件肯定发生，一般随机

变量的概率 $0 \leq P_i \leq 1$。P_i 越大，表示某一事件发生的概率越大，反之越小。如果把某一事件所有可能的结果都列示出来，对每一结果给予一定的概率，便可构成概率的分布。

概率分布有两种类型，一种是离散型概率分布，即概率分布在几个特定的随机变量点上，概率分布图形成几条个别的直线；另一种是连续型概率分布，即概率分布在一定区间的连续各点上，概率分布图由一条曲线形成。

（三）风险报酬的计算

投资者冒着风险投资是为了获得更多的报酬，冒的风险越大，要求的报酬就越高。风险和报酬之间存在密切的对应关系。高风险的项目必然有高报酬，低风险的项目必然低报酬。因此，风险报酬是投资报酬的组成部分。

它的表现形式可以是风险报酬额或风险报酬率。在实务中一般以风险报酬率来表示。投资者进行投资要求的报酬，是与其投资承担的风险程度相匹配的必要报酬率。从理论上讲投资必要报酬率由无风险报酬率和风险报酬率两部分组成，可表示为：

$$投资报酬率（R）= 无风险报酬率（R_F）+ 风险报酬率（R_R）$$

其中，$R_R = b \times V$，b 为风险价值系数，V 为标准离差率。

无风险报酬是指将投资投放某一投资项目上能够肯定得到的报酬，是加上通货膨胀补偿率的资金时间价值，可用国债利率或存款利率表示。风险报酬率是风险的函数，风险越大则要求的报酬率就越高。

风险价值系数 b 的确定有以下几种方法：

第一，根据以往同类项目的有关数据资料确定。利用以往有关同类投资项目的投资收益率、无风险收益率、收益标准差率等历史资料确定。

第二，在缺乏同类项目历史资料的情况下，可由企业领导或有关专家根据主观经验确定。

第三，由国家有关部门组织专家确定，投资者可作为参考。

（四）风险控制对策

在评估了相关的风险之后，管理当局就要确定如何应对。风险应对策略就是对已经识别的风险进行定性分析、定量分析和进行风险排序，制定相应的应对措施和整体策略。风险应对策略包括风险规避、减轻、转移和接受。

1. 风险规避

风险规避是改变项目计划来消除特定风险事件的威胁。规避风险的办法有：通过公司政策、限制性制度和标准，阻止高风险的经营活动、交易行为、财务损失和资产风险的发生。通过重新定义目标，调整战略及政策，或重新分配资源，拒绝与不守信用的厂商进行交易，放弃明显会导致亏损的项目等。

2. 风险减轻

风险减轻是利用政策或措施将风险降低到可接受的水平。风险减轻常用的方法有：将金融资产、实物资产或信息资产分散放置在不同地方，以降低遭受灾难性损失的风险。借助内部流程或行动，将不良事件发生的可能性降低到可接受的程度，以控制风险。在发展新产品前，进行充分的市场调研；对各项经济活动进行准确预测等。

3. 风险转移

风险转移，也叫风险分担，是转移风险的后果给第三方，通过合同的约定，由保证策略或者供应商担保。比如，可与保险公司签订合同以转移风险；通过结盟或合资，投资于新市场或新产品补偿风险或者将业务外包等。

4. 风险接受

风险接受实际上是制订一个风险的应急方案以准备应对风险事件，是一种积极的接受活动，包括风险自保和风险自担两种。风险自保，是指提取一笔风险准备金或有计划地提取减值准备等；风险自担，是指直接将损失计入成本、冲减利润。

第六章 财务管理价值观念

第一节 货币时间价值

一、货币时间价值的概念

货币时间价值,是指货币经历一定时间的投资和再投资所增加的价值。

在商品经济中,有这样一种现象:即现在的1元钱和1年后的1元钱其经济价值不相等,或者说其经济效用不同。现在的1元钱,比1年后的1元钱的经济价值要大一些,即使不存在通货膨胀也是如此。为什么会这样呢?例如,将现在的1元钱存入银行,1年后可得到1.10元(假设存款利率为10%)。这1元钱经过1年时间的投资增加了0.10元,这就是货币的时间价值。

任何企业的财务活动都是在特定的时空中进行的。货币的时间价值原理正确地揭示了在不同时点上资金之间的换算关系。货币投入生产经营过程后,其金额随时间的持续不断增长,这是一种客观的经济现象。企业资金循环的起点是投入货币资金,企业用它来购买所需的资源,然后生产出新的产品,产品出售时得到的货币量大于最初投入的货币量。资金的循环以及因此实现的货币增值,需要或多或少的时间,每完成一次循环,货币就增加一定金额,周转的次数越多,增值额也越大。因此,随着时间的延续,货币总量在循环中按几何级数增长,形成了货币的时间价值。

需要注意的是,将货币作为资本投入生产过程所获得的价值增加并不全是货币的时间价值。这是因为,所有的经营都不可避免地具有风险,而投资者承担风险也要获得相应的报酬。此外,通货膨胀也会影响货币的实际购买力。因此,对所投资项目的报酬率也会产生影响。资金的供应者在通货膨胀的情况下,必然要求索取更高的报酬以补偿其购买力损失,这部分补偿称为通货膨胀贴水。可见,货币在经营过程中产生的报酬不仅包括时间价值,还包括货币资金提供者要求的风险报酬和通货膨胀贴水。因此,时间价值是扣除风险报酬和通货膨胀贴水后的真实报酬率。

货币的时间价值有两种表现形式：相对数形式和绝对数形式。相对数形式，即货币时间价值率，是指扣除风险报酬和通货膨胀贴水后的平均资金利润率或平均报酬率；绝对数形式，即时间价值额，是指资金与时间价值率的乘积。时间价值虽有两种表示方法，但在实际工作中并不进行严格的区分。因此，在述及货币时间价值的时候，有时用绝对数，有时用相对数。

银行存款利率、贷款利率、各种债券利率、股票的股利率都可以看作投资报酬率，它们与时间价值都是有区别的，只有在没有风险和通货膨胀的情况下，时间价值才与上述各报酬率相等。为了分层次地、由简到难的研究问题，在论述货币时间价值时采用抽象分析法，一般假定没有风险、没有通货膨胀，以利率代表货币时间价值率，这里以此假设为基础。

二、现金流量时间线

计算货币资金的时间价值，首先要清楚资金运动发生的时间和方向，即每笔资金在哪个时点上发生，资金流向是流入还是流出。现金流量时间线提供了一个重要的计算货币资金时间价值的工具，它可以直观、便捷地反映资金运动发生的时间和方向。典型的现金流量时间线如图6-1所示。

```
      -1 000    600      600
       ├────────┼────────┼────────→
       t=0      1        2
```

图6-1 现金流量时间线

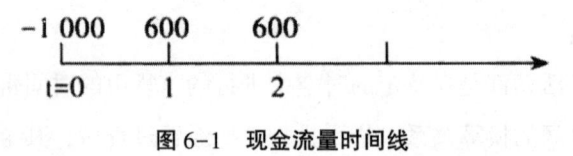

图6-1中的横轴为时间轴，箭头所指的方向表示时间的增加。横轴上的坐标代表各个时点，$t=0$表示现在，$t=1, 2, \cdots$，分别表示从现在开始的第1期期末、从现在开始的第2期期末，依此类推。如果每期的时间间隔为1年，则$t=1$表示从现在起第1年年末，$t=2$表示从现在起第2年年末。换句话说，$t=1$也表示第2年年初。图6-1的现金流量时间线表示在$t=0$时刻有1000单位的现金流出，在$t=1$、2时刻各有600单位的现金流入。

三、一次性收付款项的终值和现值

一次性收付款项是指在某一特定时点上一次性支出或收入，经过一段时间后再一次性收回或支出的款项。

资金时间价值的计算，涉及两个重要的概念，即现值和终值。现值（Present Value，P），又称本金，是指未来某一时点上的一定量现金折算到现在的价值。终值（Future

Value，F），又称将来值或本利和，是指现在一定量的现金在将来某一时点上的价值。

由于终值和现值的计算同利息的计算方法有关，而利息的计算方法又有复利和单利两种，因此，终值与现值的计算也有复利和单利计算之分。单利是指一定期间内只根据本金计算利息，当期产生的利息在下一期不作为本金，不重复计算利息。复利则是不仅本金要计算利息，利息也要计算利息，即通常所说的"利滚利"。复利的概念充分体现了资金时间价值的含义，因为资金可以再投资，而且理性的投资者总是尽可能快地将资金投向合适的领域，以赚取报酬。在讨论资金的时间价值时，一般都按复利计算。

（一）单利

通常用 P 表示现值，F 表示终值，i 表示利息率（贴现率、折现率），n 表示计息期数，I 表示利息。

1. 单利利息

$$I = P \cdot i \cdot n$$

每年的利息额实际上就是资金的增值额。

2. 单利终值

$$F = P \cdot (1 + i \cdot n)$$

资金的终值就是本金与每年的利息额之和。

3. 单利现值

$$P = F \div (1 + i \cdot n)$$

（二）复利

复利计算方法是指每经过一个计息期，要将该期所派生的利息加入本金再计算利息，逐期滚动计算。这里所说的计息期，是指相邻两次计息的间隔，如年、月、日等。除非特别说明，计息期一般为一年。

1. 复利终值

复利终值是指一定量的本金按复利计算的若干年后的本利和，即现有资金 P，经过 n 年，其终值 F 为多少。复利终值的计算公式为：

$$F = P \cdot (1 + i)^n$$

公式中，$(1+i)^n$ 称为复利终值系数，可记作 $(F/P, i, n)$，则复利终值的计算公式也可以表示为：

$$F = P \cdot (1 + i)^n = P \cdot (F/P, i, n)$$

2. 复利现值

复利现值是复利终值的对称概念，指未来一定时间的特定资金按复利计算的现在价值，或者说是为取得将来一定本利和现在所需要的本金。复利现值计算，是指已知 F、i、n 时，求 P。通过复利终值计算已知：

$$F = P \cdot (1 + i)^n$$

所以：

$$P = F \cdot \frac{1}{(1 + i)^n}$$

公式中：$\frac{1}{(1+i)^n}$ 称为复利现值系数，可记作 $(P/F, i?, ?n)?$，则复利现值的计算公式也可以表示为：

$$P = F \cdot (P/F, i, n)$$

四、非一次性收付款项的终值和现值

上面介绍了一次性收付款项，除此之外，还存在一定时期内多次收付的款项，即非一次性收付款项。非一次性收付款项根据每次收付款项金额是否相等，可分为等额系列收付款项和不等额系列收付款项。

（一）等额系列收付款项的终值和现值

等额系列收付款项是指等额、定期的系列收支，也称为年金（Annuity, A）。例如，分期付款赊购、分期偿还贷款、发放养老金、分期支付工程款、每年相同的销售收入等，都属于年金收付形式。按照收付时点和方式的不同，可以将年金分为普通年金、预付年金、递延年金和永续年金四种。

需要注意的是，在财务管理中讲到年金，除非特别指明，一般是指普通年金。

1. 普通年金

普通年金，又称后付年金，是指每期期末等额收付款项的年金。这种年金形式在现实经济生活中最为常见。

（1）普通年金终值

普通年金终值犹如零存整取的本利和，它是在一定时期内每期期末等额收付款项的复利终值之和。

（2）偿债基金

偿债基金是指为了在约定的未来某一时点清偿某笔债务或积聚一定数额的资金而必须

分次等额储存的款项。每次等额储存的款项就是年金（A），可以获得按复利计算的利息，未来的债务或须积聚的资金实际上等于年金终值（F_A）。

偿债基金的计算实际上是年金终值的逆运算。根据年金终值的计算公式，可推算出偿债基金的计算公式为：

$$A = F_A \cdot \frac{i}{(1+i)^n - 1}$$

公式中，$\frac{i}{(1+i)^n - 1}$ 是年金终值系数的倒数，称为偿债基金系数，可记作 $(A/F, i, n)$ ，其数值可查"偿债基金系数表"，也可根据年金终值系数表的倒数推算出来，偿债基金的计算公式也可表示为：

$$A = F_A \cdot (A/F, i, n) = F_A \cdot \frac{i}{(F/A, i, n)}$$

（3）资本回收额

资本回收额是指在给定的年限内等额回收或清偿初始投入的资本或所欠的债务，这里的等额款项为年资本回收额。

年资本回收额的计算实质为：已知年金现值 P_A，求年金数额 A。资本回收额的计算实际上是年金现值的逆运算。根据年金现值的计算公式，可推算出资本回收额的计算公式为：

$$A = P_A \cdot \frac{i(1+i)^n}{(1+i)^n - 1}$$

公式中，$\frac{i(1+i)^n}{(1+i)^n - 1}$ 是年金现值系数的倒数，称为资本回收系数，可记作 $(A/P, i, n)$ ，其数值可查"资本回收系数表"，也可根据年金现值系数表的倒数推算出来，资本回收额的计算公式也可表示为：

$$A = P_A \cdot (A/P, i, n) = P_A \cdot \frac{1}{(P/A, i, n)}$$

2. 预付年金

预付年金又称先付年金或即付年金，是指在每期期初等额收付的年金。预付年金与普通年金的区别在于收付款的时点不同。由于普通年金是最常用的，因此年金终值和现值的系数表是按普通年金编制的，为了便于计算和查表，必须根据普通年金的计算公式，推导出预付年金的计算公式。

（二）不等额系列收付款项的终值和现值

不等额系列收付款项是指在一定时期内多次收付，而每次收付的金额不相等的款项。

不等额收付款项的货币时间价值的计算包括终值和现值的计算。

1. 不等额系列收付款项终值

前面讲的年金每次收入或付出的款项都是相等的，但在财务管理实践中，更多的情况是每次收入或付出的款项并不相等。

2. 年金和不等额系列收付款项混合情况下的现值

在年金和不等额系列收付款项混合的情况下，不能用年金计算的部分，则用复利公式计算，然后与用年金计算的部分加总，便得出年金和不等额系列收付款项混合情况下的现值。

五、利率的计算

（一）利息率（折现率）的推算

前面所讨论的都是已知利息率（折现率）和计息期数求终值、现值或年金。在财务管理中，有时也会遇到已知终值、现值、年金、计息期数，而需要求利息率的问题，如计算项目投资的内部收益率。

1. 一次性收付款项利息率（折现率）的推算

根据复利终值计算公式或复利现值计算公式，得：

$$i = \left(\frac{F}{P}\right)^{\frac{1}{n}} - 1$$

2. 永续年金利息率（折现率）的推算

根据永续年金现值计算公式 $P_A = A \cdot \frac{1}{i}$，得：

$$i = A \cdot \frac{1}{P_A}$$

3. 普通年金利息率（折现率）的推算

普通年金利息率（折现率）的推算比较复杂，可利用有关年金的系数表计算，也可使用插值法求得。

根据普通年金终值和普通年金现值的计算公式，分别可推算出普通年金终值系数和普通年金现值系数，分别为：

$$\frac{F_A}{A} = (F/A, i, n)$$

$$\frac{P_A}{A} = (P/A, i, n)$$

若 F_A、A、n 已知，则可通过查"普通年金终值系数表"，找出等于 $\frac{F_A}{A}$ 的系数值，其对应的 i 即为所求的 i；若 P_A、A、n 已知，则可通过查"普通年金现值系数表"，找出等于 $\frac{P_A}{A}$ 的系数值，其对应的 i 即为所求的 i，若找不到完全对应的 i，则要运用插值法求得。

可见，利用"普通年金终值系数表"和"普通年金现值系数表"求 i 的基本原理和步骤是一致的。

（二）名义利率与实际利率

上述讨论的计算问题均假定利率为年利率，且每年计算复利一次。但实际上，复利的计息期不一定总是一年，有可能是半年、季度、月或日，如有些债券半年计息一次，有的抵押贷款每月计息一次。当一年内计算复利的次数超过一次时，这样给出的年利率叫名义年利率，而实际年利率或称有效年利率，则需要通过换算求出。将名义年利率换算为实际年利率的公式如下：

$$i = \left(1 + \frac{r}{m}\right)^m - 1$$

式中，i 表示实际年利率（或有效年利率）；r 表示名义年利率；m 表示每年计算复利的次数。

第二节　风险与报酬

一、风险与报酬概述

对于大多数投资者而言，个人或企业当前投入资金是因为期望在未来会赚取更多的资金。报酬，为投资者提供了一种恰当地描述投资项目财务绩效的方式。报酬的大小可以通过报酬率来衡量。

风险是指在一定条件下、一定时期内，某一行动具有多种可能但结果不确定。人们一般可以事先估计采取某一行动可能导致的各种结果，以及每种结果出现的可能性大小，但无法确定最终结果是什么。从财务管理角度而言，风险就是企业在财务活动中由于各种难以预料和无法控制的因素，使企业的实际收益与预期收益发生背离，从而蒙受经济损失的可能性。

公司的财务决策几乎都是在包含风险和不确定性因素的情况下做出的。离开了风险，就无法正确评价公司投资报酬率的高低。风险是客观存在的，按风险的程度，可以把公司的财务决策分为三种类型。

（一）确定性决策

决策者对未来的情况是完全确定的或已知的决策，称为确定性决策。例如，投资者将10万元投资于利息率为10%的短期国库券，由于国家实力雄厚，到期得到10%的报酬几乎是肯定的，因此，一般认为这种决策为确定性决策。

（二）风险性决策

决策者对未来的情况不能完全确定，但不确定性出现的可能性——概率的具体分布是已知的或可以估计的，这种情况下的决策称为风险性决策。

（三）不确定性决策

决策者不仅对未来的情况不能完全确定，而且对不确定性可能出现的概率也不清楚，这种情况下的决策称为不确定性决策。

从理论上讲，不确定性是无法计量的，但在财务管理中，通常为不确定性规定了一些主观概率，以便进行定量分析。不确定性在被规定了主观概率以后，就与风险十分近似了。因此，在公司财务管理中，对风险与不确定性并不做严格区分，当谈到风险时，可能是风险，更可能是不确定性。

投资者之所以愿意投资风险高的项目，是因为其获得的报酬率足够高，能够补偿其投资风险。很明显，在上述例子中，如果投资高科技公司的期望报酬率与短期国库券一样，那么几乎没有投资者愿意投资高科技公司。

二、单项资产的风险与报酬

对投资活动而言，风险是与投资报酬的可能性相联系的，因此，对风险的衡量就要从投资报酬的可能性入手。

（一）概率

在完全相同的条件下，某一事件可能发生也可能不发生，可能出现这种结果，也可能出现另外一种结果，这类事件称为随机事件。概率就是用来反映随机事件发生的可能性大小的数值，一般用 R 表示随机事件，R_i 表示随机事件的第 i 种结果，P_i 表示第 i 种结果出现的概率。一般随机事件的概率在 0 与 1 之间，即 0，P_i 1，P_i 越大，表示该事件发生的可能性越大；反之，P_i 越小，表示该事件发生的可能性越小。所有可能的结果出现的概率之和一定为 1，即 $\sum_{i=1}^{n} P_i = 1$。肯定发生的事件概率为 1，肯定不发生的事件概率为 0。

（二）离散程度

利用概率分布的概念能够对风险进行衡量，即期望报酬率的概率分布越集中，则该投资的风险越小。

为了定量地衡量风险大小，可以借助统计学中衡量离散程度的指标。

1. 标准差

为了准确度量风险的大小，引入标准差（SD）这一度量概率分布密度的指标。标准差越小，概率分布越集中，相应地，风险也就越小。标准差的具体计算过程如下：

（1）计算期望报酬率

$$\bar{R} = \sum_{i=1}^{n} P_i \cdot R_i$$

（2）离差

每个可能的报酬率（R_i）减去期望报酬率（$\bar{R}$）得到一组相对于 $\bar{R}$ 的离差。

$$离差 = R_i - \bar{R}$$

（3）方差

求各离差的平方，并将结果与该结果对应的发生概率相乘，然后将这些乘积相加，得到概率分布的方差。

$$\sigma^2 = \sum_{i=1}^{n} (R_i - \bar{R})^2 \cdot P_i$$

（4）方差的平方根

最后，求出方差的平方根，即得到标准差。

$$\sigma = \sqrt{\sum_{i=1}^{n} (R_i - \bar{R})^2 \cdot P_i}$$

2. 离散系数

如果两个项目期望报酬率相同、标准差不同，理性投资者会选择标准差较小，即风险较小的那个。类似地，如果两个项目具有相同的风险（标准差），但期望报酬率不同，投资者通常会选择期望报酬率较高的项目。因为投资者都希望冒尽可能小的风险，而获得尽可能高的报酬。但是，如果有两项投资——一项期望报酬率较高而另一项标准差较低，投资者该如何抉择呢？此时另一个风险度量指标离散系数（Coefficient of Variation，CV，也称变异系数）可以较好地解决这一问题。其计算公式为：

$$CV = \frac{\sigma}{\bar{R}}$$

离散系数度量了单位报酬率的风险，为项目的选择提供了更有意义的比较基础。

（三）利用历史数据度量风险

前例描述了利用已知概率分布的数据计算均值与标准差的过程，但在实际决策中，更普遍的情况是已知过去一段时期内的报酬率数据，即历史数据，此时报酬率的标准差可利用如下公式估算：

$$\sigma = \sqrt{\frac{\sum_{i=1}^{n}(R_1 - \bar{R})^2}{n-1}}$$

式中：估计 σ 表示估算的标准差；R_1 表示第 t 期所实现的报酬率，$\bar{R}$ 表示过去 n 年内获得的平均年度报酬率。

三、投资组合的风险与报酬率

投资者在进行证券投资时，一般并不把所有资金投资于一种证券，而是同时持有多种证券。这种同时投资于多种证券的方式，称为证券的投资组合，又称证券组合或投资组合。这里的"证券"是"资产"的代名词，它可以是任何产生现金流的东西，例如，一项生产性生物资产、一条生产线或者是一个企业。由多种证券构成的投资组合，会减少风险，报酬率高的证券抵消报酬率低的证券带来的负面影响。因此，绝大多数法人投资者如工商业企业、信托投资公司、投资基金公司等都同时投资于多种证券，即使是个人投资者，一般也是持有证券的投资组合而不只是投资于某一个公司的股票或债券。所以，了解证券投资组合的风险与报酬对于公司财务人员来说非常重要。

（一）投资组合的报酬率

投资组合的期望报酬率，是指组合中单项证券期望报酬率的加权平均值，权重为整个组合中投入各项证券的资金占总投资额的比重。其计算公式为：

$$\bar{R}_p = \omega_1 \cdot \bar{R}_1 + \omega_2 \cdot \bar{R}_2 + \cdots + \omega_n \cdot \bar{R}_n = \sum_{i=1}^{n} \omega_i \cdot \bar{R}_i$$

式中：$\bar{R}_p$ 表示投资组合的期望报酬率；$\bar{R}_i$ 表示单只证券的期望报酬率；证券组合中有

n 种证券；ω_i 表示第 i 只证券所占的比重。

（二）投资组合的风险

投资组合的风险可以用标准差来衡量。投资组合的期望报酬率是证券组合中各单项证券期望报酬率的加权平均值，但投资组合的风险并不是各项证券的方差或标准差的加权平均值。证券组合的风险不仅取决于组合内各单项证券的风险，还与各单项证券间的相互关系有关。

1. 投资组合的标准差

投资组合标准差的通用计算公式为：

$$\sigma_p = \sqrt{\sum_{j=1}^{n} \sum_{k=1}^{n} w_j \cdot w_k \cdot \sigma_{jk}}$$

式中：σ_p 表示投资组合的标准差；n 表示投资组合中证券的数目；w_j 表示投资于证券 j 的金额比例；w_k 表示投资于证券 k 的金额比例；σ_{jk} 表示证券 j 和证券 k 报酬率的协方差；两个"Σ"表示投资组合中所有证券两两组合的协方差。

协方差是表示两种证券报酬率之间相关程度的绝对数。相关系数是表示两种证券报酬率之间相关程度的相对数。它们的关系式为：

$$\sigma_{jk} = \rho_{jk} \cdot \sigma_j \cdot \sigma_k$$

$$\rho_{jk} = \frac{\sigma_{jk}}{\sigma_j \cdot \sigma_k}$$

式中：ρ_{jk} 表示两种证券的相关系数；σ_j、σ_k 分别表示第 j 种和第 k 种证券的标准差。

2. 两种投资组合的标准差

如果投资组合由两种证券构成，则组合的标准差为：

$$\sigma_p = \sqrt{w_1^2 \cdot \sigma_1^2 + 2w_1 \cdot w_2 \cdot \sigma_{1,2} + w_2^2 \cdot \sigma_2^2}$$

或

$$\sigma_p = \sqrt{w_1^2 \cdot \sigma_1^2 + 2w_1 \cdot w_2 \cdot \rho_{1,2} \cdot \sigma_1 \cdot \sigma_2 + w_2^2 \cdot \sigma_2^2}$$

式中：w_1 和 w_2 分别表示证券 1 和证券 2 的投资额在投资组合总额中所占的比例；σ_1 和 σ_2 分别表示证券 1 和证券 2 的标准差；$\sigma_{1,2}$ 表示证券 1 和证券 2 的协方差；$\rho_{1,2}$ 表示证券 1 和证券 2 的相关系数。

（三）投资组合与风险分散

与投资组合的报酬率不同，投资组合的风险 σ_p 通常并非组合内部单项资产标准差的加权平均数。事实上，可以利用某些有风险的单项资产组成一个完全无风险的投资组合，这就是风险分散。

股票风险中通过投资组合能够被消除的部分称为可分散风险，而不能够被消除的部分则称为市场风险。如果组合中股票数量足够多，则任意单只股票的可分散风险都能够被消除。

可分散风险是由某些随机事件导致的，如个别公司遭受火灾，公司在市场竞争中的失败等。这种风险可以通过证券持有的多样化来抵消，即多买几家公司的股票，其中某些公司的股票报酬率上升，另一些公司的股票报酬率下降，从而将风险抵消。市场风险则产生于那些影响大多数公司的因素：经济危机、通货膨胀、经济衰退以及高利率。由于这些因素会对大多数股票产生负面影响，因此无法通过分散化投资消除市场风险。

市场风险的衡量采用贝塔系数（Beta Coefficient，符号为 β）。财务管理上用 β 系数来衡量市场风险，是指单只股票的报酬率随着市场组合的报酬率波动（市场风险）而波动的程度，它揭示了单只股票报酬率相对于市场组合报酬率变动的敏感程度。如果以 ρ_{iM} 表示第 i 只股票的报酬率与市场组合报酬率的相关系数，σ_i 表示第 i 只股票报酬率的标准差，σ_M 表示市场组合报酬率的标准差，则股票 i 的 β 系数可由下式得出：

$$\beta_i = \left(\frac{\sigma_i}{\sigma_M}\right)\rho_i M$$

从上式中可以看出，对于标准差较高的股票而言，其 β 系数也较大。因此在其他条件都相同的情况下，高风险的股票将为投资组合带来更多的风险。同时，与市场组合间相关系数 ρ_{iM} 较高的股票也具有较大的 β 系数，从而风险也更高，此时意味着分散化的作用将不大，该股票将给投资组合带来较多风险。

市场组合（包括所有股票）在股票市场上，其报酬率代表股票的平均收益水平，报酬率的变动程度通常根据有代表性的股票市场指数的变化来衡量。在整个股票市场波动时，个别股票的反应各不一样，有的发生剧烈变动，有的只发生较小的变动，即各种股票对市场变化的敏感程度不一样，相应的 β 系数也就不一样。与市场水平同步波动的股票称为平均风险股票，平均风险股票的 β 系数为1。

（四）投资组合的风险报酬率

投资者进行投资组合投资与进行单项投资一样，都要求对所承担的风险进行补偿，股票的风险越大，要求的报酬率越高。但是，与单项投资不同，投资组合投资要求补偿的风险只是市场风险，而不要求对可分散风险进行补偿。如果可分散风险的补偿存在，善于科学地进行投资组合的投资者将会购买这部分股票，并抬高其价格，其最后的报酬率只反映市场风险。因此，投资组合的风险报酬率是投资者因承担不可分散风险而要求的，超过时间价值的那部分额外报酬率，可用下列公式计算：

$$R_p = \beta_p(R_M - R_F)$$

式中：R_p 表示投资组合的风险报酬率；β_p 表示投资组合的 β 系数；R_M 表示所有股票的平均报酬率，也就是由市场上所有股票组成的投资组合的报酬率，简称市场报酬率；R_F 表示无风险报酬率，一般用政府公债的利息率来衡量。

四、主要资产定价模型

众所周知，投资者只有在期望报酬率足以补偿其承担的投资风险时才会购买风险性资产。由风险报酬均衡原则可知，风险越高，必要报酬率也就越高。多高的必要报酬率才足以抵补特定数量的风险呢？市场又是怎样决定必要报酬率的呢？一些基本的资产定价模型将风险与报酬率联系在一起，把报酬率表示成风险的函数，这些模型包括资本资产定价模型、多因素模型和套利定价模型。

（一）资本资产定价模型

市场的期望报酬率是无风险资产的报酬率加上因市场组合的内在风险所需的补偿，用公式表示为：

$$R_M = R_P + R_F$$

式中：R_M 表示市场的期望报酬率；R_M 表示无风险资产的报酬率；R_P 表示投资者因持有市场组合而要求的风险溢价。

因为股票具有风险，所以期望报酬率与实际报酬率往往不同，某一时期市场的实际报酬率可能低于无风险资产的报酬率，甚至出现负值。但投资者要求风险与报酬均衡，所以风险溢价一般都假定为正值。这个值应该是多少呢？实际操作中通常用过去风险溢价的平均值作为未来风险溢价的最佳估计值。

在构造证券投资组合并计算它们的报酬率之后，资本资产定价模型（CAPM）可以进一步测算投资组合中的每一种证券的报酬率。资本资产定价模型建立在一系列严格假设的基础之上：

第一，所有投资者都关注单一持有期。通过基于每个投资组合的期望报酬率和标准差，在可选择的投资组合中选择，他们都寻求最终财富效用的最大化。

第二，所有投资者都可以给定的无风险利率无限制地借入或借出资金，卖空任何资产均没有限制。

第三，投资者对期望报酬率、方差以及任何资产的协方差评价一致，即投资者有相同的期望。

第四，所有资产都是无限可分的，并有完美的流动性（即在任何价格均可交易）。

第五，没有交易费用。

第六，没有税收。

第七，所有投资者都是价格接受者（即假设单个投资者的买卖行为不会影响股价）。

第八，所有资产的数量都是确定的。

资本资产定价模型的一般形式为：

$$R_i = R_F + \beta_i(R_M - R_Y)$$

式中：R_i 表示第 i 种股票或第 i 种证券的必要报酬率；R_F 表示无风险报酬率；β_i 表示第 i 种股票或第 i 种证券的 β 系数；R_M 表示所有股票或所有证券的平均报酬率。

（二）多因素模型

CAPM 的假设条件是均值和标准差包含了资产未来报酬率的所有相关信息。但是可能还有更多的因素影响资产的期望报酬率。原则上，CAPM 认为，一种资产的期望报酬率的大小取决于单一因素，但是在现实生活中多因素模型可能更加有效。因为即使无风险报酬率是相对稳定的，受风险影响的那部分风险溢价仍可能受多种因素影响，一些因素影响所有企业，另一些因素可能仅影响特定公司。更一般地，假设有 n 种相互独立因素影响不可分散风险，此时，股票的报酬率将会是一个多因素模型，即：

$$R_i = R_F + R(F_1, F_2, \cdots, F_n) + \varepsilon$$

式中：R_i 表示股票报酬率；R_F 表示无风险报酬率；F_n 表示第 n 个影响因素；$R(F_1, F_2, \cdots, F_n)$ 是这些因素的某一函数；ε 表示由于可分散风险而带来的递增报酬率。

（三）套利定价模型

套利定价模型基于套利定价理论（APT），从多因素的角度考虑证券报酬率，假设证券报酬率是由一系列产业方面和市场方面的因素确定的。

套利定价模型与资本资产定价模型都建立在资本市场效率的原则之上，套利定价模型仅仅是：在同一框架之下的另一种证券估值方式。套利定价模型把资产报酬率放在一个多变量的基础上，它并不试图规定一组特定的决定因素，反而认为资产的期望报酬率取决于一组因素的线性组合，这些因素必须经过实验来判别。

第三节　证券估值

一、债券的特征及估值

债券是由公司、金融机构或政府发行的，表明发行人对其承担还本付息义务的一种债务性证券，是公司对外进行债务筹资的主要方式之一。作为一种有价证券，其发行者和购买者之间的权利和义务是通过债券契约固定下来的。

（一）债券的主要特征

尽管不同公司的债券往往在发行的时候订立了不同的债券契约，如有的债券到期可以转换成公司的普通股，有的债券在约定的条件下可以提前偿付等，但是典型的债券契约至少包括以下条款：

1. 票面价值

债券票面价值又称面值，是指债券发行人借入并且承诺于债券到期时偿付持有人的金额，如美国公司发行的大多数债券面值是 1000 美元，而我国公司发行的企业债券面值大多为 100 元。

2. 票面利率

债券的票面利率是债券持有人定期获取的利息与债券面值的比率。多数债券的票面利率在债券持有期间不会改变，但也有一些债券在发行时不明确规定票面利率，而是规定利率水平根据某一标准的变化而同方向调整，这种债券的利率一般称为浮动利率。

还有一些债券根本不支付利息，但是会以大大低于面值的折价方式发行，因而会提供资本利得而不是利息收入，这类债券称为零息债券。

3. 到期日

债券一般都有固定的偿还期限，到期日即指期限终止之时。债券期限有的短至 3 个月，有的则长达 30 年。往往到期时间越长，其风险越大，债券的票面利率也越高。

（二）债券的估值方法

任何金融资产的估值都是资产预期创造现金流的现值，债券也不例外。债券的现金流依赖于债券的主要特征。如果是浮动利率债券，则利息支付随时间变化而变化。如果是零息债券，则没有利息支付，只在债券到期时按面额支付。

债券价值的计算公式表示为：

$$V_B = \frac{I}{(1+R_d)^1} + \frac{I}{(1+R_d)^2} + \cdots + \frac{I}{(1+R_d)^n} + \frac{M}{(1+R_d)^n}$$

$$= \sum_{i=1}^{n} \frac{I}{(1+R_d)^i} + \frac{M}{(1+R_d)^n}$$

$$= I \cdot (P/A, R_d, n) + M \cdot (P/F, R_d, n)$$

式中：R_d 表示债券的市场利率，这是计算债券现金流现值的折现率，亦即投资者投资债券所要求的必要报酬率。

n 为债券的到期期限。债券发行以后，n 逐年减少。如果债券按年支付利息，n 以年为单位来衡量，则发行到期年限为15年的债券（初始到期时间=15），一年以后 $n=14$，两年以后 $n=13$，依此类推。

I = 每年的利息额 = 票面利率×面值。如果债券为半年付息债券，则 I 为年利息额的一半；如果公司发行的是零息债券，那么 I 为0；如果是浮动利率债券，则 I 也是变动的。

M 为面值，该数额是到期时必须支付的。

上式可用于计算任何债券的价值。

（三）债券投资的优缺点

1. 债券投资的优点

债券投资的优点主要表现在以下三方面：

（1）本金安全性高

与股票相比，债券投资风险比较小。政府发行的债券有国家财力做后盾，其本金的安全性非常高，通常视为无风险证券。公司债券的持有者拥有优先求偿权，即当公司破产时，优先于股东分得公司资产，因此，其本金损失的可能性小。

（2）收入比较稳定

债券票面一般都标有固定利息率，债券的发行人有按时支付利息的法定义务，因此，在正常情况下，投资于债券都能获得比较稳定的收入。

（3）许多债券都具有较好的流动性

政府及大公司发行的债券一般都可在金融市场上迅速出售，流动性很好。

2. 债券投资的缺点

债券投资的缺点主要表现在以下三方面：

（1）购买力风险比较大

债券的面值和利息率在发行时就已确定，如果投资期间的通货膨胀率比较高，则本金和利息的购买力将不同程度地受到侵蚀，在通货膨胀率非常高时，投资者虽然名义上有报酬，实际上却遭受了损失。

（2）没有经营管理权

投资于债券只是获得报酬的一种手段，无权对债券发行单位施以影响和控制。

（3）需要承受利率风险

市场利率随时间上下波动，市场利率的上升会导致流通在外的债券价格下降。由于市场利率上升导致的债券价格下降的风险称为利率风险。

二、股票的特征及估值

股票投资是公司进行证券投资的一个重要方面，随着我国股票市场的发展，股票投资已变得越来越重要。

（一）股票的构成要素

为了更好地理解股票估值模型，有必要介绍股票的一些构成要素。

1. 股票价值

投资股票通常是为了在未来能够获得一定的现金流入。这种现金流入包括两部分：每期将要获得的股利以及出售股票时得到的价格收入。有时为了将股票的价值与价格相区别，也把股票的价值称为"股票内在价值"。

2. 股票价格

股票的价格是指其在市场上的交易价格，它分为开盘价、收盘价、最高价和最低价等。股票的价格会受到各种因素的影响而出现波动。

3. 股利

股利是股份有限公司以现金的形式从公司净利润中分配给股东的投资报酬，也称"红利"或"股息"。但也只是当公司有利润并且管理层愿意将利润分给股东而不是将其进行再投资时，股东才有可能获得股利。

（二）股票的类别

股票有两种基本类型：普通股和优先股。普通股股东是公司的所有者，他们可以参与选举公司的董事，但是当公司破产时，普通股股东只能最后得到偿付。普通股股东可以从公司分得股利，但是发放股利并不是公司必须履行的义务。因此，普通股股东与公司债权人相比，要承担更大的风险，其报酬也具有更大的不确定性。

优先股则是公司发行的求偿权介于债券和普通股之间的一种混合证券。优先股相对于普通股的优先权是指清算时的优先求偿权，但是这种优先权的获得使优先股股东通常丧失了与普通股股东一样的投票权，从而限制了其参与公司事务的能力。优先股的现金股利是固定的，且先于普通股股利发放，每期支付的股利类似于债券支付利息。不同的是，如果公司未能按时发放股利，优先股股东不能请求公司破产。当然，公司为保持良好的财务声誉，总是会想方设法满足优先股股东的股利支付要求。

（三）优先股的估值

优先股的支付义务很像债券，每期支付的股利与债券每期支付利息类似，因此债券的估值方法也可用于优先股估值。如果优先股每年支付股利为 D，n 年后该公司以每股 P 元的价格回购，股东要求的必要报酬率为 R，则优先股的价值为：

$$V = D \cdot (P/A, R, n) + P \cdot (P/F, R, n)$$

式中：V 表示优先股的价值；其他符号含义同前。

与债券不同的是，优先股有时按季度支付股利。此时，其价值计算如下：

$$V = D \cdot (P/A, R/4, 4n) + P \cdot (P/F, R/4, 4n)$$

式中的符号含义同前。

（四）普通股的估值

普通股的估值与债券的估值本质上都是未来现金流的折现，但是由于普通股的未来现金流是不确定的，依赖于公司的股利政策，因此普通股的估值与债券的估值存在差异。

普通股股票持有者的现金收入由两部分构成：一部分是在股票持有期间收到的现金股利；另一部分是出售股票时得到的变现收入。以 D_1，D_2，…，D_n 表示各期股利收入，以 P_n 表示出售股票时得到的变现收入（即变现时的股票价格），必要报酬率为 R，则股票当前的价值为：

$$V = \frac{D_1}{1+R} + \frac{D_2}{(1+R)^2} + \cdots + \frac{D_n}{(1+R)^n} + \frac{P_n}{(1+R)^n}$$

$$= \sum_{i=1}^{n} \frac{D_t}{(1+R)^t} + \frac{P_n}{(1+R)^n}$$

（五）股票投资的优缺点

1. 股票投资的优点

股票投资是一种最具挑战性的投资，其报酬和风险都比较高。股票投资的优点主要有：

(1) 能获得比较高的报酬

普通股的价格虽然变动频繁，但从长期看，优质股票的价格总是上涨的居多，只要选择得当，一般都能获得优厚的投资报酬。

(2) 能适当降低购买力风险

普通股的股利不固定，在通货膨胀率比较高时，由于物价普遍上涨，股份公司盈利增加，股利的支付也随之增加，因此，与固定报酬证券相比，普通股能有效地降低购买力风险。

(3) 拥有一定的经营控制权

普通股股东属于股份公司的所有者，有权监督和控制公司的生产经营情况，因此，欲控制一家公司，最好的途径就是收购这家公司的股票。

2. 股票投资的缺点

股票投资的缺点主要是风险大，这是因为：

(1) 普通股对公司资产和盈利的求偿权均居最后

公司破产时，股东原来的投资可能得不到全数补偿，甚至可能血本无归。

(2) 普通股的价格受众多因素影响，很不稳定

政治因素、经济因素、投资者心理因素、企业的盈利情况、风险情况等，都会影响股票价格，这也使股票投资具有较高的风险。

(3) 普通股的收入不稳定

普通股股利的多少，视企业经营状况和财务状况而定，其有无、多寡均无法律上的保障，其收入的风险也远远大于固定收益证券。

第七章 筹资管理

第一节 筹资概述

一、筹资要求

企业筹集资金总的要求是要分析评价影响筹资的各种因素，讲求筹资的综合效果。具体要求主要有以下几点：

（一）认真选择投资项目

为提高筹资效果，企业须认真研究投资项目在技术上的先进性和适用性、经济上的效益性和合理性、建设条件上的可靠性和可行性，进行反复调查、研究和论证，在此基础上确定最佳投资方案。

（二）合理确定筹资额度

企业展开筹资活动之前，应合理确定资金的需要量，并使筹资数量与需要达到平衡，防止筹资不足影响生产经营或筹资过剩降低筹资效果。对资金的投放，应结合实际情况，科学合理地安排好资金的投放时间，提高资金的利用效果。

（三）依法足额募集资本

为了保证生产经营持续进行且有利于自负盈亏，企业必须拥有一定数额供其长期占用自主支配的资金，为此，企业应按规定及时、足额筹集资本金。企业筹集的资本金是企业法定的自有资金，依法享有经营权，在经营期间内不得以任何方式抽走。

（四）正确运用负债经营

在市场经济条件下，企业的发展不可能完全由自有资金满足，保持一定的负债可以迅速扩大规模和提高市场占有率，因此负债经营已成为当今世界上经济发展较快的国家和地区重要的经营形式。但负债经营是把双刃剑，把握不好不仅不能发挥其财务杠杆的作用，而且会导致债务风险，引发企业危机。因此，在遵守国家政策和法律以及平等互利的原则下，要正确运用负债经营。为此要把握借债时机、借债数量，控制债务结构，正确选择有利的筹资方案。

（五）科学掌握投资方向

筹资的目的是投资，没有筹资也就不能投资，筹资是投资的前提，投资是筹资的目的。企业筹资必须与投资结合考虑，如果资金投放方向错误，投放时间不当，尽管取得低成本的资金，也难以取得好的筹资效果。所以，企业筹资应综合研究资金投向、数量、时间，以确定总的筹资决策与筹资计划。

二、企业筹资的动机

企业的筹资活动都是在一定动机的支配下完成的，尽管企业筹资的动机多种多样，但基本上可以概括为新建性筹资动机、扩张性筹资动机、偿债性筹资动机和混合性筹资动机。

（一）新建性筹资动机

新建性筹资动机是指在企业新建时为满足正常生产经营活动所需的铺底资金而产生的筹资动机。企业新建时，要按照经营方针所确定的生产经营规模核定长期资金需要量和流动资金需要量，同时筹措相应数额的资金，资金不足部分即须通过筹集短期或长期的负债资金来解决。

（二）扩张性筹资动机

扩张性筹资动机是指为了满足企业扩大生产经营规模或追加对外投资而产生的筹资动机。企业规模的扩大有两种形式：一种是新建厂房、增加设备、引进人才，这是外延的扩大再生产；另一种是引进技术，改进设备，提高固定资产的生产能力，培训工人，提高劳动生产率等，这是内涵的扩大再生产。不管是外延的扩大再生产，还是内涵的扩大再生产，都会发生扩张性筹资动机。

（三）偿债性筹资动机

偿债性筹资动机是指企业为了偿还某种债务而形成的筹资动机，即所谓借新债还旧债。这种筹资的结果不是扩大企业资金规模，而是调整企业的资本结构，企业资金总量不受筹资行为的影响。一般情况下，偿债性筹资是因为企业货币资金不足而引起的，而扩张性筹资是因为企业资金不足引起的。在偿债性筹资中分两种情况：一种是调整性偿债筹资，另一种是恶化性偿债筹资。所谓调整性偿债动机，是指企业虽有足够的资金实力偿还到期债务，但为了调整原有资本结构，仍然举借新债，目的是使其资本结构更趋合理，这是主动的筹资策略；所谓恶化性偿债筹资，是指企业现有的支付能力已不能够偿还到期旧债，被迫借新债还旧债，是被动的筹资策略，这种情况说明其财务状况已经恶化。

（四）混合性筹资动机

混合性筹资动机是指企业为了满足扩大生产经营规模和调整资本结构两种目的而产生的筹资动机。混合性筹资动机兼容了扩张性筹资动机和调整性筹资动机的特性，它不仅会增加资产总额，同时也会改变资本结构。

三、企业筹资的分类

企业筹资可以从不同角度进行分类，主要有以下几种：

（一）按所筹资金使用期限的长短分类

1. 短期资金

短期资金是指使用期限在一年以内或超过一年的一个营业周期以内的资金。它是因企业在生产经营过程中短期性的资金周转需要而引起的。短期资金主要投资于现金、应收账款、存货等，一般在短期内可收回。短期资金主要通过短期借款、商业信用等方式筹集资金。由于企业使用短期资金的时间较短，因此短期资金的还本付息压力大，但资金的成本相对较低。

2. 长期资金

长期资金是指占用期限在一年或一个营业周期以上的资金。它是企业长期、持续、稳定地进行生产经营的前提和保证。长期资金主要投资于新产品的开发和推广、生产规模的扩大、厂房和设备的更新，一般需几年甚至几十年才能收回。长期资金主要通过吸收直接投资、发行股票、发行长期债券、长期银行借款、融资租赁等形式来筹集。长期资金能够被企业长期而稳定地占用，资金使用上风险较低，但成本相对较高。

（二）按所筹资金体现的属性分类

1. 股权资本

股权资本亦称主权资本、自有资金或权益资本，是企业依法取得并长期拥有、自主调配运用的资本。根据我国有关法规制度，企业的股权资本由实收资本（或股本）、资本公积、盈余公积和未分配利润组成。按照国际惯例，股权资本通常包括实收资本（或股本）和留存收益两部分。股权资本具有下列属性：第一，股权资本的所有权归属于企业的所有者。企业所有者依法凭其所有权参与企业的经营管理和利润分配，并对企业的债务承担有限或无限责任。第二，企业对股权资本依法享有经营权。在企业存续期间，企业有权调配使用股权资本，企业所有者除了依法转让其所有权外，不得以任何方式抽回其投入的资本，因而股权资本被视为企业的"永久性资本"。企业的股权资本一般是通过政府财政资本、其他法人资本、民间资本、企业内部资本和国外及我国港澳台资本等筹资渠道，采用吸收投资、发行股票等筹资方式形成的。

2. 债权资本

债权资本也称债务资本、借入资金，是企业依法取得并依约运用、按期偿还的资本。债权资本具有下列属性：第一，债权资本体现企业与债权人的债务与债权关系，它是企业的债务，是债权人的债权；第二，企业的债权人有权按期索取债权本息，但无权参与企业的经营管理和利润分配，对企业的其他债务不承担责任；第三，企业对持有的债务资本在约定的期限内享有经营权，并承担按期付息还本的义务。企业的债权资本一般是通过银行信贷资本、非银行金融机构资本、其他法人资本、民间资本、国外和我国港澳台资本等筹资渠道，采用银行借款、发行债券、商业信用和租赁等筹资方式取得或形成的。

（三）按所筹资金的来源分类

1. 内部筹资

内部筹资是指企业在企业内部通过留用利润而形成的资本来源。内部筹资是在企业内部"自然地"形成的，因此被称为"自动化的资本来源"或内源性筹资，一般无须花费筹资费用，其数量通常由企业可分配利润的规模和利润分配方案（或股利政策）所决定。

2. 外部筹资

外部筹资是指企业在内部筹资不能满足需要时，向企业外部筹资而形成的资本来源。处于初创期的企业，内部筹资的可能性是有限的，处于成长期的企业，内部筹资往往难以满足需要，于是，企业就要广泛开展外部筹资。企业的外部筹资大多需要花费筹资费用，如发行股票、债券须支付发行成本，取得借款有时须支付一定的手续费。

（四）按筹资是否通过金融机构分类

1. 直接筹资

直接筹资是指企业不借助银行等金融机构，直接与资本所有者协商融通资本的一种筹资活动。在直接筹资活动过程中，筹资企业无须借助银行等金融机构，而是直接与资本所有者协商，采用一定的筹资方式取得资本。在我国，随着宏观金融体制改革的深入，直接筹资得以不断发展。具体而言，直接筹资主要有投入资本、发行股票、发行债券和商业信用等筹资方式。

2. 间接筹资

间接筹资是指企业借助银行等金融机构而融通资本的筹资活动。这是一种传统的筹资类型。在间接筹资活动过程中，银行等金融机构发挥着中介作用，它们先集聚资本，然后提供给筹资企业。间接筹资的基本方式是银行借款，此外还有租赁等筹资方式。

四、企业筹资的渠道及方式

（一）企业筹资的渠道

筹资渠道是指筹集资金来源的方向与通道，体现资金来源与供应量。我国企业目前筹资渠道主要有以下几种：

第一，国家财政资金。国家财政资金是指企业按照其隶属关系报批的基本建设可取得的财政拨款。国家对企业的直接投资是国有企业最主要的资金来源渠道，现有的国有企业的资金来源中，其资本部分大多是由国家财政以直接拨款的方式形成的，还有些是国家对企业"税前还贷"或减免各种税款形成的。特别是国有独资企业，其资本全部由国家投资形成，从产权关系上看，产权归国家所有。

第二，银行信贷资金。银行信贷资金是指企业通过向专业银行报批立项的基本建设投资贷款、流动资金贷款以及其他形式的贷款取得的资金。在间接融资中，银行信贷资金是最重要的方式，因此，银行对企业的各种贷款是我国各类企业最为主要的资金来源。我国提供贷款的银行主要有两种，商业银行和政策性银行。商业银行以营利为目的，为企业提供各种商业贷款，政策性银行为特定企业提供政策性贷款。

第三，非银行金融机构资金。非银行金融机构资金是指通过向各种非银行金融机构取得的短期贷款或借款。非银行金融机构主要指信托投资公司、保险公司、租赁公司、证券公司以及企业集团所属的财务公司、典当行等。他们所提供的金融服务，既包括信贷资金的投放，也包括物资的融通，还包括为企业承销证券。

第四，其他企业资金。其他企业资金是指与其他企业联合经营、联合投资获得的资金。企业生产经营过程中产生的部分闲置的资金，可以互相投资，也可以通过购销业务建立信用关系形成其他企业资金，这也是企业资金的重要来源。企业间的相互投资和商业信用的存在，使其他企业资金也成为企业资金的重要来源。

第五，企业自留资金。企业自留资金是指企业通过计提折旧、提取公积金和未分配利润等形式形成的资金，如留用利润建立的生产发展资金、新产品试制基金和设备基金。这些资金的重要特征之一是，企业无须通过一定的方式去筹集，它们是企业内部自动生成或转移的资金。

第六，职工和民间资金。职工和民间资金是指企业向内部职工或向社会投资者直接集资的融资行为形成的资金。作为"游离"于银行及非银行金融机构之外的居民个人资金，可用于对企业进行投资，形成民间资金来源。

（二）企业筹资的方式

筹资方式是指取得资金的具体方法和形式，它体现着公司拟筹资本的性质。对于各种渠道的资金，公司可以采取不同的方式予以筹集。正确认识筹资方式的种类以及每种筹资方式的资本属性，有利于企业财务人员选择适宜的筹资方式，实现最佳的筹资组合。企业筹资方式主要有以下几种：

1. 吸收直接投资

吸收直接投资是企业以协议等形式吸收国家、其他法人单位、个人和外商等直接投入资金，形成企业资本金的一种筹资方式。吸收直接投资不以股票为媒介，是非股份制企业筹集自有资本的基本方式。

2. 发行股票

股票是股份制公司为筹集自有资本而发行的有价证券，是持股人拥有公司股份的入股凭证，它代表持股人在公司中拥有的所有权。发行股票是企业筹措自有资本的基本方式。

3. 银行借款

银行借款是指企业根据借款合同向国内外银行以及非银行金融机构借入的、按规定定期还本付息的款项，是企业筹集长、短期负债资本的主要方式。

4. 发行债券

债券是债务人为筹措长、短期借入资金而发行的，约定在一定期限内向债权人还本付息的有价证券。企业发行的债券总称公司债券，是企业为取得负债资本而发行的有价证券，是持券人拥有企业债权的债权证书，它代表持券人同企业之间的债权债务关系。发行企业债券是企业筹集资金的又一重要方式。

5. 租赁

租赁是出租人以收取租金为条件，在契约或合同规定的期限内，将资产租借给承租人使用的一种信用业务。企业资产的租赁按其性质有经营性租赁和融资性租赁两种。现代租赁已成为解决企业资金来源的一种主要筹资方式。

（三）筹资渠道与筹资方式的关系

筹集资金渠道和筹集资金方式之间有着密切的关系。不同的筹资渠道，除各种债务以外，都体现着一定的所有制成分，而不同的筹资方式则体现着不同的经济关系。筹资渠道是了解哪里有资金，说明取得资金的客观可能性，而筹资方式是解决采用什么方式取得资金，即将可能性转化为现实性。一定的筹资方式可能只适用于某一特定的筹资渠道，但同一渠道的资金通常可以采用不同的方式取得，而同一筹资方式又往往可适用于不同的筹资渠道。因此，在筹资时，应认真考虑这些筹资方式的经济性质及相应的经济利益问题，合理地选择使用。筹资渠道与筹资方式的关系见表7-1。

表7-1 筹资渠道与筹资方式的关系表

筹资方式	筹资渠道	资本成本	财务风险	资本类型
长期借款	银行等	较低	较高	负债资金
发行债券	企业、个人等	较低	较高	负债资金
发行股票	国家、企业、个人、外商等	很高	很低	股权资本
吸收投资	国家、企业、个人、外商等	很高	很低	股权资本
租赁	企业、租赁公司等	高	一般	负债资金

五、企业筹资的基本原则

为了经济有效地筹集资本，企业筹资必须遵循下列基本原则：

（一）效益性原则

企业筹资与企业投资在效益上应当相互权衡。企业投资是决定企业是否要筹资的重要因素。投资收益与资本成本相比较，决定着是否要追加筹资；而一旦采纳某项投资项目，其投资数量就决定了所需筹资的数量。因此，企业在筹资活动中，一方面需要认真分析投资机会，讲究投资效益，避免不顾投资效益的盲目筹资；另一方面，由于不同筹资方式的资本成本的高低不尽相同，也需要综合研究各种筹资方式，寻求最优的筹资组合，以便降低资本成本，经济有效地筹集资本。

(二) 合理性原则

企业筹资必须合理确定所需资金的数量。企业筹资不论通过哪些筹资渠道，运用哪些筹资方式，都须预先确定筹资的数量。企业筹资固然应当广开财路，但必须要有合理的限度，使所需筹资的数量与投资所需数量达到平衡，避免筹资数量不足而影响投资活动或筹资数量过剩而影响筹资效益。企业筹资还必须合理确定资本结构。合理确定企业的资本结构，主要有两方面的内容：一方面是合理确定股权资本与债权资本的结构，也就是合理确定企业债权资本的规模或比例问题，债权资本的规模应当与股权资本的规模和偿债能力的要求相适应。在这方面，既要避免债权资本过多，导致财务风险过高，偿债负担过重，又要有效地利用负债经营，提高股权资本的收益水平。另一方面是合理确定长期资本与短期资本的结构，也就是合理确定企业全部资本的期限结构问题，这要与企业资产所须持有的期限相匹配。

(三) 及时性原则

企业筹资必须根据企业资本的投放时间安排来予以筹划，及时地取得资本来源，使筹资与投资在时间上相协调。企业投资一般都有投放时间上的要求，尤其是证券投资，其投资的时间性要求非常重要，筹资必须与之相配合，避免筹资过早而造成投资前的资本闲置或筹资滞后而贻误投资的有利时机。

(四) 安全性原则

占用资金需要承担资本成本，债务性资金还需要到期归还，不同筹资往往带有程度不等的财务风险，企业一旦达不到预期的投资报酬率，就可能补偿不了资本成本，从而导致财务危机。因此，企业应妥善安排资本结构，努力降低财务风险。

(五) 合法性原则

企业的长期筹资活动，影响着社会资本及资源的流向和流量，涉及相关利益主体的经济权益，为此，必须遵守国家有关法律法规，依法履行约定的责任，维护有关各方的合法权益，避免因非法筹资行为而给企业本身及相关利益主体造成损失。

第二节 资本成本和资本结构

一、资本成本

(一) 资本成本的概念及作用

1. 资本成本的概念

资本成本是指企业为筹集和使用资金而付出的代价,通常包括筹资费用和用资费用。筹资费用,指企业在筹集资本过程中为取得资金而发生的各项费用,如银行借款的手续费,发行股票、债券等证券的印刷费、评估费、公证费、宣传费及承销费等;用资费用,指在使用所筹资本的过程中向出资者支付的有关报酬,如银行借款和债券的利息、股票的股利等。

从广义上讲,企业筹集和使用任何资金,不论短期的还是长期的,都要付出代价。狭义的资本成本仅指筹集和使用长期资金(包括自有资本和借入长期资金)的成本。由于长期资金也被称为资本,所以长期资金的成本也称为资本成本。

对企业而言,资本成本是企业投资行为要达到的最低程度的收益率;对股东和债权人而言,资本成本就是所要求的最低报酬率。资本成本是选择筹资方式、进行资本结构决策和选择追加筹资方案的依据,是评价投资方案、进行投资决策的重要标准,也是评价企业经营业绩的重要依据。

资本成本包括资金筹集成本和资金使用成本两部分。资金筹集成本是企业在资本的筹集过程中所支付的各项费用。如发行股票、债券,借款等所支付的各项费用。资金使用成本是企业在使用资本过程中所支付的各项费用,如股票的股息、债券的利息、银行贷款的利息等。其中,资金使用成本是企业经常发生的,而资金筹集成本通常在筹集资金时一次性发生。因此在计算成本时,资金筹集成本可作为筹资金额的一项扣除。其基本计算公式可表示为:

$$资本成本 = \frac{资金使用成本}{筹资数额 - 筹资费用}$$

2. 资本成本的作用

资本成本是财务管理中的一个重要概念,它对于企业的经营决策有着重要的意义。

第一,资本成本是选择融资方式、进行资本结构决策和选择追加融资方案的重要依据。

首先，个别资本成本是比较各种融资方式的依据。随着我国金融市场的逐步完善，企业的融资方式日益多元化。评价各种融资方式的标准是多种多样的，比如对企业控制权的影响、对投资者的吸引力大小、取得资本的难易程度、财务风险的大小、资本成本的高低等。其中，资本成本是一个极为重要的因素。在其他条件基本相同或对企业影响不大时，应选择资本成本最低的融资方式。

其次，综合资本成本是衡量资本结构合理性的依据。企业多渠道多方式筹资，不同的筹资组合综合资本成本不同，综合资本成本最低和企业价值最大时的资本结构才是最佳资本结构。

最后，边际成本是选择追加筹资方案的依据。企业为了扩大生产规模，需要增大资本投入量，企业可以通过计算边际资本成本的大小来选择是否追加筹资以及追加多少筹资。

第二，资本成本是评价投资方案、进行投资决策的重要标准。资本成本是投资项目的最低报酬率，只要投资项目的预期投资报酬率大于资本成本率，投资项目才具有经济上的可行性。当然，投资项目可行性的评价还包括技术的可行性、社会效益等方面的考虑，但资本成本毕竟是综合评价的一方面。

第三，资本成本是评价企业经营业绩的重要依据。资本成本是企业使用资本应获得收益的最低界限。一定时期资本成本的高低不仅反映了财务经理的管理水平，还可用于衡量企业整体的经营业绩，促进企业增强和转变理念，节约资本占用，提高资本使用效益。

（二）资本成本的分类

1. 按资本成本的构成内容分类

第一，显见性资本成本。显见性资本成本是为筹措和使用资本而实际发生，能够通过会计核算予以汇集和计算的各项费用。如资本筹集费用、资本使用成本和已发生的资本损失成本等。

第二，隐含性资本成本。隐含性资本成本是伴随着投资和筹资行为可能发生，不便于直接通过会计核算予以计量和反映的各项费用。资本机会成本就是一种典型的隐含性资本成本，某些可能发生的资本损失成本也属于隐含性资本成本，它们在一定的条件下，将以某种间接形式表现出来，从而使企业承受损失。例如，当商业信用膨胀时，企业过度采用"应付账款"的方式筹资，使企业之间相互拖欠"三角债"的问题日益严重，在一定条件下，企业将会因大量负债导致信誉下降，资本成本上升，收益减少而付出沉重代价，这就是负债的隐含性资本成本。

隐含性资本成本具有间接性、滞后性和随机性的特点。间接性是指投资和筹资行为的隐含性资本成本将间接地表现为另一种形式的损失，例如前述的商业信誉下降损失；滞后性是指资本成本的发生将比引起该项成本的经济行为在时间上要滞后，二者之间不表现为时间上的配比性；随机性是指这种资本成本的发生与否，发生数额的大小是不确定的，要视经济行为的发展情况和一定的条件而定。例如，负债的隐含性资本成本可大致分为信誉成本和财务拮据与破产成本两类。前者是过度负债引起信誉下降而发生的费用或减少的收益，具有一定的间接性和滞后性；后者是过度负债引起的经营和财务风险增大而发生的费用或减少的收益，具有滞后性和随机性。

2. 按资本成本的经济性质分类

第一，财务性资本成本。财务性资本成本是从会计核算的角度来看的应计入损益的各项筹集和使用资金的费用，如筹资费用、利息支出等。

第二，决策性资本成本。决策性资本成本是从筹资和投资决策的角度来看的应予以考察的实际支出和潜在损失。除了上述财务性资本成本之外，决策性资本成本还包括在利润分配中应支付的股利、分出的投资利润及资本风险损失成本和机会成本。

财务性资本成本范围较为狭窄，其内容由会计核算制度所规定，通常可以用绝对额表示；决策性资本成本涉及范围广泛，其内容由决策性质而定，只能用相对比率表示。

3. 按资本成本与时间关系分类

第一，一次性资本成本。一次性资本也称固定性资本成本，它是指资本成本的发生数额只受筹资数额的影响，一次性支付，以后与资金占用时间无关。如发行有价证券的手续费、代理发行费、税金等。

第二，周期性资本成本。周期性资本成本也称变动性资本成本，它是指资本成本发生数额不仅受筹资数额的影响，还与资金占用时间有关，并按约定的周期支付的成本。如负债利息、股利等。

4. 按资本成本与经营活动关系分类

第一，无关性资本成本。无关性资本成本是指只受筹资数额和资金占用时间影响，而与企业经营状况和使用资本的效益无关的各项支出。如筹资费用、负债利息、优先股股息等。

第二，有关性资本成本。有关性资本成本是指不仅受筹资数额和资金占用时间影响，而且与企业经营状况和使用资本效益有关的各项支出。如普通股股利、分出投资利润、资本机会成本、资本风险损失成本等。

（三）资金成本的计算

1. 个别资本成本的计算

个别资本成本是指单一融资方式下的资本成本，包括银行借款资本成本、债券资本成本、普通股资本成本、优先股资本成本、留存收益资本成本等，其中前两种可统称为债务资本成本，后三种可统称为权益资本成本。个别资本成本是评价各种筹资方式优劣的主要依据。由于各种筹资方式下资本成本的计算各不相同，下面分别加以介绍：

（1）银行借款资本成本

银行借款的资本成本包括借款利息和借款手续费用，利息在税前支付，具有减税作用，减税额为"利息×所得税税率"，所以银行借款实际负担的利息为"利息×（1-所得税税率）"。

银行借款资本成本的计算公式为：

$$K_L = \frac{I_L(1-T)}{L(1-f_L)} \text{ 或} = \frac{I(1-T)}{(1-f_L)}$$

式中 K_L 表示银行借款成本；I_L 表示银行借款利息；T 表示所得税税率；L 表示银行借款额（借款资本金）；f_L 表示银行借款筹资费用率。

（2）债券资本成本

发行债券的资本成本主要涉及债息和筹资费用，其性质与银行借款相似，债券资本成本中的利息，亦在税前列支，也具有减税作用。债券的筹资费用即债券的发行费用，包括申请发行债券的手续费、债券注册费、印刷费、上市费、承销费等。债券的发行价格有平价、溢价、折价三种。债券利息按面额（即本金）和票面利率确定，但债券的筹资额应按发行价格计算，以便正确计算债券资本成本。

债券资本成本的计算公式为：

$$K_b = \frac{I_b(1-T)}{B(1-f_b)}$$

式中，K_b 表示债券资本成本；I_b 表示债券年利息；T 表示所得税税率；B 表示债券筹资额，按发行价格确定；f_b 表示债券筹资费用率。

（3）普通股资本成本

股份制企业普通股股利的支付具有不确定性。企业是否支付股利以及支付多少股利应视企业的经营状况和股利政策而定。因此，普通股的资本成本视股利支付方式的不同，有多种计算方法，如固定股利增长率模型法、资本资产模型定价法等。

①固定股利增长率模型法

假设每年股利以固定的比率 g 增长，第一年股利为 D_c，则第二年为 $D_c(1+g)$，第三年为 $D_c(1+g)^2$，第 n 年为 $D_c(1+g)^{n-1}$，则：

$$P_c(1-f_c) = \frac{D_c}{1+K_c} + \frac{D_c(1+g)}{(1+K_c)^2} + \frac{D_c(1+g)^2}{(1+K_c)^3} + \cdots + \frac{D_c(1+g)^{n-1}}{(1+K_c)^n}$$

式中，D_c 表示预计第一年的普通股股利；K_c 表示普通股资本成本；P_c 表示普通股的发行价格；f_c 表示普通股筹资费用率；g 表示股利预计年增长率。

因股利年增长率为已知数，则普通股资本成本的计算公式经推导可简化如下：

$$K_c = \frac{D_c}{P(1-f_c)} + g$$

②资本资产模型定价法

一种证券资产的风险越大，投资者所要求的收益率应该越高。普通股股东所要求的收益率是无风险报酬率再加承受风险的风险溢酬。用公式表示为：

$$K = R_f + \beta \times (R_m - R_f)$$

式中，K 为普通股资本成本；R_f 表示无风险利率（政府债券的收益率）；R_m 表示股票市场的预期收益率（即市场平均报酬率）；β 系数表示个别股票收益变化与股票市场平均收益变化的关联程度，即相对于股票市场上投资组合的平均风险水平来说，某种股票所含系统风险的大小；$R_m - R_f$ 为风险溢价。

如果我们知道公司股票的 β 值、无风险报酬率以及股票市场预期收益率，就能计算出普通股的资本成本。

(4) 优先股资本成本

企业发行优先股，需要支付筹资发行费用，且优先股的股东从公司中所获取的现金股利相对来说是固定的，并且没有到期日，这样的现金流量相当于一种永续年金。将永续年金按某一收益率折现成现值，若能够使现值之和近似等于优先股市场价格（考虑筹资费用），所用的折现率就是优先股股东的预期收益率，也就是企业为优先股资本支付的使用成本。

优先股资本成本的计算公式为：

$$P_p(1-f_p) = \frac{D_p}{1+K_p} + \frac{D_p}{(1+K_p)^2} + \frac{D_p}{(1+K_p)^3} + \cdots + \frac{D_p}{(1+K_p)^n}$$

式中，K_p 表示优先股资本成本；D_p 表示优先股年股利；P_p 表示优先股筹资额；f_p 表示优先股筹资费用率。

假设 K_p 为未知，其他为已知，则优先股资本成本的计算公式经推导可简化如下：

$$K_p = \frac{D_p}{P_p(1 - f_p)}$$

(5) 留存收益资本成本

留存收益又称保留盈余或留用利润，是公司尚未分配的累计利润，它由公司税后净利润形成，它的所有权归全体股东所有，但未以股利的方式发放给股东。留存收益属于企业内部权益资本，是企业资金的一种重要来源。从表面上看，公司使用留存收益似乎不花费什么成本。实际上，留存收益作为企业内部融资的资本再投资时，等于股东对企业追加投资。股东愿意将其留用于公司而不作为股利取出投资于别处，总是要求取得与普通股等价的报酬。如果企业将留存收益作为再投资所获得的收益低于股东自己进行另一项风险相似的投资收益，股东将不愿意将其留用于公司而希望作为股利派发。因此，留存收益也要计算成本，它是一种机会成本，它与普通股资本成本的计算基本相同，只是不考虑筹资费用。

假设每年股利以固定的比率 g 增长，企业留存收益资本成本的计算公式为：

$$K_r = \frac{D_c}{P_r} + g$$

式中，K_r 表示留存收益资本成本；P_r 表示留存收益总额；D_c 表示预计第一年的普通股股利；g 表示股利年增长率。

2. 综合资本成本的计算

由于受多种因素的制约，企业不可能只使用某种单一的筹资方式，往往需要通过多种方式筹集所需资金。为进行筹资决策，就要计算确定企业全部长期资金的总成本，即综合资本成本。综合资本成本一般是以各种资金占全部资金的比重为权数，对个别资本成本进行加权平均确定的，故又称加权平均资本成本，其计算公式为：

$$K_W = \sum_{i=1}^{n} K_j W_j$$

式中，K_W 表示综合资本成本（加权平均资本成本）；K_j 表示第 j 种个别资本成本；叫表示第 j 种个别资本占全部资金的比重（权数）。

3. 边际资本成本的计算

边际资本成本是指企业追加筹措资金的成本。由于各种条件的限制，任何企业都不可能以某一固定的资本成本率筹措到无限数额的资金，筹资额超过一定数额，必然引起边际资本成本的升高。在实践中，由于企业新增资本总是按一定数额批量进行，因此追加资本的边际成本呈现出一种阶梯式上升的变化趋势，如果企业追加的资本不是某种个别资本，而是按照一定的目标资本结构增加的资本，那么边际资本成本应表示为几种个别资本的加权平均资本成本。

边际资本成本计算的步骤如下所述：

第一，计算追加筹资的目标资本结构。第二，测算个别资本在不同筹资额度内的资本成本。第三，计算筹资总额的分界点。筹资总额的分界点是指在保持某目标资本结构的条件下，各种筹资方案资本成本变化的分界点。企业的目标资本结构保持不变，筹资总额一旦超过某一限度，其资本成本就会增加，这一点便是筹资总额分界点，其计算公式为：筹资总额分界点 = $\dfrac{某种筹资方式分界点}{目标资金结构中该种筹资方式所占比重}$。第四，计算筹资总额的各个不同筹资范围内的边际资本成本。

企业为了做好未来追加筹资和追加投资的决策，应事先做出边际资本成本规划，即在分析企业内外部各种条件的基础上，确定追加筹资过程中个别资本的成本分界点，计算各个不同的筹资额范围对应的边际资本成本，并以直观的图或表的形式反映出来。

二、杠杆效应

自然界中的杠杆效应，是指人们利用杠杆，可以用较小的力量移动较重物体的现象。财务管理中也存在类似的杠杆效应。财务管理中的杠杆效应是指由于固定性成本费用的存在，当业务量发生较小的变化时，会引起利润发生较大的变化。了解这些杠杆原理，有助于企业合理规避风险，提高财务管理水平。

（一）杠杆效应相关概念

1. 成本的分类

成本习性是指成本总额与业务量之间的依存关系。在这里，业务量是指企业的生产经营活动水平的标志量，可以是产出量，也可以是投入量。当业务量变化以后，各项成本有不同的形态，大体上可以分为三种：固定成本、变动成本和混合成本。

第一，固定成本。固定成本是指凡总额在一定时期和一定业务量范围内不受业务量增减变动影响而固定不变的成本。主要包括折旧费、租金、保险费、管理人员工资、办公费等。这些费用每年的支出水平基本相同，在业务量变动的一定范围内是固定的。由于固定成本总额不随业务量变动，因而当业务量增加时，单位产品固定成本会下降。

第二，变动成本。变动成本是指凡总额同业务量的总量成同比例增减变动的成本。主要包括直接材料、直接人工、生产用水电等。这些费用的支出水平随着业务量的增减而成正比例同步增减，但单位产品变动成本不变。值得注意的是，变动成本总额也只是在一定范围内与业务量完全成同比例变化，业务量超出一定范围时，这种线性关系就不存在了。

第三，混合成本。混合成本是指总额虽然随业务量的变动而变动，但不成同比例变动，不能简单地归入固定成本或变动成本。这类成本可以按照一定的标准和方法分解成固定成本和变动成本。例如，一些企业生产工人的工资，分为基本工资和效益工资两部分，就是一种混合成本，基本工资相当于固定成本部分，效益工资相当于变动成本部分。

2. 基本指标

（1）利润

根据成本习性，可以将成本分为固定成本、变动成本和混合成本，而混合成本又可分解为固定成本和变动成本。成本、业务量和利润之间的关系可以用下列公式表示：

$$利润 = 销售收入 - 变动成本 - 固定成本$$
$$= 单价 \times 销售量 - 单位变动成本 \times 销售量 - 固定成本$$
$$= (单价 - 单位变动成本) \times 销售量 - 固定成本$$

通常把单价、单位变动成本和固定成本看成稳定的常量，只有销售量和利润两个自由变量，给定销售量时，可以计算出预期利润；给定目标利润时，可以计算应达到的销售量。

（2）边际贡献

边际贡献是衡量产品盈利能力的一项重要指标。边际贡献通常有三种表现形式：边际贡献总额，单位边际贡献和边际贡献率。

第一，边际贡献总额。边际贡献总额是指产品的销售收入总额与变动成本总额的差额、又称贡献边际、贡献毛益，通常用 Tcm 表示。其计算公式为：

$$边际贡献总额 = 销售收入 - 变动成本$$
$$= 单价 \times 销售量 - 单位变动成本 \times 销售量$$
$$= (单价 - 单位变动成本) \times 销售量$$

第二，单位边际贡献。单位边际贡献是指产品的销售单价减去单位变动成本后的差额，通常用 cm 表示。其计算公式为：

$$单位边际贡献 = 售价 - 单位变动成本$$

若将边际贡献的概念引入利润计算的基本方程式，可以揭示边际贡献、利润、固定成本三者之间的关系。

$$利润 = 销售收入总额 - 变动成本总额 - 固定成本总额$$
$$= 边际贡献总额 - 固定成本总额$$

从上式可以看出，企业实现的边际贡献首先需要补偿固定成本。当边际贡献总额大于固定成本总额时，企业就会形成利润；反之，就会发生亏损。若边际贡献总额等于固定成本总额，则企业处于不盈不亏的临界状态。

第三，边际贡献率。边际贡献率是指边际贡献总额占产品销售收入总额的百分比，或单位边际贡献占单位产品售价的百分比，即每一元销售收入所能提供的贡献毛益份额，通常用 CMR 表示。其计算公式为：

边际贡献率＝边际贡献总额/销售收入总额×100%

＝单位边际贡献/单位售价×100%

引入边际贡献率，利润计算的基本公式可以表示为：

利润＝销售收入×边际贡献率－固定成本

（3）变动成本率

变动成本率是指变动成本总额占产品销售收入总额的百分比，或单位变动成本占单位产品售价的百分比，即每一元销售收入所耗用的变动成本份额。变动成本率通常用 bR 表示，其计算公式为：

变动成本率＝变动成本总额/销售收入总额×100%

＝单位变动成本/单位售价×100%

由于销售收入被分为变动成本和边际贡献两部分，前者是产品自身的耗费，后者是对企业的贡献，两者百分率之和应当为 1。计算公式为：

变动成本率+边际贡献率＝1

边际贡献率与变动成本率的这种互补关系表明，凡变动成本率低的产品，其边际贡献率必然高，创利能力强；反之，凡变动成本率高的产品，其边际贡献率低，创利能力必然弱。

（二）经营杠杆

企业在生产经营中会有这么一种现象：在销售价格、单位变动成本和固定成本总额均保持不变的情况下，企业产销量变动时，会使息税前利润的变动幅度大于产销量的变动幅度，这就是经营杠杆效应。经营杠杆效应产生的原因是不变的固定成本。当产销量增加时，销售收入和变动成本总额将等比例增加。但由于固定成本总额保持不变，这就导致息税前利润比产销量增加得更快。

经营杠杆效应的大小可以用经营杠杆系数（DOL）来表示，它是企业息税前利润的变动率与产销量变动率的比率。计算公式如下：

公式一（定义公式，必须已知变动前后两期的资料）：

$$经营杠杆系数（DOL）＝\frac{\Delta EBIT/EBIT}{\Delta(px)/px}＝\frac{\Delta EBIT/EBIT}{\Delta x/x}$$

式中，$\Delta EBIT$ 表示息税前利润的变动额；Δx 表示产销量的变动数；$EBIT$ 表示基期息税前利润；x 表示基期产销量。

公式二（简化公式）：

$$DOL = \frac{M}{EBIT} = \frac{M}{M-a}$$

式中，M 表示基期边际贡献总额；$EBIT$ 表示基期息税前利润；a 表示基期固定成本。

（三）财务杠杆

财务杠杆效应是指资本结构中债务的运用对普通股每股收益的影响能力，是由于固定财务费用的存在，而导致普通股权益变动大于息税前利润变动的杠杆效应。财务杠杆效应的大小用财务杠杆系数（DFL）来度量，它是普通股每股收益（简称 EPS）的变动率与息税前利润（$EBIT$）变动率的比率。计算公式如下：

公式一（定义公式，必须已知变动前后两期的资料）：

$$财务杠杆系数（DFL）= \frac{\Delta EPS/EPS}{\Delta EBIT/EBIT}$$

式中，ΔEPS 表示普通股每股收益的变动额；EPS 表示基期每股收益；$\Delta EBIT$ 表示息税前利润的变动额；$EBIT$ 表示基期息税前利润。

公式二（简化公式）：

$$DFL = \frac{EBIT}{EBIT - I}$$

式中，$EBIT$ 表示基期息税前利润；I 表示基期债务利息。

（四）复合杠杆

复合杠杆又称总杠杆，是由经营杠杆和财务杠杆共同作用而形成的。复合杠杆效应是由于固定成本和固定财务费用的共同存在而导致的每股收益变动率大于产销业务量变动率的杠杆效应。复合杠杆效益的大小用复合杠杆系数（DCL）来衡量，它是经营杠杆与财务杠杆的乘积，是每股收益变动率与产销业务量变动率的比率。其计算公式为：

公式一（定义公式，必须已知变动前后两期的资料）：

$$DCL = \frac{\Delta EPS/EPS}{\Delta(px)/px} = \frac{\Delta EPS/EPS}{\Delta x/x}$$

公式二（简化公式）：

$$DCL = \frac{M}{EBIT - I}$$

式中，ΔEPS 表示普通股每股收益的变动额；EPS 表示基期每股收益；Δx 表示产销量的变动数；x 表示基期产销量；M 表示基期边际贡献；$EBIT$ 表示是基期息税前利润；I 表示基期利息费用。

三、资本结构

（一）资本结构的含义

资本结构是指资本总额中各种资本来源的构成及比例。在实务中，资本结构有广义和狭义之分，狭义的资本结构是指长期资本结构，指长期债务资本与股权资本的构成及其比例关系。广义的资本结构是指全部资金（包括长期资金和短期资金）的结构。

企业资金总的来说可分成权益资金和债务资金两类，最基本的资本结构问题主要是负债比率问题，以债务股权比率或资产负债率表示。

企业资本结构的优化主要是资本的属性结构问题，即债务资本的比例安排问题。由于债务利息率通常低于股票股利率，而且负债筹资具有节税功能，适度增加债务可以降低企业的综合资本成本，使企业获得财务杠杆利益，但同时也会给企业带来财务风险。因此，需要合理安排企业资本结构，确定债务资本比例。

（二）资本结构的作用

第一，一定的负债有利于降低企业的资本成本。企业利用负债资金要定期支付利息并按期还本，债权人的收益是稳定的，投资风险相对较小。根据风险和收益对等的原则，因而负债的利息率一定要低于权益资金的收益率。另外，负债利息计入财务费用，从税前支付，可抵减部分所得税，因而负债资金的成本远远低于权益资金的成本，所以负债有利于降低企业的资本成本。

第二，负债筹资具有财务杠杆作用。从财务杠杆的含义来看，负债资金所占比重越大，财务杠杆系数越大，财务杠杆的效应也越大。当息税前收益率大于负债利息率时，就会产生财务杠杆的正效应，使得负债经营给企业带来更多的效益。

第三，负债经营会加大企业的财务风险。对于负债资金，企业必须按期还本付息，无论企业经营好坏和效益大小，在企业经济效益较差或现金流量较小时，有可能出现资不抵债的现象。但向权益资金的投资者分配利润则不是企业的法定义务，有的年份可以少分甚至不分。因而，负债经营会加大企业的财务风险。财务风险增加后，反过来又会使资本成本提高。

（三）影响资本结构的因素

资本结构决策是企业财务决策的重要组成部分，企业除了要考虑资本成本、经营杠杆、财务杠杆等因素之外，还应综合考虑以下影响因素：

第一，企业经营者与所有者的态度。从经营者的角度看，一旦发生财务危机，其职务和利益将受到重大影响，故经营者就可能较少地使用财务杠杆尽量减低债务资本的比例；相反，企业的所有者往往不愿分散其控制权，故不愿增发新股而要求经营者去举债。经营者与所有者在资本结构这个重大问题上是有矛盾的，企业财务人员对此往往无能为力，资本结构的最终决定权在所有者或其代表（如董事会）手中。

第二，企业信用等级与债权人的态度。企业能否以借债的方式筹资和能筹集到多少资本，不仅取决于企业经营者和所有者的态度，而且取决于企业的信用等级和债权人的态度。如果企业的信用等级不高，而且负债率已经较高，则债权人将不愿意向企业提供信用，从而企业无法达到它所希望达到的负债水平。

第三，政府税收。因为利息费用可以在应税所得额中合法抵扣，即举债可以享受税收屏蔽的好处，所以所得税率越高，举债融资的好处就越大，企业资本结构中债务资本的比重就会大一些。

第四，企业的盈利能力。盈利能力强的企业可以产生大量的税后利润，其内部积累可以在很大程度上满足企业扩大再生产的资本需求，对债务资本的依赖程度较低。

第五，企业的资产结构。技术密集型企业的资产中固定资产所占比重较高，总资产周转速度较慢，这些企业必须有相当比重的自有资本做后盾。劳动密集型企业的流动资产所占比重很大，资本周转速度快，这些企业对负债特别是短期负债很是青睐。

第六，企业的成长性。在其他因素相同的条件下，发展速度快的企业对外部资本的依赖性较强。因此，增长率较高的企业倾向于使用更多的债务资本。

第七，法律限制。法律对于企业的筹资行为是有限制的。如我国《公司法》中规定累计债券总额不超过公司净资产的40%。这就使得企业资本结构中债券的比重受到限制。

第八，行业差异。一般而言，从事公用事业的企业有责任提供持续不断的服务，因而其在运用财务杠杆时就谨慎得多，举债较少。

第三节 企业资金需要量预测

一、定性预测法

定性预测法是指利用直观的资料，依靠个人的经验和主观分析、判断能力，对未来资金需要量做出预测的方法。其预测过程如下：

首先由熟悉财务情况和生产经营情况的专家，根据过去所积累的经验进行分析判断，提出预测的初步意见。然后，通过召开座谈会或发出各种表格等形式，对上述预测的初步意见进行修正补充。这样经过一次或几次以后，得出预测的最终结果。

定性预测法虽然十分实用，但它不能揭示资金需要量与有关因素之间的数量关系。例如，预测资金需要量应和企业生产经营规模相联系。生产规模扩大，销售数量增加，会引起资金需求增加；反之，则会使资金需求量减少。

二、比率预测法

比率预测法是指依据财务比率与资金需要量之间的关系，预测未来资金需要量的方法。能用于资金预测的比率可能会很多，但最常用的是因素分析法和销售百分比法。

（一）因素分析法

因素分析法又称为分析调整法，是以有关项目基期年度的平均资金需要量为基础，根据预测年度的生产经营任务和资金周转加速的要求，进行分析调整，来预测资金需要量的一种方法。

资金需要量=（基期资金平均占用额–不合理资金占用额）×（1±预测期销售增减率）×（1±预测期资金周转速度变动率），"预测期资金周转速度变动率"加速为"–"，减速为"+"。

（二）销售百分比法

销售百分比法是根据销售增长与资产增长之间的关系，预测未来资金需要量的方法。将反映生产经营规模的销售因素与反映资金占用的资产因素连接起来，根据销售与资产之间的数量比例关系，预计企业的外部筹资需要量。

销售百分比法有两个基本假设：第一，假定资产负债表的某些项目与销售额的变动比率已知，并固定不变；第二，假定未来销售额的预测已经完成。

销售百分比法一般有两种计算方法：第一，根据预计销售总额确定预测资产、负债和所有者权益的总额，然后确定外部融资需求；第二，根据预计销售增加额来预测资产、负债、所有者权益的增加额，然后确定外部融资需求。

第一，根据销售总额确定外部融资额的步骤如下：

首先，确定销售百分比。其计算公式为：

销售百分比=某项随销售额变动的资产（负债）金额÷销售额×100%

其次，计算预计销售额下的资产和负债总额。

财务管理预计资产（负债）总额=Σ（预计销售额×各项目销售百分比）+不随销售额变动的资产或负债

再次，预计留存收益增加额及预计所有者权益。

留存收益增加额=预计销售额×销售净利率×（1-股利支付比率）

预计所有者权益总额=留存收益增加额+上年度所有者权益总额

最后，计算外部融资额。

外部融资额=预计资产总额-预计负债总额-预计所有者权益总额

第二，根据销售增加额确定外部融资额的计算公式为：

外部融资额=资产增加额-负债增加额-留存收益增加额=（销售增加额×资产销售百分比）-（销售增加额×负债销售百分比）-［预计销售额×销售净利率×（1-股利支付比率）］

三、资金习性预测法

资金习性预测法指根据资金习性预测未来资金需要量的一种方法。所谓资金习性，指资金的变动同产销量变动之间的依存关系。按照资金同产销量之间的依存关系，可以把资金区分为不变资金、变动资金和半变动资金。

不变资金是指在一定的产销量范围内，不受产销量变动的影响而保持固定不变的那部分资金。也就是说，产销量在一定范围内变动，这部分资金保持不变。这部分资金包括为维持营业而占用的最低数额的现金、原材料的保险储备、必要的成品储备、厂房与机器设备等固定资产占用的资金。

变动资金是指随产销量的变动而同比例变动的那部分资金。它一般包括直接构成产品实体的原材料、外购件等占用的资金。另外，在最低储备以外的现金、存货、应收账款等也具有变动资金的性质。

半变动资金是指虽然受产销量变化的影响，但不成同比例变动的资金，如一些辅助材料上占用的资金。半变动资金可采用一定的方法划分为不变资金和变动资金两部分。

（一）企业资金占用总额与产销量的关系预测

这种方式是根据历史上企业资金占用总额与产销量之间的关系，把资金分为不变资金和变动资金两部分，然后结合预计的销售量来预测资金需求量。

$$y = a + bx$$

式中，y表示资金需求量，a为不变资金，b为单位产销量所需变动资金，x为产销量。可见，只要求出a和b，并知道预测期的产销量，就可以用上述公式测算资金需求情况，a 和 b 可用回归直线方程求出。

回归直线方程是假设有 n 期业务量与资金需求量资料，以会计数形式表达公式 $y = a + bx$ 的每一项：

$$\sum y = na + b \sum x$$

将上式的每一项乘以 x，得：

$$\sum xy = a \sum x + b \sum x^2$$

把上述两个方程式联列成方程组，求出 a、b 值：

$$a = \frac{\sum x^2 \sum y - \sum x \sum xy}{n \sum x^2 - (\sum x)^2}$$

$$b = \frac{n \sum xy - \sum x \sum y}{n \sum x^2 - (\sum x)^2}$$

a 和 b 的值确定后，就可以根据 a 和 b 的值，预测任何业务量下的筹资需求量。

（二）逐项分析法预测

根据各资金占用项目（如现金、存货、应收账款、固定资产）同产销量之间的关系，把各项目的资金都分成变动和不变两部分，然后汇总在一起，求出企业变动资金总额和不变资金总额，进而来预测资金需求量。

进行资金习性分析，把资金划分为变动资金和不变资金两部分，从数量上掌握了资金同销售量之间的规律性，对准确地预测资金需求量有很大帮助。实际上，销售百分比法是资金习性分析法的具体运用。

运用线性回归法必须注意以下几个问题：

第一，资金需求量与营业业务量之间线性关系的假定应符合实际情况；第二，确定 a、b 数值，应利用连续若干年的历史资料来计算（一般要有 3 年以上的资料）；第三，应考虑价格等因素的变动情况（可在价格发生变化年份的所需资金乘一个系数）。

第四节 筹资的具体内容

一、权益资金的筹集

权益资金的筹集方式主要有吸收直接投资、发行股票和企业内部积累等。另外，我国上市公司引入战略投资者的行为，也属于权益资金的筹集。

（一）吸收直接投资

吸收直接投资是指企业按照"共同投资、共同经营、共担风险、共享利润"的原则直接吸收国家、法人、个人投入资金的一种筹资方式。吸收直接投资中的出资者都是企业的股东。企业经营状况好、盈利多，各方可按出资额的比例分享利润，但如果企业经营状况差、连年亏损，甚至被迫破产清算，则各方要在其出资的限额内按出资比例来承担损失。吸收直接投资是非股份制企业筹集权益资金的基本方式。

1. 吸收直接投资的出资方式

企业在采用吸收投资方式筹集资金时，一般投资者可以用下列资产作价出资：

第一，以现金出资。以现金出资是吸收投资中一种最重要的出资方式。有了现金，便可获取其他物质资源。因此，企业应尽量动员投资者采用现金方式出资。吸收投资中所需投入现金的数额，取决于投入的实物、工业产权之外尚需多少资金来满足建厂的开支和日常周转的需要。

第二，以实物出资。以实物出资就是投资者以厂房、建筑物、设备等固定资产和原材料、商品等流动资产所进行的投资。企业吸收的实物一般应符合以下条件：一是确为企业科研、生产、经营所需；二是技术性能比较好；三是作价公平、合理。实物出资所涉及的实物作价方法应按国家的有关规定执行。

第三，以工业产权出资。以工业产权出资是指投资者以专利权、专有技术、商标权等无形资产所进行的投资。企业吸收的工业产权一般应符合以下条件：一是能帮助研究和开发出新的高科技产品；二是能帮助生产出适销对路的高科技产品；三是能帮助改进产品质量，提高生产效率；四是能帮助企业大幅度降低各种消耗；五是作价比较合理。

第四，以土地使用权出资。土地使用权是指按有关法规和合同的规定使用土地的权利。企业吸收投资者用土地使用权作为出资额时，一般应符合以下条件：一是企业科研、生产、销售活动需要；二是交通、地理条件比较适宜；三是作价公平、合理。

2. 吸收直接投资的程序

企业吸收直接投资，一般应遵循以下程序：第一，确定筹资数量；第二，联系投资者；第三，协商投资事项；第四，签署投资协议；第五，共享投资利润。

3. 吸收直接投资的优缺点

吸收直接投资的优点是有利于增强企业信誉；有利于尽快形成生产能力；有利于降低财务风险。

吸收直接投资的缺点是资金成本较高，容易分散企业控制权。如果某个投资者的出资比例较大，则该投资者对企业的经营管理就会有相当大的控制权，不利于企业治理。

（二）发行普通股

股票是股份公司为筹集权益资本而发行的有价证券，是公司签发的证明股东所持股份的书面凭证，它代表了股东对股份制公司的所有权，发行普通股是股份公司筹集权益资本的主要方式。

1. 股票的类型

股份有限公司根据筹资与投资的需要，可发行各种不同种类的股票。

（1）按股东权益不同分为普通股票和优先股票

普通股票是股份公司依法发行的具有管理权、股利不固定的股票，它是公司最基本的股票。普通股股东具有如下权利：第一，公司的经营管理权；第二，剩余财产的要求权；第三，新股发行的优先认股权；第四，红利分配权。

优先股是公司发行的优于普通股份的股息和公司剩余财产的股票。

（2）按股票票面是否记名分为记名股票和无记名股票

记名股票是在股票上载有股东姓名或名称并将其记入公司股东名册的一种股票。记名股票要同时附有股权手册，只有同时具备股票和股权手册，才能领取股息和红利。记名股票一律用股东本名，记名股票的转让、继承都要办理过户手续。

无记名股票是指在股票上不记载股东姓名或名称的股票。凡持有无记名股票都可成为公司股东。无记名股票的转让、继承无须办理过户手续，只要将股票交给受让人，就可发生转让效力，移交股权。

公司向发行人、国家授权投资的机构和法人发行的股票，应当为记名股票。对社会公众发行的股票，可以为记名股票，也可以为无记名股票。

可见，记名股票与无记名股票相比，前者的发行和流通较为规范，公司能够通过股东名册来了解公司主要的股东结构，并且在一定程度上减少股东的股票保管风险；而后者则有利于二级市场的流通，但不利于公司对自身股东结构的了解，同时，股票的保管风险较大。

（3）按股票票面上有无金额分为面值股票和无面值股票

面值股票，是指在股票的票面上记载每股金额的股票。股票面值的主要功能是确定每股股票在公司所占有的份额；另外，还表明在有限公司中股东对每股股票所负有限责任的最高限额。

无面值股票，是指股票票面不记载每股金额的股票。无面值股票仅表示每一股在公司全部股票中所占有的比例。也就是说，这种股票只在票面上注明每股占公司全部净资产的比例，其价值随公司财产价值的增减而增减。

（4）按发行对象和上市地区分为 A 股、B 股、H 股和 N 股等

A 股是以人民币标明票面金额并以人民币认购和交易的股票；B 股是以人民币标明票面金额，以外币认购和交易的股票；H 股为在香港上市的股票；N 股是在纽约上市的股票。

2. 普通股筹资的优缺点

（1）普通股筹资的优点

发行普通股是公司筹集资金的一种基本方式，其优点主要有：

第一，没有固定利息负担。公司有盈余，并认为适合分配股利，就可以分给股东；公司盈余较少，或虽有盈余，但资金短缺，或有更有利的投资机会，就可少支付或不支付股利。

第二，没有固定到期日，不用偿还。利用普通股筹集的是永久性的资金，除非公司清算才须偿还，它对保证企业最低的资金需求有重要意义。

第三，筹资风险小。由于普通股没有固定到期日，不用支付固定的利息，此种筹资实际上不存在不能偿付的风险，因此风险最小。

第四，能增加公司的信誉。普通股本与留存收益构成公司所借入一切债务的基础。有了较多的自有资金，就能为债权人提供较大的损失保障。因而，普通股筹资既可以提高公司的信用价值，同时也为使用更多的债务资金提供了强有力的支持。

第五，筹资限制较少。利用优先股或债券筹资，通常有许多限制，这些限制往往会影响公司经营的灵活性，而利用普通股筹资则没有这种限制。

（2）普通股筹资的缺点

第一，资金成本较高。一般来说，普通筹资的成本要大于债务资金，这主要是股利要从净利润中支付，而债务资金的利息可在税务前扣除，另外，普通股的发行费用也比较高。

第二，容易分散控制权。利用普通股筹资，出售了新的股票，引进了新的股东，容易导致公司控制权的分散。

第三，新股东分享公司未发行新股前积累的盈余，会降低普通股的每股净收益，从而可能引起股价的下跌。

（三）发行优先股

优先股是一种特别股票，它与普通股有许多相似之处，但又具有债券的某些特征。但从法律的角度来讲，优先股属于自有资金。

优先股股东所拥有的权利与普通股股东近似。优先股的股利不能像债务利息那样从税前扣除，而必须从净利润中支付。但优先股有固定的股利，这与债券利息相似，优先股对盈利的分配和剩余资产的求偿具有优先权，这也类似于债券。

1. 优先股的类型

按不同标准，可对优先股做不同分类，最主要的分类方式如下所述：

（1）按股利能否累积分为累积优先股和非累积优先股

累积优先股是指在任何营业年度内未支付的股利可累积起来，由以后营业年度的盈利一起支付的优先股股票；非累积优先股是仅按当年利润分派股利，而不予以累积补付的优先股股票。也就是说，如果本年度的盈利不足以支付全部优先股股利，对所积欠的部分，公司不予累积计算，优先股股东也不能要求公司在以后年度中予以补发。

（2）按能否转换为普通股股票分为可转换优先股与不可转换优先股

可转换优先股是股东可在一定时期内按一定比例把优先股转换成普通股的股票。转换的比例是事先确定的，其数值大小取决于优先股与普通股的现行价格；不可转换优先股只能获得固定股利报酬，而不能获得转换收益。

（3）按能否参与剩余利润分配分为参与优先股和非参与优先股

参与优先股是指不仅能取得固定股利，还有权与普通股一同参与利润分配的股票。根据参与利润分配的方式不同，又可分为全部参与分配的优先股和部分参与分配的优先股。前者表现为优先股股东有权与普通股股东共同等额分享本期剩余利润，后者则表现为优先股股东有权按规定额度与普通股股东共同参与利润分配，超过规定额度部分的利润，归普通股股东所有；非参与优先股是指不能参与剩余利润分配，只能取得固定股利的优先股。

（4）按能否有赎回优先股票的权利分为可赎回优先股和不可赎回优先股

可赎回优先股，是指股份公司可以按一定价格收回的优先股票。在发行这种股票时，一般都附有收回性条款，在收回条款中规定了赎回该股票的价格。此价格一般略高于股票的面值；不可赎回优先股是指不能收回的优先股股票。因为优先股都有固定股利，所以，不可赎回优先股一经发行，便会成为一项永久性的财务负担。因此，在实际工作中，大多数优先股均是可赎回优先股，而不可赎回优先股则很少发行。

从以上介绍可以看出，累积优先股、可转换优先股、参与优先股均对股东有利，而可赎回优先股则对股份公司有利。

2. 优先股筹资的优缺点

（1）优先股筹资的优点

第一，没有固定到期日，不用偿还本金。事实上等于使用的是一笔无限期的贷款，无偿还本金义务，也无须再做筹资计划。但大多数优先股又附有收回条款，这就使得使用这种资金更有弹性。当财务状况较弱时发行，而财务状况转强时收回，有利于结合资金需求，同时也能控制公司的资金结构。

第二，股利支付既固定，又有一定弹性。一般而言，优先股都采用固定股利，但固定股利的支付并不构成公司的法定义务。如果财务状况不佳，则可暂时不支付优先股股利，那么，优先股股东也不能像债权人一样迫使公司破产。

第三，有利于增强公司信誉。从法律上讲，优先股属于自有资金，因而，优先股扩大了权益基础，可适当增加公司的信誉，加强公司的借款能力。

（2）优先股筹资的缺点

第一，筹资成本高。优先股所支付的股利要从税后利润中扣除，不同于债务利息可在税前扣除，因此，优先股成本很高。

第二，筹资限制多。发行优先股，通常有许多限制条款，如对普通股股利支付上的限制、对公司借债限制等。

第三，财务负担重。优先股需要支付固定股利，但又不能在税前扣除，所以当利润下降时，优先股的股利会成为公司一项较重的财务负担。

（四）留存收益筹资

1. 留存收益的性质

留存收益包括盈余公积和未分配利润，属于企业税后净利留存部分。形成留存收益的主要原因包括从法律角度，为了保护债权人的利益以及维护企业的可持续发展，限制企业将获得的利润全额分配。

2. 留存收益的筹资渠道

（1）提取盈余公积

提取盈余公积是根据相关的法律规定，依据每年的净利润的10%进行提取的。经提取的盈余公积形成了企业的积累资金——盈余公积金，该部分资金为指定用途资金，即主要用于企业的经营发展、转增资本或弥补以前年度的经营亏损，不得用于对外分配。

（2）未分配利润

未分配利润是指没有指定用途的净利润，属于企业的累积留存，可以用于企业的经营发展、转增资本（股本）、弥补以前年度的经营亏损和以后年度的利润分配。

3. 利用留存收益筹资的优缺点

（1）利用留存收益筹资的优点

第一，节省筹资费用。与普通股筹资相比，留存收益属于企业自有资金，没有运作、发行等筹资费用，降低了资金成本。

第二，维持企业的控制权分布。利用留存收益筹资，避免了对外发行新股或吸收新的投资者对原有股东控制权的稀释，保持了企业的股权结构。

（2）利用留存收益筹资的缺点

利用留存收益筹资的数额有限。企业的留存收益是企业经营积累形成的，取决于企业以往的盈利状况和分配政策，其数额必定是有限的，而不同的外部筹资可以一次性筹集大量资金。如果企业发生亏损，那么当年就没有利润留存。另外，股东和投资者从自身期望出发，往往希望企业每年发放一定的利润，保持一定的利润分配比例。

二、负债资金的筹集

负债资金筹集的方式主要有向银行借款、发行债券、融资租赁、利用商业信用等。

（一）向银行借款

1. 银行借款的种类

银行借款的种类很多，可按不同标准进行不同的分类。

（1）按借款的期限分为短期借款和长期借款

短期借款是指借款期限在一年以内的借款，主要有生产周转借款、临时借款、结算借款等。长期借款是指借款期限在一年以上的借款，主要有基本建设贷款、更新改造贷款、科技开发和新产品试制贷款等。

（2）按借款的条件分为信用借款、担保借款和票据贴现

信用借款是指以借款人的信誉为依据而获得的借款，企业取得这种借款，无须以财产做抵押；担保借款是指以一定的财产做抵押或以一定的保证人做担保为条件所取得的借款，如企业长期借款的抵押品常常是房屋、建筑物、机器设备、股票和债券等；票据贴现是指企业以持有的未到期的商业票据向银行贴付一定的利息而取得的借款。

（3）按提供贷款的机构分为政策性银行贷款和商业银行贷款

政策性银行是指由政府设立，以贯彻国家产业政策、区域发展政策为目的，不以营利为目的的金融机构。我国目前有三家政策性银行：国家开发银行、中国进出口银行、中国农业发展银行。

商业银行是以经营存款、放款、办理转账结算为主要业务，以营利为主要经营目标的金融企业。我国商业银行可以分成两类：一是国有独资商业银行，是由国家专业银行演变而来的，包括中国工商银行、中国农业银行、中国银行、中国建设银行；二是股份制商业银行，是1987年以后发展起来的，包括交通银行、深圳发展银行、中信实业银行、中国光大银行、华夏银行、招商银行、兴业银行、上海浦东发展银行、中国民生银行以及原城

市合作银行等。

商业银行向工商企业提供的贷款,主要用以满足企业日常生产经营的资金需要。

2. 银行借款筹资的优缺点

(1) 银行借款筹资的优点

第一,筹资速度快。银行借款与发行证券相比,一般所需时间较短,可以迅速地获取资金。

第二,筹资成本低。就目前我国情况来看,利用银行借款所支付的利息比发行债券所支付的利息低。另外,也无须支付大量的发行费用。

第三,借款弹性好。企业与银行可以通过直接商谈,来确定借款的时间、数量和利息。在借款期间,如果企业情况发生了变化,也可与银行进行协商,修改借款的数量和条件。借款到期后,如有正当理由,还可延期归还。

(2) 银行借款筹资的缺点

第一,财务风险较大。企业举借长期借款,必须定期还本付息,在经营不利的情况下,可能会产生不能偿付的风险,甚至会导致破产。

第二,限制条款较多。企业与银行签订的借款合同中,一般都有一些限制条款,如定期报送有关报表、不准改变借款用途等,这些条款可能会限制企业的经营活动。

第三,筹资数额有限。银行一般不愿借出巨额的长期借款。因此,利用银行借款筹资都有一定的上限。

(二) 发行公司债券

公司债券是指公司依照法定程序发行的,约定在一定期限还本付息的有价证券。

1. 债券的类型

(1) 按有无抵押担保分为信用债券、抵押债券和担保债券

信用债券是仅凭债券发行者的信用发行的、没有抵押品做抵押或担保人做担保的债券,企业发行信用债券往往有许多限制条件,这些限制条件中最重要的称为反抵押条款,即禁止企业将其财产抵押给其他债权人。由于这种债券没有具体财产做抵押,因此,只有历史悠久、信誉良好的公司才能发行这种债券。抵押债券是指以一定抵押品做抵押而发行的债券。当企业没有足够的资金偿还债券时,债权人可将抵押品拍卖以获取资金。抵押债券按抵押物品的不同,又可分为不动产抵押债券、设备抵押债券和证券抵押债券;担保债券是指由一定保证人做担保而发行的债券。当企业没有足够的资金偿还债务时,债权人可要求保证人偿还。

（2）按是否记名分为记名债券和无记名债券

记名债券是指在券面上注明债权人姓名或名称，同时在发行公司的债权人名册上进行登记的债券。转让记名债券时，除要交付债券外，还要在债券上背书和在公司债权人名册上更换债权人姓名或名称。投资者须凭印鉴领取本息。无记名债券是指债券票面未注明债权人姓名或名称，也不用在债权人名册上登记债权人姓名或名称的债券。无记名债券在转让同时随即生效，无须背书。记名债券有利于企业掌握债券持有人情况，也有利于提高持券人的持券安全；不记名债券有利于持券人间的相互转让，降低持券人和发行企业的转让成本。

（3）按能否转换为本公司股票分为可转换债券和不可转换债券

可转换债券，是指在一定时期内，可以按规定的价格或一定比例，由持有人自由地选择转换为普通股的债券。不能享有这种权利的债券则为不可转换债券。

（4）按能否提前收兑分为提前收兑债券和不可提前收兑债券

可提前收兑债券，是企业按照发行时的条款规定，依一定条件和价格在企业认为合适的时间收回债券，这类债券的好处是当利率降低时，企业可用"以新换旧"的办法，收回已发行的利率较高的债券，代之以新的、利率相对较低的债券，以降低债务成本；不可提前收兑债券，是指不能依条款从债权人手中提前收回的债券，它只能在证券市场上按市价买回，期后收回。

2. 债券筹资的优缺点

（1）债券筹资的优点

第一，债券成本低。与股票筹资相比，债券筹资成本低。发行费用较低，债息在税前支付，有一部分利息由政府负担了。第二，有利于保障股东对公司的控制权。债券持有者无权参与企业管理决策。债券筹资，既不会稀释股东对公司的控制权，又能扩大公司投资规模；第三，可以发挥财务杠杆作用。由于债券的利息固定，不会因企业利润增加而增加持券人的收益额，从而能为股东带来杠杆效益，增加股东和公司的财富。第四，有利于调整资本结构。如果公司发行了可转换债券或可提前收兑债券，则对企业主动调整其资本结构十分有利。

（2）债券筹资的缺点

第一，筹资风险高。债券本息偿付义务的固定性，易导致公司在收益锐减时，因无法履行其义务而濒于破产，增加破产成本和风险。第二，限制条件多。发行债券的契约书中往往有一些限制条款。这种限制比优先股及短期债务严得多，可能会影响企业的正常发展和以后的筹资能力。第三，筹资额有限。公司利用债券筹资要受额度限制，一是国家规定的企业债券年度发行规模的限制；二是公司法对具体某一公司的发行数量限制。

(三) 可转换公司债券

1. 可转换公司债券的分类

可转换公司债券简称可转换债券，是一种兼具股权与债务特征的混合型证券，是公司普通债券与证券期权的组合体。可转换债券的持有人在一定期限内，可以按照事先规定的价格或者转换比例，自由地选择是否转换为公司普通股。

按照转股权是否与可转换债券分离，可转换债券可以分为两类。一类是一般可转换债券，其转股权与债券不可分离，持有者直接按照债券面额和约定的转股价格，在约定的期限内将债券转换为股票；另一类是可分离交易的可转换债券，这类债券在发行时附有认股权证，是认股权证和公司债券的组合，又被称为"可分离的附认股权证的公司债"，发行上市后公司债券和认股权证各自独立流通、交易。认股权证的持有者认购股票时，需要按照认购价（行权价）出资购买股票。

2. 可转换公司债券筹资的优缺点

（1）可转换债券筹资的优点

第一，有利于减少利息支出。可转换债券的利率低于同一条件下不可转换债券的利率，可减少公司的利息支出。第二，有利于资金的筹集。可转换债券一方面给予债券持有人以优惠的价格转换公司股票的好处；另一方面又向其提供了进行债权投资和股权投资的选择权，便于债券的发行和资金的筹集。第三，有利于稳定股票价格。可转换债券的转换价格一般高于其发行时的公司股票价格，因此在发行新股票或配股时机不佳时，可以先发行可转换债券，然后通过转换实现较高价位的股权筹资。此外，可转换债券的转换期较长，有利于稳定公司股票市价。第四，有利于减少对每股收益的稀释。由于可转换债券的转换价格高于其发行时的股票价格，转换成的股票股数相对较少，有利于降低因增发股票对公司每股收益的稀释度。第五，有利于减少有关各方的利益冲突。由于可转换债券持有人中的相当一部分人日后会将其持有的债券转换成普通股，因此发行可转换债券对公司的偿债压力不会太大，一般不会受到其他债权人的反对，受其他债务的限制性约束较少。同时，可转换债券持有人是公司的潜在股东，与公司的利益冲突也较少。

（2）可转换债券筹资的缺点

第一，存在股价上扬风险。如果在可转换债券的转换时股票价格大幅度上扬，公司只能以较低的固定转换价格换出股票，以致减少公司的筹资额。第二，存在财务风险和回售风险。发行可转换债券后，如果公司业绩不佳，股价长期低迷，或虽然公司业绩尚可，但股价随大盘下跌，持券者没有如期转换普通股，则会增加公司偿还债务的压力，加大公司的财务风险，特别是在订有回售条款的情况下，公司短期内集中偿还债务的压力会更明显。第三，综合资金成本上升。可转换债券转换成普通股后，其原有的低利息优势不复存在，公司将要承担较高的普通股成本，从而可能导致公司的综合资金成本上升。

（四）融资租赁

1. 融资租赁的类型

融资租赁按业务特点，可分为三种类型：

（1）直接租赁

直接租赁是指承租人直接向出租人租入所需的资产，并付出租金。直接租赁的出租人主要是制造厂商、租赁公司。除制造厂商外，其他出租人都是从制造厂商购买资产出租给承租人。通常所指的融资租赁，不做特别说明时即为直接租赁。

（2）售后回租

售后回租是由承租人将所购置设置出售给出租人，然后租回设备并使用。租赁业务进行的程序是先做资产买卖交易，然后再进行资产租赁交易。在这种方式下，它既可解决承租人资金急需，得到一笔相当于资产市价的现金用于其他资产的购置或现金支付，又可在租赁期内用每年支付的租金换取原来属于自己的资产的使用权。

（3）杠杆租赁

杠杆租赁一般要涉及承租人、出租人和资金出借者三方当事人。从承租人的角度来看，与其他租赁形式没有区别，但对出租人却不同，出租人只出购买资产所需的部分资金，作为自己的投资，另外以该资产作为担保向资金出借者借入其余资金。因此，它既是出租人又是借款人，同时拥有对资产的所有权，既收取租金又要偿付债务。如果出租人不能按期偿还借款，那么资产的所有权转归资金出借者。通常，采用杠杆租赁形式一般适用于金额较大的设备项目。

2. 融资租赁的优缺点

（1）融资租赁的优点

第一，筹资速度快，租赁往往比借款购置设备更迅速、更灵活，因为租赁是筹资与设备购置同时进行，可以缩短设备的购进、安装时间，使企业尽快形成生产能力，有利于企业尽快占领市场，打开销路。

第二，限制条款少。如前所述，债券和长期借款都有相当多的限制条款，虽然类似的限制在租赁公司中也有，但一般比较少。

第三，设备淘汰风险小。当今，科学技术在迅速发展，固定资产更新周期日趋缩短。企业设备陈旧过时的风险很大，利用租赁集资可减少这一风险。这是因为融资租赁的期限一般为资产使用年限的75%，不会像自己购买设备那样整个期间都承担风险；且多数租赁协议都规定由出租人承担设备陈旧过时的风险。

第四，财务风险小。租金在整个租期内分摊，不用到期归还大量本金。许多借款都在到期日一次偿还本金，这会给财务基础较弱的公司造成相当大的困难，有时会造成不能偿付的风险，而租赁则把这种风险在整个租期内分摊，可适当减少不能偿付的风险。

第五，税收负担轻。租金可在税前扣除，具有抵免所得税的效用。

（2）融资租赁的缺点

融资租赁筹资的最主要缺点就是资金成本较高。一般来说，其租金要比银行借款或发行债券所负担的利息高得多。在企业财务困难时，固定的租金也会构成一项较沉重的负担。

第八章 投资管理

第一节 项目投资管理

一、项目投资概述

（一）项目投资的含义与类型

1. 项目投资的含义

项目投资，广义地说是指企业为了在未来取得收益而发生的投入财力的行为。它包括用于机器、设备、厂房的购建与更新改造等生产性资产的投资，简称项目投资；也包括购买债券、股票等有价证券的投资和其他类型的投资。这里所介绍的项目投资是一种以特定项目为对象，直接与新建项目或更新改造项目有关的长期投资行为。

2. 项目投资的类型

项目投资主要分为新建项目和更新改造项目两种：

（1）新建项目

新建项目是以新建生产能力为目的的外延式扩大再生产。新建项目按其涉及内容又可细分为单纯固定资产投资项目和完整工业投资项目。

单纯固定资产投资项目简称固定资产投资，其特点在于：在投资中只包括为取得固定资产而发生的垫支资本投入，而不涉及周转资本的投入。

完整工业投资项目，其特点在于：不仅包括固定资产投资，而且涉及流动资金投资，甚至包括无形资产等其他长期资产投资。

（2）更新改造项目

更新改造项目是以恢复或改善生产能力为目的的内涵式扩大再生产。因此，不能将项目投资简单地等同于固定资产投资。项目投资对企业的生存和发展具有重要意义，是企业开展正常生产经营活动的必要前提,是推动企业生产和发展的重要基础,是提高产品质量、降低产品成本不可缺少的条件,是增加企业市场竞争能力的重要手段。

(二) 项目投资的特点与意义

1. 项目投资的特点

项目投资是指以特定建设项目为投资对象的一种长期投资行为。与其他形式的投资相比,项目投资具有投资内容独特(每个项目都至少涉及一项形成固定资产的投资)、投资数额大、影响时间长(至少1年或一个营业周期以上)、发生频率低、变现能力差和投资风险高的特点。

2. 项目投资的意义

从宏观角度看,项目投资有以下两方面的积极意义:

第一,项目投资是实现社会资本积累功能的主要途径,也是扩大社会再生产的重要手段,有助于促进社会经济的长期可持续发展;

第二,增加项目投资,能够为社会提供更多的就业机会,提高社会总供给量,不仅可以满足社会需求的不断增长,而且会拉动社会消费的增长。

从微观角度看,项目投资有以下三方面的积极意义:

第一,增强投资者经济实力。投资者通过项目投资,扩大其资本积累规模,提高其收益能力,增强其抵御风险的能力。

第二,提高投资者创新能力。投资者通过自主研发和购买知识产权,结合投资项目的实施,实现科技成果的商品化和产业化,不仅可以不断地获得技术创新,而且能够为科技转化为生产力提供更好的业务操作平台。

第三,提升投资者市场竞争能力。市场竞争不仅是人才的竞争、产品的竞争,而且从根本上说是投资项目的竞争。一个不具备核心竞争能力的投资项目是注定要失败的。无论是投资实践的成功经验还是失败的教训,都有助于促进投资者自觉按市场规律办事,不断提升其市场竞争力。

(三) 项目投资的程序

1. 投资项目的设计

投资规模较大,所需资金较多的战略性项目,应由董事会提议,由各部门专家组成专家小组提出方案并进行可行性研究。投资规模较小、投资金额不大的战术性项目,由主管部门提议,并由有关部门组织人员提出方案并做可行性研究。

2. 项目投资的决策

项目投资的决策包括以下几点：

第一，估算出投资方案的预期现金流量；

第二，预计未来现金流量的风险，并确定预期现金流量的概率分布和期望值；

第三，确定资本成本的一般水平，即贴现率；

第四，计算投资方案现金流入量和流出量的总现值；

第五，通过项目投资决策评价指标的计算，做出投资方案是否可行的决策。

3. 项目投资的执行

对已做出可行决策的投资项目，企业管理部门要编制资金预算，并筹措所需要的资金，在投资项目实施过程中，要进行控制和监督，使之能够按期按质完工，投入生产，为企业创造经济效益。

（四）投资项目的可行性研究

1. 可行性研究的概念

可行性是指一项事物可以做到的、现实行得通的、有成功把握的可能性。就企业投资项目而言，其可行性就是指对环境的不利影响最小，技术上具有先进性和适应性，产品在市场上能够被容纳或被接受，财务上具有合理性和较强的盈利能力，对国民经济有贡献，能够创造社会效益。

广义的可行性研究是指在现代环境中，组织一个长期投资项目之前，必须进行有关该项目投资必要性的全面考察与系统分析，以及有关该项目未来在技术、财务乃至国际经济等诸方面能否实现其投资目标的综合论证与科学评价。它是有关决策人做出正确可靠的投资决策的前提与保证。

狭义的可行性研究专指在实施广义可行性研究过程中，与编制相关研究报告相联系的有关工作。

2. 广义的可行性研究的内容

广义的可行性研究包括机会研究、初步可行性研究和最终可行性研究三个阶段，具体又包括环境与市场分析、技术与生产分析和财务可行性评价等主要分析内容。

（1）环境与市场分析

①建设项目的环境影响评价

在可行性研究中，必须开展建设项目的环境影响评价。所谓建设项目的环境，是指建设项目所在地的自然环境、社会环境和生态环境的统称。

建设项目的环境影响报告书应当包括下列内容：a. 建设项目概况；b. 建设项目周围

环境现状；c. 建设项目对环境可能造成影响的分析、预测和评估；d. 建设项目环境保护措施及其技术、经济论证；e. 建设项目对环境影响的经济损益分析；f. 对建设项目实施环境监测的建议；g. 环境影响评价的结论。

建设项目的环境影响评价属于否决性指标，凡未开展或没有通过环境影响评价的建设项目，不论其经济可行性和财务可行性如何，一律不得采用。

②市场分析

市场分析又称市场研究，是指在市场调查的基础上，通过预测未来市场的变化趋势，了解拟建项目产品的未来销路而开展的工作。

进行投资项目可行性研究，必须从市场分析入手。因为一个投资项目的设想，大多来自市场分析的结果或源于某一种自然资源的发现和开发，以及某一项新技术、新设计的应用。即使是后两种情况，也必须把市场分析放在可行性研究的首要位置。如果市场对于项目的产品完全没有需求，项目仍不能成立。

市场分析要提供未来运营期不同阶段的产品年需求量和预测价格等预测数据，同时要综合考虑潜在或现实竞争产品的市场占有率和变动趋势，以及人们的购买力及消费心理的变化情况。这项工作通常由市场营销人员或委托的市场分析专家完成。

（2）技术与生产分析

①技术分析

技术是指在生产过程中由系统的科学知识、成熟的实践经验和操作技艺综合而成的专门的学问和手段。它经常与工艺通称为工艺技术，但工艺是指为生产某种产品所采用的工作流程和制造方法，不能将两者混为一谈。

广义的技术分析是指在构成项目组成部分及发展阶段上一切与技术问题有关的分析论证与评价。它贯穿于可行性研究的项目确立、厂址选择、工程设计、设备选型和生产工艺确定等各项工作，成为与财务可行性评价相区别的技术可行性评价的主要内容。狭义的技术分析是指对项目本身所采用工艺技术、技术装备的构成以及产品内在的技术含量等方面的内容进行的分析研究与评价。

技术可行性研究是一项十分复杂的工作，通常由专业工程师完成。

②生产分析

生产分析是指在项目确保能够通过对环境影响评价的前提下，所进行的厂址选择分析、资源条件分析、建设实施条件分析、投产后生产条件分析等一系列分析工作。厂址选择分析包括选点和定址两方面的内容。前者主要是指建设地区的选择，主要考虑生产力布局对项目的约束；后者主要是指项目具体地理位置的确定。在厂址选择时，应通盘考虑自然因素（包括自然资源和自然条件）、经济技术因素、社会政治因素和运输及地理位置因素。

生产分析涉及的因素多，问题复杂，需要组织各方面专家分工协作才能完成。

(3) 财务可行性分析

财务可行性分析，是指在已完成相关环境与市场分析、技术与生产分析的前提下，围绕已具备技术可行性的建设项目而开展的，有关该项目在财务方面是否具有投资可行性的一种专门分析评价。

二、财务可行性要素的估算

（一）项目投资的内容

从项目投资的角度看，原始投资（又称初始投资）等于企业为使该项目完全达到设计生产能力、开展正常经营而投入的全部现实资金，包括建设投资和流动资金投资两项内容。

1. 建设投资

建设投资，是指在建设期内按一定生产经营规模和建设内容进行的投资，具体包括固定资产投资、无形资产投资和其他资产投资三项内容。

固定资产投资，是指项目用于购置或安装固定资产应当发生的投资。固定资产原值与固定资产投资之间的关系如下：

$$固定资产原值=固定资产投资+建设期资本化借款利息$$

无形资产投资，是指项目用于取得无形资产应当发生的投资。

其他资产投资，是指建设投资中除固定资产投资和无形资产投资以外的投资，包括生产准备和开办费投资。

2. 流动资金投资

流动资金投资，是指项目投产前后分次或一次投放于流动资产项目的投资增加额，又称垫支流动资金或营运资金投资。

项目总投资是反映项目投资总体规模的价值指标，等于原始投资与建设期资本化利息之和。

（二）项目投资资金的投入方式

原始投资的投入方式包括一次投入和分次投入两种形式。一次投入方式是指投资行为集中一次发生在项目计算期第一个年度的年初或年末；如果投资行为涉及两个或两个以上年度，或虽然只涉及一个年度但同时在该年的年初和年末发生，则属于分次投入方式。

（三）现金流量

1. 现金流量的含义

现金流量又称现金流动，在项目投资决策中，指投资项目在其计算期内因资本循环而可能或应该发生的各项现金流入与现金流出的统称。它以收付实现制为基础，以反映广义现金（货币资本）运动为内容，是计算投资决策评价指标的主要根据和关键信息之一。

以现金流量作为长期投资的重要信息有如下几方面的优点：

第一，现金的收支运动可以序时动态地反映投资的流向与回收的投入产出关系，使决策者处于投资主体的立场上，便于更完整全面地评价投资的效益。

第二，采用现金流量可以回避在贯彻权责发生制时，必然要遇到的因存货估价及费用摊配的会计方法不一致而导致的不同方案利润指标相关性差、透明度不高的缺陷，使不同投资项目具有可比性。另外，还因排除了非现金收付内部周转的资本运动形式而简化了计算过程。

第三，利用现金流量使应用货币时间价值的形式进行动态投资效果的综合评价成为可能。

2. 现金流量的内容

不同类型的投资项目，其现金流量的具体内容存在差异。

（1）单纯固定资产投资项目的现金流量

单纯固定资产投资项目是指只涉及固定资产投资而不涉及无形资产投资、其他资产投资和流动资金投资的建设项目。它以新增生产能力、提高生产效率为特征。其现金流量具体表现在以下几方面：

①现金流入量

单纯固定资产投资项目的现金流入量包括增加的营业收入和回收固定资产余值等内容。

②现金流出量

单纯固定资产投资项目的现金流出量包括固定资产投资、新增经营成本和增加的各项税款等内容。

（2）完整工业投资项目的现金流量

完整工业投资项目简称新建项目，是以新增工业生产能力为主的投资项目，其投资内容不仅包括固定资产投资，而且还包括流动资金投资。其现金流量具体表现在以下几方面：

①现金流入量

完整工业投资项目的现金流入量包括营业收入、补贴收入、回收固定资产余值和回收流动资金。

②现金流出量

完整工业投资项目的现金流出量包括建设投资、流动资金投资、经营成本、营业税金及附加、维持运营投资和调整所得税。

（3）固定资产更新改造投资项目的现金流量

固定资产更新改造投资项目可分为以恢复固定资产生产效率为目的的更新项目和以改善企业经营条件为目的的改造项目两种类型。其现金流量具体表现在以下几方面：

①现金流入量

固定资产更新改造投资项目的现金流入量包括因使用新固定资产而增加的营业收入、处置旧固定资产的变现净收入，以及新旧固定资产回收固定资产余值的差额等内容。

②现金流出量

固定资产更新改造投资项目的现金流出量包括购置新固定资产的投资、因使用新固定资产而增加的经营成本、因使用新固定资产而增加的流动资金投资和增加的各项税款等内容。其中，因提前报废旧固定资产所发生的清理净损失而发生的抵减当期所得税税额用负值表示。

3. 计算投资项目现金流量的假设

（1）全投资假设

全投资假设即假设在确定项目的现金流量时，只考虑全部投资的运动情况，不论是自有资金还是借入资金等具体形式的现金流量，都将其视为自有资金。

（2）建设期投入全部资金假设

建设期投入全部资金假设即项目的原始总投资不论是一次投入还是分次投入，均假设它们是在建设期内投入的。

（3）项目投资的经营期与折旧年限一致假设

项目投资的经营期与折旧年限一致假设，即指假设项目主要固定资产的折旧年限或使用年限与其经营期相同。

（4）时点指标假设

时点指标假设即现金流量的具体内容所涉及的价值指标，不论是时点指标还是时期指标，均假设按照年初或年末的时点处理。其中，建设投资在建设期内有关年度的年初发生；垫支的流动资金在建设期的最后一年年末即经营期的第一年年初发生；经营期内各年的营业收入、付现成本、折旧、利润、所得税等项目的确认均在年末发生；项目最终报废或清理，回收流动资金均发生在经营期最后一年年末。

（5）确定性假设

确定性假设即假设与项目现金流量估算有关的价格、产销量、成本水平、所得税率等因素均为已知常数。

4. 完整工业投资项目现金流量的估算

由于项目投资的投入、回收及收益的形成均以现金流量的形式表现，因此，在整个项目计算期的各个阶段上，都有可能发生现金流量。必须逐年估算每一时点上的现金流入量和现金流出量。下面介绍以完整工业项目为代表的长期投资项目现金流量的估算方法：

（1）现金流入量的估算

第一，营业收入是运营期最主要的现金流入量，应按项目在经营期内有关产品的各年预计单价和预测销售量进行估算；

第二，补贴收入是与经营期收益有关的政府补贴，可根据按政策退还的增值税、按销量或工作量分期计算的定额补贴和财政补贴等予以估算；

第三，在终结点上一次回收的流动资金等于各年垫支的流动资金投资额的会计数。

回收流动资金和回收固定资产余值统称为回收额，假定新建项目的回收额都发生在终结点。

（2）现金流出量的估算

①建设投资的估算

固定资产投资是所有类型的项目投资在建设期必然会发生的现金流出量，应按项目规模和投资计划所确定的各项建筑工程费用、设备购置费用、安装工程费用和其他费用来估算。无形资产投资和其他资产投资应根据需要和可能，逐项按有关资产的评估方法和计价标准进行估算。在估算构成固定资产原值的资本化利息时，可根据长期借款本金、建设期年数和借款利息率按复利计算，且假定建设期资本化利息只计入固定资产的原值。

②流动资金投资的估算

在项目投资决策中，流动资金是指在运营期内长期占用并周转使用的营运资金。估算可按下式进行：

某年流动资金投资额（垫支数）= 本年流动资金需用额－截至上年的流动资金投资额

= 本年流动资金需用额－上年流动资金需用额

本年流动资金需用额 = 该年流动资产需用额－该年流动负债需用额

由于流动资金属于垫付周转金，因此在理论上，投产第一年所需的流动资金应在项目投产前安排，即最晚应发生在建设期末。

(3) 经营成本的估算

经营成本又称付现的营运成本（或简称付现成本），是指在运营期内为满足正常生产经营而动用现实货币资金支付的成本费用。经营成本是所有类型的项目投资在运营期都要发生的主要现金流出量，它与融资方案无关。其估算公式为

某年经营成本=该年外购原材料燃料和动力费+该年工资及福利费+该年其他费用

=该年不包括财务费用的总成本-该年折旧额-该年无形资产和开办费的摊销额

其中，其他费用是指从制造费用、管理费用和销售费用中扣除的折旧费、摊销费、材料费、修理费、工资及福利费以后的余额。

5. 净现金流量的确定

净现金流量（又称现金净流量），是指在项目计算期内由该年现金流入量与该年现金流出量之间的差额所形成的序列指标。其理论计算公式为

某年净现金流量（NCF_t）= 该年现金流入量-该年现金流出量

$= CI_t - CO_t (t = 0, 1, 2, \cdots)$

为了简化计算，这里假定只有完整工业投资项目和单纯固定资产投资项目考虑所得税前后净现金流量的两种形式；更新改造项目只考虑所得税后净现金流量这种形式。

现金流量表包括项目投资现金流量表、项目资本金现金流量表和投资各方现金流量表等形式。

项目投资现金流量表要详细列示所得税前净现金流量、累计所得税前净现金流量、所得税后净现金流量和累计所得税后净现金流量，并要求根据所得税前后的净现金流量分别计算两套内含报酬率、净现值和投资回收期指标。

6. 完整工业投资项目

若完整工业投资项目的全部原始投资均在建设期内投入，则建设期净现金流量可按以下简化公式计算：

建设期某年净现金流量（NCF_t）= -该年原始投资额 = $-I_t (t = 0, 1, 2, \cdots, s, s \geq 0)$，

式中，I_t——第 t 年原始投资额；

s——建设期年数。

由上式可见，当建设期 s 不为零时，建设期净现金流量的数量特征取决于其投资方式是分次投入还是一次投入。

如果项目在运营期内不追加流动资金投资，则完整工业投资项目的运营期所得税前净现金流量可按以下简化公式计算：

运营期某年所得税前净现金（NCF_t）流量=该年息税前利润+该年折旧+该年摊销+该年回收额+该年维持运营投资

$$= EBIT_t + D_t + M_t + R_t - O_t(t = s+1, s+2, \cdots, n)$$

式中，$EBIT_t$——第 t 年的息税前利润；

D_t——第 t 年的折旧费；

M_t——第 t 年的摊销费；

R_t——第 t 年的回收额；

O_t——第 t 年维持运营投资。

完整工业投资项目的运营期所得税后净现金流量可按以下简化公式计算：

运营期某年所得税前净现金流量（NCF_t）=该年息税前利润×（1-所得税税率）+该年折旧+该年摊销+该年回收额-该年维持运营投资额=该年自由现金流量

所谓运营期自由现金流量，是指投资者可以作为偿还借款利息、本金、分配利润、对外投资等财务活动资金来源的净现金流量。

如果不考虑维持运营投资，回收额为零，则运营期所得税后净现金流量又称为经营净现金流量。按照有关回收额均发生在终结点上的假设，经营期内回收额不为零时的所得税后净现金流量也称为终结点所得税后净现金流量，显然终结点所得税后净现金流量等于终结点那一年的经营净现金流量与该期回收额之和。

三、投资项目评价的基本方法

对投资项目评价时使用的指标分为两类：一类是折现指标，也称静态指标，即考虑了时间价值因素的指标，主要包括净现值、现值指数、内含报酬率等；另一类是非折现指标，也称动态指标，即没有考虑时间价值因素的指标，主要包括回收期、会计收益率等。根据分析评价指标的类别，投资项目评价分析的方法，也被分为折现的分析评价方法和非折现的分析评价方法两种。

（一）折现的分析评价方法

折现的分析评价方法，是指考虑货币时间价值的分析评价方法，也被称为折现现金流量分析技术。

1. 净现值法

净现值法使用净现值作为评价方案优劣的指标。所谓净现值，是指特定方案未来现金流入的现值与未来现金流出的现值之间的差额。按照这种方法，所有未来现金流入和流出都要按预定折现率折算为它们的现值，然后计算它们的差额。如净现值为正数，即折现后现金流入大于折现后现金流出，该投资项目的报酬率大于预定的折现率。如净现值为0，即折现后现金流入等于折现后现金流出，该投资项目的报酬率相当于预定的折现率。如净现值为负数，即折现后现金流入小于折现后现金流出，该投资项目的报酬率小于预定的折现率。只有净现值指标大于或等于0的投资项目才具有财务可行性。

净现值的计算公式为

$$净现值 = \sum_{t=0}^{n} \frac{I_t}{(1+i)^t} - \sum_{t=0}^{n} \frac{O_t}{(1+i)^t}$$

式中，n——投资涉及的年限；

I_t——第t年的现金流入量；

O_t——第t年的现金流出量；

i——预定的折现率。

净现值法所依据的原理是，假设预计的现金流入在年末肯定可以实现，并把原始投资看成按预定折现率借入的。当净现值为正数时，偿还本息后该项目仍有剩余的收益；当净现值为0时，偿还本息后一无所获；当净现值为负数时，该项目收益不足以偿还本息。

净现值法具有广泛的适用性，在理论上也比其他方法更完善。净现值法应用的主要问题是如何确定折现率，一种办法是根据资金成本来确定，另一种办法是根据企业要求的最低资金利润率来确定。前一种办法，由于计算资本成本比较困难，故限制了其应用范围；后一种办法根据资金的机会成本，即以一般情况下可以获得的报酬来确定，比较容易解决。

净现值法的优点是综合考虑了货币时间价值、项目计算期内的全部现金净流量和投资风险；缺点是无法从动态的角度直接反映投资项目的实际收益率水平，而且计算比较烦琐。

2. 现值指数法

现值指数法使用现值指数作为评价方案的指标。所谓现值指数，也称获利指数，是未来现金流入现值与现金流出现值的比率。

现值指数的计算公式为

$$现值指数 = \sum_{t=0}^{n} \frac{I_t}{(1+i)^t} / \sum_{t=0}^{n} \frac{O_t}{(1+i)^t}$$

现值指数法的主要优点是，可以从动态的角度反映投资项目的资金投入与净产出之间的关系，可进行独立投资机会获利能力的比较，且计算过程比较简单；缺点是无法直接反映投资项目的实际收益率。

4. 内含报酬率法

内含报酬率法是根据方案本身内含报酬率来评价方案优劣的一种方法。所谓内含报酬率，是指能够使未来现金流入量现值等于未来现金流出量现值的折现率，或者说是使投资方案净现值为零的折现率。

净现值法和现值指数法虽然考虑了时间价值，可以说明投资方案高于或低于某一特定的投资报酬率，但没有揭示方案本身可以达到的具体的报酬率。内含报酬率是根据方案的现金流量计算的，是方案本身的投资报酬率。

内含报酬率的计算，通常需要运用逐步测试法。首先估计一个折现率，用它来计算方案的净现值；如果净现值为正数，说明方案本身的报酬率超过估计的折现率，应提高折现率后进一步测试；如果净现值为负数，说明方案本身的报酬率低于估计的折现率，应降低折现率后进一步测试。经过多次测试，寻找出使净现值接近于零的折现率，即为方案本身的内含报酬率。

内含报酬率法与现值指数法也有区别。在计算内含报酬率时不必事先选择折现率，根据内含报酬率就可以排定独立投资的优先次序，只是最后需要一个切合实际的资本成本或最低报酬率来判定方案是否可行；现值指数法需要一个适合的折现率，以便将现金流量折为现值，折现率的高低将会影响方案的优先次序。

内含报酬率法的优点是可以从动态的角度直接反映投资项目的实际收益率水平，又不受基准收益率高低的影响，比较客观；缺点是计算过程复杂，尤其当经营期大量追回投资时，又有可能导致多个内含报酬率的出现，或偏高，或偏低，缺乏实际意义。

（二）非折现的分析评价方法

非折现的方法不考虑资金时间价值，把不同时间的货币收支看成等效的。这些方法在选择方案时起辅助作用。

1. 回收期法

回收期是指投资引起的现金流入累积到与投资额相等所需要的时间。它代表收回投资所需要的年限。回收年限越短，方案越有利。只有回收期指标小于或等于基准投资回收期的投资项目才具有财务可行性。

在原始投资一次支出，每年现金净流入量相等时：

$$回收期 = \frac{原始投资额}{每年现金净流量}$$

如果现金流入量每年不等，或原始投资是分几年投入的，则可使下式成立的 n 为回收期：

$$\sum_{t=0}^{n} I_t = \sum_{t=0}^{n} O_t$$

投资回收期=最后一次为负值的累计净现金流量对应的年数

$$+ \frac{最后一次为负值的累计净现金流量}{下一年净现金流量}$$

回收期法计算简便，并且容易让决策人正确理解。它的缺点在于不仅忽视时间价值，而且没有考虑回收期以后的收益。事实上，有战略意义的长期投资往往早期收益较低，而中后期收益较高。回收期法优先考虑急功近利的项目，可能导致放弃长期成功的方案。它是过去评价投资方案常用的方法，目前作为辅助方法使用，主要用来测定方案的流动性而非营利性。

2. 会计收益率法

会计收益率法计算简便，应用范围很广。它在计算时使用会计报表上的数据，以及普通会计的收益和成本观念。只有会计收益率指标大于或等于基准收益率的投资项目才具有财务可行性。会计收益率的计算公式为

$$会计收益率 = \frac{年平均净收益}{原始投资额} \times 100\%$$

计算时公式的分母应使用平均投资额，这样计算的结果可能会提高1倍，但不改变方案的优先次序。计算年平均净收益时，如使用不包括建设期的经营期年数。其最终结果称为经营期会计收益率。

会计收益率法的优点是计算简单；缺点是没有考虑货币时间价值因素，不能反映建设期长短及投资方式不同和回收额的有无对项目的影响，分子、分母计算口径的可比性差。

第二节　证券投资管理

一、证券投资概述

（一）证券和证券投资的内涵

1. 证券

证券是指具有一定票面金额，代表财产所有权和债权，可以有偿转让的凭证，如股票、债券等。

证券具有流动性、收益性和风险性三个特点。

流动性又称变现性，是指证券可以随时抛售取得现金。

收益性是指证券持有者凭借证券可以获得相应的报酬。证券收益一般由当前收益和资本利得构成。以股息、红利或利息所表示的收益称为当前收益。由证券价格上升（或下降）而产生的收益（或亏损），称为资本利得或差价收益。

风险性是指证券投资者达不到预期的收益或遭受各种损失的可能性。证券投资既有可能获得收益，更有可能带来损失，具有很强的不确定性。

流动性与收益性往往成反比，而风险性则一般与收益性成正比。

2. 证券投资

证券投资是指企业为获取投资收益或特定经营目的而买卖有价证券的一种投资行为。不同企业进行证券投资的目的各有千秋，但总的来说有以下几方面的目的：

（1）充分利用闲置资金，获取投资收益

企业正常经营过程中有时会有一些暂时多余的资金闲置，为了充分有效地利用这些资金，可购入一些有价证券，在价位较高时抛售，以获取较高的投资收益。

（2）为了控制相关企业，增强企业竞争能力

企业有时从经营战略上考虑需要控制某些相关企业，可通过购买该企业大量股票，从而取得对被投资企业的控制权，以增强企业的竞争能力。

（3）为了积累发展基金或偿债基金，满足未来的财务需求

企业如欲在将来扩建厂房或归还到期债务，可按期拨出一定数额的资金投入一些风险较小的证券，以便到时售出，满足所需的整笔资金。

（4）满足季节性经营对现金的需求

季节性经营的公司在某些月份资金有余，而有些月份则会出现短缺，可在资金剩余时购入有价证券，短缺时则售出。

（二）证券和证券投资的分类

1. 证券的分类

（1）按证券体现的权益关系分类

证券按体现的权益关系分类，可分为所有权证券、信托投资证券和债权证券。所有权证券是一种既不定期支付利息，也无固定偿还期的证券，它代表着投资者在被投资企业所占权益的份额，在被投资企业盈利且宣布发放股利的情况下，才可能分享被投资企业的部分净收益，股票是典型的所有权证券；信托投资证券是由公众投资者共同筹集、委托专门的证券投资机构投资于各种证券，以获取收益的股份或收益凭证，如投资基金；债权证券是一种必须定期支付利息，并按期偿还本金的有价证券，各种债券如国库券、企业债券、

金融债券都属于债权证券。所有权证券的投资风险要大于债权证券，投资基金的风险低于股票投资而高于债券投资。

(2) 按证券的收益状况分类

证券按收益状况分类，可分为固定收益证券和变动收益证券。固定收益证券是指在证券票面上规定有固定收益率，投资者可定期获得稳定收益的证券，如优先股股票、债券等；变动收益证券是指证券票面无固定收益率，其收益情况随企业经营状况而变动的证券。变动收益证券风险大，投资报酬也相对较高；固定收益证券风险低，投资报酬也相对较低。

(3) 按证券的发行主体分类

证券按发行主体分类，可分为政府证券、金融证券和公司证券三种。政府证券是指中央或地方政府为筹集资金而发行的证券，如国库券等；金融证券是指银行或其他金融机构为筹集资金而发行的证券；公司证券又称企业证券，是工商企业发行的证券。

(4) 按证券到期日的长短分类

证券按到期日的长短分类，可分为短期证券和长期证券。短期证券是指一年内到期的有价证券，如银行承兑汇票、商业本票、短期融资券等；长期证券是指到期日在一年以上的有价证券，如股票、债券等。

2. 证券投资的分类

(1) 债券投资

债券投资是指企业将资金投入各种债券，如国债、公司债券和短期融资券等，相对于股票投资，债券投资一般风险较小，能获得稳定收益，但要注意投资对象的信用等级。

(2) 股票投资

股票投资是指企业购买其他企业发行的股票作为投资，如普通股股票、优先股股票。股票投资风险较大，收益也相对较高。

(3) 组合投资

组合投资是指企业将资金同时投放于债券、股票等多种证券，这样可分散证券投资风险，组合投资是企业证券投资的常用投资方式。

(4) 基金投资

基金就是投资者的资金和其他人的资金合在一起，由基金公司的专家负责管理，用来投资于多家公司的股票或者债券。基金按受益凭证可否赎回分类，分为封闭式基金与开放式基金。封闭式基金在信托契约期限未满时，不得向发行人要求赎回；而开放式基金就是投资者可以随时要求基金公司收购所买基金（即赎回），当然目标应该是卖出价高于买入价，同时在赎回的时候，需要承担一定的手续费。而投资者的收益主要来自基金分红。与封闭式基金普遍采取的年终分红不同,根据行情和基金收益状况的不定期分红是开放式基金的主流分红方式。基金投资由于由专家经营管理,投资风险相对较小,越来越受到广大投资者的青睐。

（三）证券投资的一般程序

1. 合理选择投资对象

合理选择投资对象是证券投资成败的关键,企业应根据一定的投资原则,认真分析投资对象的收益水平和风险程度,以便合理选择投资对象,将风险降到最低限度,取得较好的投资收益。

2. 委托买卖

由于投资者无法直接进场交易,买卖证券业务需委托证券商代理。企业可通过电话委托、电脑终端委托、递单委托等方式委托证券商代为买卖有关证券。

3. 成交

证券买卖双方通过中介证券商的场内交易员分别出价委托,若买卖双方的价位与数量合适,交易即可达成,这个过程叫作成交。

4. 清算与交割

企业委托券商买入某种证券成功后,即应解交款项,收取证券。清算即指证券买卖双方结清价款的过程。

5. 办理证券过户

证券过户只限于记名证券的买卖业务。当企业委托买卖某种记名证券成功后,必须办理证券持有人的姓名变更手续。

二、债券投资

（一）债券投资的目的

企业进行短期债券投资的目的主要是合理利用暂时闲置资金,调节现金余额,获得收益。当企业现金余额太多时,便可投资债券,降低现金余额;反之,当现金余额太少时,则可出售原来投资的债券,收回现金,提高现金余额。企业进行长期债券投资的目的主要是获得稳定的收益。

（二）债券的价值

债券的价值,又称债券的内在价值。根据资产的收入资本化定价理论,任何资产的内在价值都是在投资者预期的资产可获得的现金收入的基础上进行贴现决定的。运用到债券上，债券的价值是指进行债券投资时投资者预期可获得的现金流入的现值。债券的现金流入主要包括利息和到期收回的本金或出售时获得的现金两部分。当债券的购买价格低于债券价值时，才值得购买。

1. 债券价值计算的基本类型

债券价值的基本模型主要是指按复利方式计算的每年定期付息、到期一次还本情况下的债券的估价模型。其基本模型为

$$V = \sum_{t=1}^{n} \frac{i \times F}{(1+K)^t} + \frac{F}{(1+K)^n} = i \cdot F(P/A, K, n) + F \cdot (P/F, K, n)$$

$$= I \cdot (P/A, K, n) + F \cdot (P/F, K, n)$$

式中，V——债券价值；

i——债券票面利息率；

I——债券利息；

F——债券面值；

K——市场利率或投资人要求的必要收益率；

n——付息总期数。

2. 一次还本付息的单利债券价值模型

我国很多债券属于一次还本付息、单利计算的存单式债券，其价值模型为

$$V = F(1 + i \cdot n)/(1+K)^n$$

$$= F(1 + i \cdot n) \cdot (P/F, K, n)$$

式中符号含义同前式。

3. 零息债务的价值模型

零息债券的价值模型是指到期只能按面值收回、期内不计息债券的估价模型。其计算公式为

$$P = F/(1+K)^n = F \times (P/F, K, n)$$

式中符号含义同前式。

（三）债券收益率的计算

1. 短期债券收益率的计算

短期债券由于期限较短，一般不用考虑货币时间价值因素，只须考虑债券价差及利息，将其与投资额相比，即可求出短期债券收益率。其基本计算公式为

$$K = \frac{S_1 - S_0 + I}{S_0}$$

式中，S_0——债券购买价格；

S_1——债券出售价格；

I——债券利息；

K——债券投资收益率。

2. 长期债券收益率的计算

对于长期债券，由于涉及时间较长，需要考虑货币时间价值，其投资收益率一般是指购进债券后一直持有至到期日可获得的收益率，它是使债券利息的年金现值和债券到期收回本金的复利现值之和等于债券购买价格时的贴现率。

（1）一般债券收益率的计算

一般债券的价值模型为

$$V = I \cdot (P/A, K, n) + F \cdot (P/F, K, n)$$

式中，V——债券的购买价格；

I——每年获得的固定利息；

F——债券到期收回的本金或中途出售收回的资金；

K——债券的投资收益率；

n——投资期限。

在手工计算方式下，由于无法直接计算收益率，必须采用逐步测试法及内插法来计算，即先设定一个贴现率代入上式，如计算出的 V 正好等于债券买价，该贴现率即为收益率；如计算出的 V 与债券买价不等，则须继续测试，再采用内插法求出收益率。

（2）一次还本付息的单利债券收益率的计算

一次还本付息的单利债券价值模型为

$$V = F(1 + i \cdot n) \cdot (P/F, K, n)$$

债券的收益率是进行债券投资时选购债券的重要标准，它可以反映债券投资按复利计算的实际收益率。如果债券的收益率高于投资人要求的必要报酬率，则可购进债券；否则就应放弃此项投资。

（四）债券投资的优缺点

1. 债券投资的优点

（1）投资收益稳定

进行债券投资一般可按时获得固定的利息收入，收益稳定。

（2）投资风险较低

相对于股票投资而言，债券投资风险较低。政府债券有国家财力做后盾，通常被视为无风险证券。而企业破产时企业债券的持有人对企业的剩余财产有优先求偿权，因而风险较低。

（3）流动性强

大企业及政府债券很容易在金融市场上迅速出售，流动性强。

2. 债券投资的缺点

（1）无经营管理权

债券投资者只能定期取得利息，无权影响或控制被投资企业。

（2）购买力风险较大

由于债券面值和利率是固定的，如投资期间通货膨胀率较高，债券面值和利息的实际购买力就会降低。

三、基金投资

（一）基金投资的含义

基金投资，是一种利益共享、风险共担的集合投资方式。即通过发行基金股份或受益凭证等有价证券聚集众多的不确定投资者的出资，交由专业投资机构经营运作，以规避投资风险并谋取投资收益的证券投资工具。

（二）基金投资的种类

1. 根据组织形态的不同划分

（1）契约型基金

契约型基金，又称为单位信托基金，是指把受益人（投资者）、管理人、托管人三者作为基金的当事人，由管理人与托管人通过签订信托契约的形式发行受益凭证而设立的一种基金。契约型基金由基金管理人负责基金的管理操作；由基金托管人作为基金资产的名义持有人，负责基金资产的保管和处置，对基金管理人的动作实行监督。

（2）公司型基金

公司型基金，是按照《中华人民共和国公司法》以公司形态组成的，它以发行股份的方式募集资金，一般投资者购买该公司的股份即为认购基金，也就成为该公司的股东，凭其持有的基金份额依法享有投资收益。

（3）契约型基金与公司型基金的比较

①资金的性质不同

契约型基金的资金是信托财产，公司型基金的资金为公司法人的资本。

②投资者的地位不同

契约型基金的投资者购买受益凭证后成为基金契约的当事人之一，即受益人；公司型基金的投资者购买基金公司的股票后成为该公司的股东，以股息或红利形式取得收益。因此，契约型基金的投资者没有管理基金资产的权利，而公司型基金的股东通过股东大会和董事会享有管理基金公司的权利。

③基金的运营依据不同

契约型基金依据基金契约运营基金，公司型基金依据基金公司章程运营基金。

2. 根据变现方式的不同划分

（1）封闭式基金

封闭式基金，是指基金的发起人在设立基金时，限定了基金单位的发行总额，筹集到这个总额后，基金即宣告成立，并进行封闭，在一定时期内不再接受新的投资。基金单位的流通采取在交易所上市的办法，通过二级市场进行竞价交易。

（2）开放式基金

开放式基金，是指基金发起人在设立基金时，基金单位的总数是不固定的，可视经营策略和发展需要追加发行。投资者也可根据市场状况和各自的投资决策，或者要求发行机构按现期净资产值扣除手续费赎回股份或受益凭证，或者再买入股份或受益凭证，增加基金单位份额的持有比例。

（3）封闭式基金与开放式基金的比较

①期限不同

封闭式基金通常有固定的封闭期；开放式基金没有固定期限，投资者可随时向基金管理人赎回。

②基金单位的发行规模要求不同

封闭式基金在招募说明书中列明其基金规模，开放式基金没有发行规模限制。

③基金单位转让方式不同

封闭式基金的基金单位在封闭期限内不能要求基金公司赎回；开放式基金的投资者则可以在首次发行结束一段时间（多为3个月）后，随时向基金管理人或中介机构提出购买或赎回申请。

④基金单位的交易价格计算标准不同

封闭式基金的买卖价格受市场供求关系的影响，并不必然反映公司的净资产值；开放式基金的交易价格则取决于基金的每单位资产净值的大小，基本不受市场供求影响。

⑤投资策略不同

封闭式基金的基金单位数不变，资本不会减少，因此基金可进行长期投资；开放式基金因基金单位可随时赎回，因此基金资产不能全部用来投资，更不能把全部资本用来进行长线投资，必须保持基金资产的流动性。

3．根据投资标的不同划分

（1）股票基金

股票基金，是所有基金品种中最为流行的一种类型，它是指投资于股票的投资基金，其投资对象通常包括普通股和优先股，其风险程度较个人投资股票市场小得多，且具有较强的变现性和流动性，因此它也是一种比较受欢迎的基金类型。

（2）债券基金

债券基金，是指投资管理公司为稳健型投资者设计的，投资于政府债券、市政公债、企业债券等各类债券品种的投资基金。债券基金一般情况下定期派息，其风险和收益水平通常较股票基金低。

（3）货币基金

货币基金，是指由货币存款构成投资组合，协助投资者参与外汇市场投资，赚取较高利息的投资基金。其投资，工具包括银行短期存款、国库券、政府公债、公司债券、银行承兑票据及商业票据等。这类基金的投资风险小，投资成本低，安全性和流动性较高，在整个基金市场上属于低风险的安全基金。

（4）期货基金

期货基金，是指投资于期货市场以获取较高投资回报的投资基金。由于期货市场具有高风险和高回报的特点，因此投资期货基金既可能获得较高的投资收益，同时也可能面临着较大的投资风险。

（5）期权基金

期权基金，是指以期权作为主要投资对象的基金。期权交易，是指期权购买者向期权出售者支付一定费用后，取得在规定时期内的任何时候，以事先确定好的协定价格，向期权出售者购买一定数量的某种商品合约的权利的一种买卖。

（6）认股权证基金

认股权证基金，是指以认股权证为主要投资对象的基金。认股权证，是指由有限股份公司发行的、能够按照特定价格，在特定的时间内购买一定数量该公司股票的选择权凭证。由于认股权证的价格是由公司的股份决定的，一般来说，认股权证的投资风险较通常的股票大得多。因此，认股权证基金也属于高风险基金。

(7) 专门基金

专门基金，是由股票基金发展演化而成的，属于分类行业股票基金或次级股票基金，包括黄金基金、资源基金、科技基金、地产基金等，这类基金的投资风险较大，收益水平较易受到市场行情的影响。

(三) 基金投资的估价

基金投资的估价涉及三个概念：基金的价值、基金单位净值、基金的报价。

基金的价值取决于基金净资产的现在价值。由于投资基金不断变换投资组合，未来收益较难预测，再加上资本利得是投资基金的主要收益来源，变幻莫测的证券价格使投资者对资本利得的准确预计非常困难，因此基金的价值主要由基金资产的现有市场价值决定。

基金单位净值也称为单位净资产值或单位资产净值，是在某一时点每一基金单位（或基金股份）所具有的市场价值，它是评价基金价值的最直观指标。基金单位净值的计算公式为

$$基金单位净值 = \frac{基金净资产价值总额}{基金单位总分数}$$

其中，基金净资产价值总额等于基金资产总额减去基金负债总额；基金负债总额包括以基金名义对外融资借款以及应付给投资者的分红、应付给基金管理人的经理费等。

基金的报价理论上是由基金的价值决定的。基金单位净值高，基金的交易价格也高。具体而言，封闭式基金在二级市场上竞价交易，其交易价格由供求关系和基金业绩决定，围绕基金单位净值上下波动；开放式基金的柜台交易价格则完全以基金单位净值为基础，通常采用两种报价形式：认购价（卖出价）和赎回价（买入价）。

$$基金认购价 = 基金单位净值 + 首次认购费$$
$$基金赎回价 = 基金单位净值 - 基金赎回费$$

(四) 基金收益率

基金收益率是反映基金增值情况的指标，它通过基金净资产的价值变化来衡量。基金净资产的价值是以市价计量的，基金资产的市场价值增加，意味着基金的投资收益增加，基金投资者的权益也随之增加。

年初的基金单位净值相当于购买基金的本金投资，基金收益率也就相当于一种简便的投资报酬率。

（五）基金投资的优缺点

1. 基金投资的优点

基金投资的最大优点是能够在不承担太大风险的情况下获得较高收益，原因在于投资基金具有专家理财优势和资金规模优势。

2. 基金投资的缺点

第一，无法获得很高的投资收益。投资基金在投资组合过程中，在降低风险的同时，也丧失了获得巨大收益的机会。

第二，在大盘整体大幅度下跌的情况下，投资人可能会承担较大风险。

第九章 营运资金管理

第一节 营运资金概述

一、营运资金的含义及重要性

（一）营运资金的含义

营运资金又称为营运资本，有广义和狭义之分。广义的营运资本就是企业的流动资产总额，指流动资产占用的资金，又叫毛运营资本，具体包括应收账款、存货、其他应收款、应付票据、预收票据、预提费用、其他应付款等占用的资金；狭义的营运资本是指企业的流动资产减去流动负债后的净额，是企业在短期内可以运用的流动性资源的净额（不包含现金及现金等价物，以及短期借款）。通常指的营运资本就是净营运资本。

营运资金计算公式为：

营运资金 = 流动资产 - 流动负债

= （总资产 - 非流动资产） - （总资产 - 所有者权益 - 长期负债）

= （所有者权益 + 非流动负债） - 非流动资产

= 长期资本 - 长期资产

其中，流动资产是指可以在一年内或超过一年的一个营业周期内变现或运用的资产，流动资产具有占用时间短、周转快、易变现等特点。企业拥有较多的流动资产，可在一定程度上降低财务风险。流动资产在资产负债表上主要包括货币资金、短期投资、应收票据、应收账款、预付费用和存货。在财务管理中，为了进行流动资产和流动负债的匹配管理，通常分为永久性流动资产和临时性流动资产。永久性流动资产是指满足企业长期最低需要的流动资产；临时性流动资产是随季节性需要而变化的流动资产。

流动负债是指需要在一年或者超过一年的一个营业周期内偿还的债务。流动负债又称短期融资，具有成本低、偿还期短的特点，必须认真进行管理，否则，将使企业承受较大的风险。流动负债主要包括短期借款、应付票据、应付账款、预收账款等。在财务管理层次上经常将流动负债分为自然性融资和协议性融资两部分。其中，应付票据、应付账款、预收账款都是属于自然性融资范畴，它们都是企业日常活动中产生的；相反，短期借款和短期债券则属于协议性融资范畴，因为它们都将签订正式融资协议，存在一定融资成本。

营运资金的多少可以反映企业偿还短期债务的能力。但是，营运资金是流动资产与流动负债之差，是个绝对数，如果公司之间规模相差很大，绝对数相比的意义很有限。而流动比率是流动资产和流动负债的比值，是个相对数，排除了公司规模不同的影响，更适合公司之间以及本公司不同历史时期的比较。

(二) 营运资金的重要性

营运资金管理的核心内容就是对资金运用和资金筹措的管理。一个企业维持正常的运转必须要拥有适量的营运资金。营运资金可以用来衡量公司或企业的短期偿债能力，其金额越大，代表该公司或企业对于支付义务的准备越充足，短期偿债能力越好。当营运资金出现负数，也就是一家企业的流动资产小于流动负债时，这家企业的营运可能随时会因周转不灵而中断。一家企业的营运资金到底多少才算足够，才称得上具备良好的偿债能力，是决策的关键。营运资本管理在企业财务管理活动中具有举足轻重的作用。

首先，流动性资产占总资产比重要适度。一个企业如果流动性资产比重较高容易造成企业的投资回报率降低，然而流动性资产比重较低则有可能出现财务危机，甚至使企业经营破产。

其次，流动性负债是企业外部融资的重要条件。一个企业总会有资金需求，然而如何取得筹资成本低廉、便利的流动负债来为企业进行融资是企业需要考虑的关键。

最后，流动资产和流动负债的匹配是企业运营资本管理的重要组成部分。流动资产和流动负债的比例是衡量企业偿债能力、营运能力等的重要指标。

二、营运资金的特点

营运资金的特点体现在流动资产和流动负债的特点上。

(一) 流动资产的特点

流动资产投资，又称经营性投资，与非流动资产投资相比，具有如下特点：

1. 投资回收期短

投资于流动资产的资金一般在一年或一个营业周期内收回或耗费，对企业影响的时间比较短。

2. 流动性强

流动资产相对于非流动资产来说比较容易变现，如遇到意外情况，可迅速变卖流动资产，以获取现金。这对于财务上满足临时性资金需求具有重要意义。

3. 具有并存性

企业在生产循环周转过程中，资金的形态不断转换（即货币资金—实物资产—货币资金），从供产销的某一瞬间看，各种不同形态的流动资产在空间上同时并存，在时间上依次相互转化。因此，合理地配置流动资产各项目的比例，是保证流动资产得以顺利周转的必要条件。

4. 具有波动性

流动资产易受到企业内外环境的影响，企业会随着供产销的变化，资金占用会时高时低，影响企业正常的生产经营活动。季节性企业如此，非季节性企业也是如此。因此，企业资金占用量即营运资金的波动往往很大，财务管理人员应能有效地预测和控制这种波动，以防止其影响企业正常的生产经营活动。

（二）流动负债的特点

短期负债筹资与长期负债筹资相比，具有如下特点：

1. 融资速度快

长期借款的借贷时间长，贷方风险大，贷款人需要对企业的财务状况进行评估后方能做出决定。申请短期借款往往比申请长期借款更容易、更便捷，通常在较短时间内便可获得。因此，当企业急需资金时，往往首选寻求短期借款。

2. 财务弹性大

与长期债务相比，短期借款给债务人更大的灵活性。长期债务债权人为了保护自己的利益，往往要在债务契约中对债务人的行为加以种种限制，使债务人丧失某些经营决策权。而短期借款契约中的限制条款比较少，使企业有更大的行动自由。对于季节性企业，短期借款比长期借款具有更大的灵活性。

3. 筹资成本低

在正常情况下，相同的贷款时间内，短期贷款所发生的利息支出低于长期贷款的利息支出。而对于某些具有"自然筹资"性质的流动负债（如应付账款、应交税费等），则根本没有筹资成本。

4. 偿债风险大

尽管短期债务的成本低于长期债务，但其风险却高于长期债务。主要表现在两方面：

一方面是长期债务的利息相对比较稳定，即在相当长一段时间内保持不变。而短期债务的借款利率则随市场利率的变化而变化，时高时低，使企业难以预测；另一方面，如果企业过多筹措短期债务，当债务到期时，企业如果不能在短期内筹措大量资金还债，这极易导致企业财务状况恶化，甚至会因无法及时还债而破产。

三、营运资本的周转

营运资金周转，是指企业的营运资金从现金投入生产经营开始，到最终转化为现金为止的过程。营运资金周转通常与现金周转密切相关，现金的周转过程主要包括以下三方面：第一，存货周转期，是指将原材料转化成为产成品并出售所需要的时间；第二，应收账款周转期，是指将应收账款转换为现金所需要的时间；第三，应付账款周转期，是指从收到尚未付款的材料开始到现金支出之间所用的时间。

现金循环周期的变化会直接影响所需营运资金的数额。一般来说，存货周转期和应收账款周转期越长，应付账款周转期越短，所需营运资金数额就越大。相反，存货周转期和应收账款周转期越短，应付账款周转期越长，所需营运资金数额就越小。此外，营运资金周转数额的多少还受到偿债风险、收益要求和成本约束等因素的制约。为此，为提高营运资金周转效率，企业的营运资金应维持在合适的水平上。这里所说的合适是指企业的营运资金既不过剩，也不是过多地依靠负债来支持企业的生产经营需求。

四、营运资金管理的原则

一般而言，营运资本的管理需遵循以下原则：

（一）合理性原则

企业经营所需要的营运资本的数量多寡与企业的生产经营状况密切相关。当企业生产经营扩张时，流动资产和流动负债的占用水平都会增加；而当企业生产经营萎缩时，流动资产和流动负债的占用水平也会下降。另外，外部环境发生变化，企业的营运资本占用水平也会相应变化。因此，企业财务人员应认真分析企业的生产经营状况和客观条件，采用一定的方法预测营运资本的需求数量，以便合理使用营运资本。

（二）效益性原则

与长期资金相比，短期资金的盈利能力较低，有些短期资金（如库存现金）甚至根本不产生投资收益。在保证生产经营需要的前提下，加速营运资本的周转可以提高资金的利用效率。因此，企业要千方百计地加速存货、应收账款等流动资产的周转，如加快生产和销售的速度、加速应收账款的回收，以减少营运资本占用需要，提高资金使用效益。

（三）安全性原则

如果一个企业的流动资产比较多、流动负债比较少，说明企业的短期偿债能力较强；反之，则说明短期偿债能力较弱。因此，企业应合理安排流动资产与流动负债的比例关系，保证企业有足够的短期偿债能力。当然，如果企业的流动资产太多、流动负债太少，也不是正常现象，这可能是因为流动资产闲置、流动负债利用不足所致。

（四）成本节约原则

一方面，要根据整体最优原则合理安排流动资产的配置、结构、转换及管理政策，如使用好最优现金持有量、信用政策、经济订购批量等；另一方面，要合理确定短期资金的来源结构，要根据企业资金的收支状况、偿还能力等合理搭配不同来源的短期资金，以最大限度降低营运资本成本。

五、营运资金管理模式

营运资本的管理模式主要包括流动资产投资政策和流动资产筹资政策。

（一）流动资产投资政策

流动资产投资政策是指企业应该投资多少的流动资产，使企业无论是个别的流动资产还是流动资产总额，都能维持在合适的水平上，以提高企业资金运用的效率。

企业流动资产的数量按其功能可以分成两大部分：一部分是正常需要量，它是指为满足正常的生产经营需要而占用的流动资产；另一部分是保险储备量，它是指为应付意外情况的发生，在正常生产经营需要量以外储备的流动资产。

流动资产投资政策可以分为保守的、适中的和激进的流动资产投资政策三种。

1. 保守的流动资产投资政策

保守的流动资产投资政策就是企业安排流动资产数量时，在正常生产经营需要量和正常保险储备量的基础上，再加上一部分额外的储备量，以便降低企业的风险。采用这种政策时，企业的报酬较低，风险也较小。

2. 适中的流动资产投资政策

适中的流动资产投资政策就是在保证正常需要的情况下，再适当地留出一定的保险储备，以防不测。采用这种政策时，企业的报酬一般，风险也一般，正常情况下企业都采用这种政策。

3. 激进的流动资产投资政策

激进的流动资产投资政策就是企业安排流动资产数量时，只安排正常生产经营需要量而不安排或安排很少的保险储备量。采用这种政策时，企业的投资报酬率较高，但风险比较大。

（二）流动资产筹资政策

流动资产筹资政策主要是就如何安排临时性流动资产和永久性流动资产的资金来源而言的。临时性流动资产是指受季节性或周期性影响的流动资产，如季节性存货、销售和经营旺季的应收账款。永久性流动资产是指为了满足企业长期稳定的资金需要，即使处于经营低谷时也必须保留的流动资产。

与流动资产的投资政策相对应，流动资产的筹资政策也包括保守的、适中的和激进的流动资产筹资政策。

1. 保守的流动资产筹资政策

保守的流动资产筹资政策是指企业不仅以长期资金来融通永久性资产（永久性流动资产和固定资产），而且还用长期资金满足由于季节性或周期性波动而产生的部分或全部临时性的资金需求。

与适中的流动资产筹资政策相比，在保守的流动资产筹资政策下，临时性负债占全部资金来源的比例较小，企业保留较多营运资金，可降低企业无法偿还到期债务的风险，同时蒙受短期利率变动损失的风险也较低。但是，降低风险的同时也降低了企业的收益，因为非流动负债的资本成本高于临时性负债的资本成本，以及经营淡季时仍需要负担非流动负债利息，从而降低了企业的收益。所以，保守的流动资产筹资政策是一种风险性和收益性均较低的流动资产筹资政策。

2. 适中的流动资产筹资政策

适中的流动资产筹资政策是指对临时性流动资产，用短期资金（临时性负债）解决，而对永久性资产，包括永久性流动资产和固定资产，则用长期资金（包括非流动负债、自发性负债和权益资本）解决，以使资金的使用期间和资金来源的到期期限能相互配合。

适中的流动资产筹资政策要求企业临时负债筹资计划严密，使资金的占用时间与负债的偿还时间相配合。处于季节性低谷时，企业除了存在各种自发性临时负债外没有其他流动负债。只有在临时性流动资产的需求高峰期，企业才能举借各种临时性债务。

这种筹资政策的基本思想是让资产与负债的期间配合，以降低企业不能偿还到期债务的风险，尽可能降低债务的资本成本。但是，事实上，由于资产存续寿命的不确定性，往往做不到资产与负债的完全配合。因此，适中的流动资产筹资政策是一种理想的、对企业有着较高资金使用要求的流动资产筹资政策。

3. 激进的流动资产筹资政策

激进的流动资产筹资政策是指用长期资金来满足部分永久性资产的需要，而余下的永久性资产和临时性资产则用短期资金来满足。

在激进的流动资产筹资政策下，临时性负债在企业全部资金来源中所占比重大于适中的流动资产筹资政策，而临时性负债的资本成本一般低于非流动负债和权益资本的资本成本，因此这种政策下企业的资本成本较低。另外，为了满足永久性资产的长期资金需要，企业必然要在临时性负债到期后重新举债或申请债务展期，这样企业会经常举债和还债，从而加大筹资的困难和风险，所以，激进的流动资产筹资政策是一种收益性和风险性均较高的流动资产筹资政策。

第二节　现金管理

一、现金管理的目标

企业持有一定数量现金的原因，主要是满足交易性需要、预防性需要和投机性需要（即交易动机、预防动机、投机动机三方面动机）。

（一）交易性需要

交易性需要是指满足企业日常业务的现金支付需要。企业在正常生产经营秩序下，经常取得收入，也经常发生支出，两者不可能同步同量。企业为了组织日常生产经营活动，必须保持一定数额的现金余额，才能使企业业务活动正常地进行下去。一般来说，企业为满足交易性需要所持有的现金余额，主要取决于企业的销售水平。企业销售扩大，销售额增加，所需现金余额也随之增加。

（二）预防性需要

预防性需要是指置存现金以防发生意外的支出，即企业为应付紧急情况而需要保持的现金支付能力。由于市场行情的瞬息万变和其他各种未知因素的存在，企业有时会出现料想不到的开支，企业通常难以对未来现金流入量和流出量做出准确的估计和预期。因此，在满足正常业务活动现金需要量的基础上，追加一定数量的现金以应付未来现金流入和流出的随机波动，是企业在确定必要现金持有量时应当考虑的因素。此外，预防性现金数量多少还与企业的融资能力有关。

（三）投机性需要

投机性需要是指置存现金用于不寻常的购买机会，比如，遇到有廉价原材料或其他资产供应的机会，便可用手头现金大量购入；再比如，在适当的机会购入价格有利的有价证券等。即企业为了抓住各种瞬息即逝的市场机会，获取较大的利益，而准备的现金金额。投机动机只是企业确定现金余额时所须考虑的次要因素之一，其持有量的大小往往与企业在金融市场上的投资机会及企业对待风险的态度有关。

总之，现金是变现能力最强的非营利性资产。企业现金管理的目标，就是在现金的流动性与收益性之间进行权衡并做出抉择，以获取最大的长期利益。通过现金管理，使现金收支不但在数量上，而且在时间上相互衔接，对于保证企业日常经营活动的现金需要，降低企业闲置的现金数量，提高资金收益率具有重要意义。

二、现金的成本

企业持有现金的相关成本通常由以下四部分组成：

（一）持有成本

现金的持有成本，是指企业因保留一定数额的现金而增加的管理费用及丧失的再投资收益。持有现金的管理费用是指企业保留现金，对现金进行管理，会发生一定的管理费用，如管理人员工资及必要的安全措施费等。这部分费用具有固定成本的性质，它在一定范围内与现金持有量的多少关系不大，是决策无关成本。再投资收益是指企业不能同时用该现金进行有价证券投资所产生的机会成本，这种成本在数额上等同于资金成本。

（二）转换成本

转换成本是指企业用现金购入有价证券以及转让有价证券换取现金时付出的交易费用，即现金同有价证券之间相互转换的成本，如委托买卖佣金、委托手续费、证券过户费、实物交割费等。其中委托买卖佣金和委托手续费是按照委托成交金额计算的，在证券总额既定的条件下，无论变现次数怎样变动，所须支付的委托成本金额是固定的，因此属于决策无关成本，与证券变现次数密切相关的转换成本便只包括其中的固定性交易费用。固定性转换成本与现金持有量成反比例关系。

（三）管理成本

企业保留现金，对现金进行管理，会发生一定的管理费用，如管理人员工资及必要的安全措施费用等。这部分费用具有固定成本的性质，它在一定范围内与现金持有量的多少关系不大，是决策无关成本。

（四）短缺成本

短缺成本是指在现金持有量不足而又无法及时通过有价证券变现加以补充而给企业造成的损失，包括直接损失和间接损失。例如，丧失购买机会、造成信用损失和得不到折扣的好处等，其中因不能按期支付有关款项而造成信用损失的后果是无法用货币来计量的。现金的短缺成本与现金持有量呈反方向变动关系。

现金的短缺成本是因缺乏必要的现金，不能应付业务开支所需，而使企业蒙受损失或为此付出代价。现金的短缺成本与企业现金持有量成反比，现金持有量增加，短缺成本下降，持有量减少，短缺成本上升。

三、持有现金的动机

企业持有一定数量的现金，主要基于以下三方面的动机：

（一）交易动机

交易动机是指企业为了维持日常周转及正常经营活动而必须保持的现金，如购买固定资产和原材料、支付工资、交纳税款等。保留一定的现金余额，可使企业在现金支出大于现金收入时不致中断交易。一般来说，企业为了满足交易动机所持有的现金余额主要取决于企业的销售水平。企业销售扩大，销售额增加，所需的现金量也随之增加。

（二）预防动机

预防动机是指企业在应付紧急情况而需要保持的现金支付能力。由于市场情况的瞬息万变和其他各种不测因素的存在，如自然灾害、安全事故、主要顾客违约等，打破企业的现金收支计划，使现金收支失衡。因此，企业有必要在正常经营业务活动现金需要量的基础上，追加一定数量的现金余额以应付未来突发事件而引起现金流入和流出的随机波动。

（三）投机动机

投机动机是指企业为了抓住各种瞬息即逝的市场机会、获取较大利益而持有的现金。

一般来说，这种投资机会具有时间短、收益高的特点。例如估计原材料价格将大幅上扬，便可以用手头现金大量购入，从而获得价差收益；再如在适当时机购入价格有利的股票或其他有价证券等。因投机动机而持有的现金量往往与企业在市场上的投资机会及企业对待风险的态度有关。

四、最佳现金持有量的确定

基于交易、预防、投机等动机的需要，企业必须保持一定数量的现金余额。现金作为盈利能力差的资产，其数额太多会导致企业收益下降，数额太少又可能出现现金短缺，从而影响生产经营。因此，企业应当权衡收益与风险，确定最佳现金持有量。

确定最佳现金持有量的方法很多，主要有成本分析模式、存货模式、现金周转期模式和随机模式。

（一）成本分析模式

成本分析模式是指根据现金有关成本，分析预测其总成本最低时现金持有量的一种方法。运用成本分析模式确定现金最佳持有量时，只考虑因持有一定量的现金而产生的管理费用、机会成本及短缺成本，而不考虑转换成本。其中，管理成本具有固定成本的性质，机会成本即因持有现金而丧失的投资收益，与现金持有量成正比，用公式表示为：

$$机会成本 = 现金持有量 \times 有价证券利率$$

短缺成本与现金持有量负相关。这些成本同现金持有量之间的关系如图9-1所示。

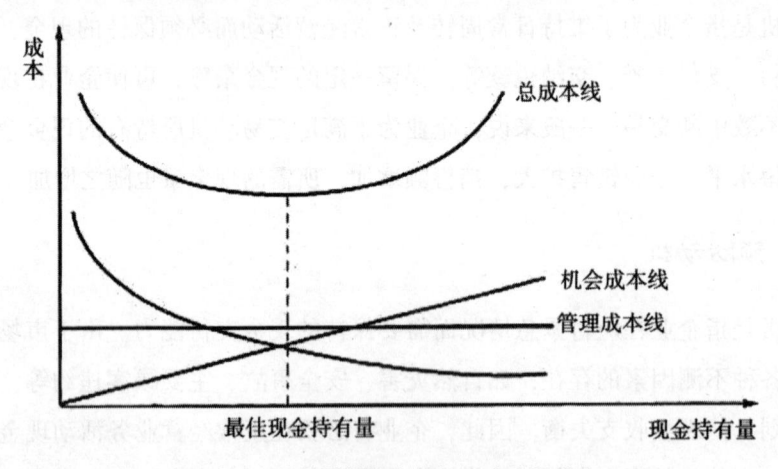

图9-1 现金最佳持有量的成本分析模式

从图9-1可以看出，机会成本随现金持有量的增加而增加，短缺成本随现金持有量的增加而减少，总成本呈现为一条近似的抛物线。该抛物线的最低点即为持有现金的最低总成本，超过这一点，机会成本上升的代价会大于短缺成本下降的收益，这一点之前，短缺成本下降的好处大于机会成本上升的收益。成本分析模式就是基于上述原理来确定现金最佳持有量的。最佳现金持有量就是持有现金的总成本最低时的现金持有量。

具体运用成本分析模式可以采用函数法，即首先分别确定管理成本、机会成本、短缺成本与现金持有量之间的函数关系，再运用相关数学知识求解。但在实际工作中，更多的是采用测算法。具体步骤如下：第一，测算不同现金持有量时的有关成本数值；第二，编制最佳现金持有量测算表；第三，找出总成本最低时的现金持有量。

（二）存货模式

存货模式又称鲍莫尔模式，由美国经济学家威廉·杰克·鲍莫尔（William Jack Baumol）提出的。他认为企业现金持有量在许多方面与存货批量类似，可以借鉴存货的经济批量模型确定最佳现金持有量。每次现金转换的成本是固定的，一定时期内现金使用量不变时，每次将有价证券转换为现金的金额越大，机会成本越高，同时转换的次数就越少，转换成本越低。反之，机会成本越低，转换成本越高。可见，现金转换成本与存货的订货成本在性质上是一致的。

在运用存货模式确定最佳现金持有量时，需要建立如下假设前提：第一，企业所需要的现金可通过证券变现取得，且证券变现的不确定性很小；第二，企业预算期内现金需要总量可以预测；第三，现金的支出过程比较稳定、波动较小，而且每当现金余额降至零时，均可将部分证券变现得以补足，不会发生现金短缺；第四，证券的利率或报酬率以及每次固定性交易费用可以获悉。如果这些条件基本得到满足，企业便可以利用存货模式来确定现金的最佳持有量。

在存货模式中，只对机会成本和固定性转换成本予以考虑，而对管理费用、短缺成本则不予考虑。机会成本和固定性转换成本随着现金持有量的变动而呈现出相反的变动趋向，这就要求企业必须对现金与有价证券的分割比例进行合理安排，从而使机会成本与固定性转换成本保持最佳组合。换言之，能够使现金管理的机会成本与固定性转换成本之和保持最低的现金持有量，即为最佳现金持有量。

设 T 为一个周期内现金总需求量；F 为每次转换有价证券的固定成本；Q 为最佳现金持有量（每次证券变现的数量）；K 为有价证券利息率（机会成本）；TC 为现金管理相关总成本。则：

$$\text{现金管理相关总成本} = \text{持有机会成本} + \text{固定性转换成本}$$

即：

$$TC = \frac{Q}{2} \times K + \frac{T}{Q} \times F$$

现金管理相关总成本与持有机会成本、固定性转换成本的关系见图 9-2。

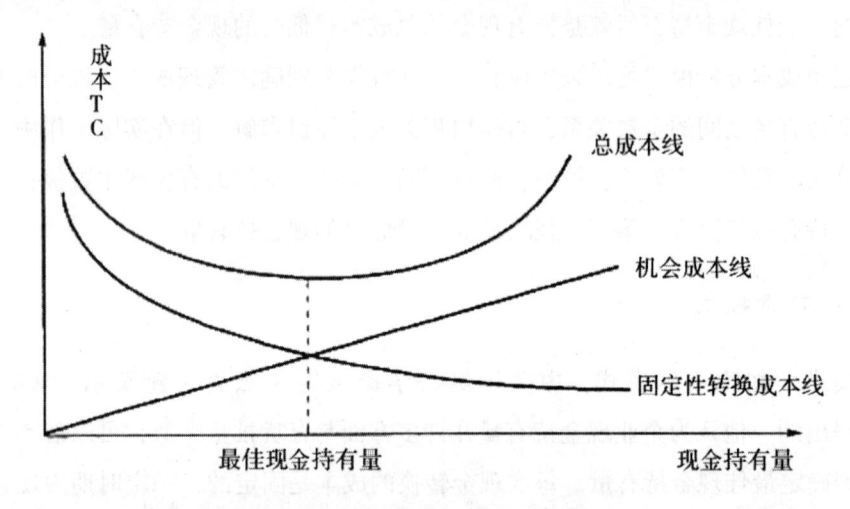

图 9-2 最佳现金持有量的存货模式

（三）现金周转模式

现金周转模式是从现金周转的角度出发，通过预计现金需求总量和确定现金周转的目标次数来确定最佳现金持有量的方法。

利用这一模式来确定企业最佳现金持有量，包括以下三个步骤：

第一步，计算现金周转期。现金周转期是指企业从现金投入生产经营（购买材料支付现金）开始，至销售商品收回现金为止所需要的时间，即现金周转一次所需要的天数。现金周转期越短，则企业的现金持有量就越小。它的长短取决于以下三方面：一是存货周转期，是指从收到购买的原材料开始，将原材料转化为产成品再销售出去所需要的时间；二是应收账款周转期，是指从应收账款形成到收回现金所需要的时间；三是应付账款周转期，是指从购买原材料形成应付账款开始直到以现金偿还应付账款为止所需要的时间。

$$现金周转期 = 存货周转期 + 应收账款周转期 - 应付账款周转期$$
$$= 营业周期 - 应付账款周转期$$

第二步，计算现金周转率。现金周转率是指在一年或者一个营业周期内现金循环的次数。现金周转率与现金周转期互为倒数，周转期越短，则周转次数越多，在现金需求总量一定的情况下，现金持有量也会越少。它的计算公式如下：

$$现金周转率 = \frac{计算期天数}{现金周转期}$$

式中，计算期天数通常按年（360 天）计算。

第三步，计算最佳现金持有量。计算公式为：

$$最佳现金持有量 = \frac{预计现金年需总量}{现金周转期}$$

(四) 随机模式

随机模式又称米勒·奥尔模型（Miller OrrModel）。企业的现金流量存在着不确定性。在确定企业目标现金额时必须充分考虑这种不确定性因素。他们假定，企业每日净现金流量可看作正态分布，可能等于期望值也可能高于或低于期望值，公司每天净现金流量呈无一定趋势的随机状态。因此，可以运用控制论，事先设定一个控制限额。当现金余额达到限额的上限时，就将超出目标现金额的现金转换为有价证券；当现金余额达到下限时，就将与目标现金额相差现金等额的有价证券转换为现金；当现金余额在上下限之间时，就不做现金与有价证券之间的转换。

五、现金的日常管理

现金日常管理的目的在于提高现金的使用效率，为达到这一目的，不仅要从总体上对现金进行有效的控制与管理，还要进一步加强现金的回收和支出的日常管理。

(一) 现金的总体管理

1. 遵守对现金使用和管理的规定

国家相关部门对现金的使用和管理有以下规定：第一，明确现钞的使用范围。支付职工工资、津贴。根据国家规定颁发给个人的科学技术、文化艺术、体育等各种奖金。支付各种劳保、福利费用以及国家规定的对个人的其他支出。向个人收购农副产品和其他物资的价款；出差人员必须随身携带的差旅费；结算起点（1000元）以下的零星支出；中国人民银行确定的需要支付现金的其他支出；第二，规定库存现金限额。企业库存现金，由其开户银行根据企业的实际需要核定限额，一般以3~5天的零星开支额为限。第三，不得坐支现金，即企业不得从本单位的人民币现钞收入中直接支付交易款。第四，不得出租、出借银行账户。第五，不得签发空头支票和远期支票。第六，不得套取银行信用；第七，不得保存账外公款，包括将公款以个人名义存入银行和保存账外现钞等各种形式的账外公款。

2. 加强对现金收支的内部控制

由于现金的风险隐患较大，因此应该加强对现金收支的内部控制，主要应做好以下几方面的工作：第一，现金收支与记账岗位分离；第二，现金收入、支出要有合理、合法的凭证；第三，全部收支要及时、准确地入账，并且支出要有核准手续；第四，控制现金坐支，当日收入现金及时送存银行；第五，按月盘点现金，编制银行存款余额调节表，以做到账实相符；第六，加强对现金收支业务的内部审计。

3. 力争现金流量同步

如果企业能尽量使它的现金流入与现金流出发生的时间趋于一致，就可以使其所持有的交易性现金余额降到最低水平，从而达到降低整个企业现金持有量，提高经营效益的目的。这应是每个企业努力实现的理想化现金管理状态。

（二）现金收入的管理

企业在日常的生产经营活动中，应及时回收应收账款，使企业支付能力增强。为了加速现金的回收，必须尽可能缩短应收账款的平均收现期。企业在制定销售政策和赊销政策时，要权衡增加应收账款投资和延长收账期乃至发生坏账的利弊，采取合理的现金折扣政策。采用适当的信用标准、信用条件、信用额度，建立销售回款责任制，制定合理的信用政策。另外还要加速收款与票据交换，尽量避免由于票据传递而延误收取货款的时间。具体可采用以下方法：

1. 邮政信箱法

邮政信箱法又称锁箱法，是西方企业加速现金流转的一种常用方法。企业可以在客户分布地区的邮局设置加锁信箱，让客户将支票汇至当地的这种信箱，然后由当地指定的银行每天数次收取信箱中的支票并存入特别的活期账户。由银行将这些支票在当地交换后以电汇方式存入该企业的银行账户。这种方法的优点是不但缩短了票据邮寄时间，还免除了企业办理收账、货款存入银行等手续，因而缩短了票据邮寄及在企业的停留时间。但采用这种方法的成本较高，因为被授权开启邮箱的当地银行除了要求扣除相应的补偿性余额外，还要收取额外服务的劳务费，导致现金成本增加。因此，是否采用邮政信箱法，须视提前回笼现金产生的收益与增加成本的大小而定。

2. 银行业务集中法

银行业务集中法是在客户较为集中的若干地区分设"收款中心"，并指定一个收款中心的开户银行（通常是企业总部所在地）为"集中银行"。各收款中心的客户在收到付款通知后，就近将货款交至收款中心。收款中心每天将收到的款项存入指定的当地银行。当地银行在进行票据交换后立即转给企业总部所在银行。这种方法可以缩短客户邮寄票据所需的时间和票据托收所需时间，但是采用这种方法须设立多个收款中心，从而增加了相应的费用支出。因此，企业应在权衡利弊得失的基础上，做出是否采用银行业务集中法的决策。

除上述方法外，还可以采取电汇、大额款项专人处理、企业内部往来多边结算、集中轧抵、减少不必要的银行账户等方法加快现金回收。

（三）现金支出的管理

1. 使用现金浮游量

现金浮游量是指企业存款账户上存款余额和银行账簿上企业存款账户余额之间的差额，也就是企业和银行之间的未达账项。充分利用现金浮游量是西方企业广泛采用的一种提高现金利用效率、节约现金支出总量的有效手段。可从收款方和付款方两个角度加强现金浮游量的管理。

（1）收款方

第一，设立多个收款中心来代替设在总部的单一收款中心；第二，承租邮政信箱并授权当地开户行每天数次收取信箱内汇款，存入企业账户；第三，对于金额较大的货款可直接派人前往收取并及时送存银行；第四，对企业内部各部门间的现金往来要严加控制，防止现金滞留；第五，保证支票即时处理并当日送存银行；第六，将支付渠道通知付款方。

（2）付款方

付款方在处理现金浮游量中处于优势地位，应在短期效益和长期信誉之间做出权衡，确定合理的现金浮游量。第一，加速收款。主要指缩短应收账款的时间。发生应收账款会增加企业资金的占用，但它又是必要的，因为它可以扩大销售规模，增加销售收入。问题是如何在吸引顾客和缩短收款时间之间找出平衡点，这需要制定出合理的信用政策和妥善的收账策略。第二，推迟应付款的支付。企业在不影响自己信誉的前提下，应尽可能地推迟应付款的支付期，充分运用供货方所提供的信用期限。第三，确定最佳现金持有量。现金的管理除了做好上述日常收支控制、预测等管理外，还须控制好现金持有规模，即确定适当的现金持有量，从实质上实现企业现金管理的目标，即在资产的流动性和盈利能力之间做出抉择，以获取最大的长期利润。

2. 控制现金支出

企业应在不影响本身信誉的前提下，尽可能地推迟应付款的支付期，充分运用供货方提供的信用优惠。如果货币资金很紧，也可以放弃供货方的折扣优惠，在信用期的最后一天付货款。推迟应付款的支付，当然，这要权衡折扣优惠与急需现金之间的利弊得失而定，或者利用汇票付款，充分利用汇票的付款期间来延缓货币的支付。

第三节 应收账款管理

一、应收账款的功能与成本

（一）应收账款的功能

应收账款的功能是指它在生产经营中所具有的作用。主要表现在以下两方面：

1. 促进销售的功能

一般地说，企业更希望现金销售，但是市场竞争的压力迫使企业提供信用业务即赊销，以便扩大销售渠道。在赊销方式下，企业在销售产品的同时，一方面向客户提供其所需的商品；另一方面也是向客户提供了一定时间内无偿使用的资金，这对购买方而言具有很大的吸引力。因此，赊销是一种重要的促销手段。在产品销售不畅、市场疲软、竞争不力的情况下，赊销的促销作用是十分明显的，特别是在企业销售新产品、开拓新市场时，赊销更具有重要的意义。由此可见，企业出于扩大销售的竞争需要，不得不以赊销或其他优惠方式来吸引客户，于是产生了应收账款。由竞争引起的应收账款，是一种商业信用。

2. 减少存货

通过赊销可以加快产品销售的速度，从而降低存货的产成品数量，有利于降低产成品存货的管理费、仓储费和保险费等支出。因此，在产成品存货较多时，企业可以用较为优惠的价格条件进行赊销，把存货转化为应收账款，以节约各项存货支出。

（二）应收账款的成本

应收账款是企业的一项资金投放，是为了扩大销售和盈利而进行的投资。投资肯定要发生成本，企业因应收账款投资而产生的相应成本，即为应收账款成本，也称信用成本。其具体内容包括：

1. 机会成本

机会成本是指企业的资金投放在应收账款上而必然放弃其他投资机会而丧失的收益，如投资有价证券的利息收入。该项成本的大小通常与企业维持赊销业务所需资金数量、资金成本率（一般可视为短期有价证券的利息率）有关。其计算公式为：

$$应收账款的机会成本 = 应收账款占用资金 \times 资金成本率$$

其中，应收账款占用资金也就是企业维持赊销业务所需要的资金，资金成本率一般可按有价证券利息率来计算。维持赊销业务所需要的资金可按下列步骤计算：

第一，应收账款占用资金 = 应收账款平均余额 × 变动成本率；

第二，应收账款平均余额 = 日销售平均余额 × 平均收账天数。

变动成本率是变动成本占销售收入的比率，假设企业在成本稳定的情况下，也就是说企业的单位变动成本和固定成本总额保持不变，那么随着赊销业务的扩大，只要变动成本随之上升，企业占用在应收账款上的资金也随之变动。

2．管理成本

应收账款的管理成本是指企业因管理应收账款而发生的各种费用，主要包括对客户的资信调查费用、应收账款账簿记录费用、收账费用以及其他费用，其中主要是收账费用。

3．坏账损失

应收账款是基于商业信用而产生的存在无法收回的可能性。坏账损失是指企业的应收账款因故不能收回而发生的损失。这一成本一般同企业的应收账款的数量成正比，即应收账款越多，发生的坏账成本也越多。为增强企业抵御坏账风险的能力，避免给企业生产经营活动带来不利影响，企业应按规定以应收账款余额的一定比例提取坏账准备。

二、应收账款的风险防范

应收账款管理，其根本任务就在于制定企业自身适度的信用政策，努力降低成本，力争获取最大效益，从而保证应收账款的安全性，最大限度地降低应收账款的风险。但由于各种原因，在应收账款中总有一部分不能收回，形成呆账、坏账，直接影响了企业经济效益。

加强应收账款管理，有效防范风险的具体措施如下所述：

第一，提高认识，坚定控制不良应收账款的决心。良性的资产循环是一个企业生存与发展的基本条件，因资产变现困难形成大量不能按期偿还的应收账款，已逐渐成为企业破产最常见的原因，随着我国现代企业制度的建立，特别是银行商业化运作的逐步到位，这种趋势必将进一步发展。不良应收账款不仅会导致企业财务状况的恶化，而且会危及企业的生产与发展。鉴于这种情况，企业要提高对应收账款管理的科学认识，把不良应收账款控制到最低水平。

第二，完善管理制度，建立控制不良应收账款的制度保证体系。一是要建立信用评价制度，即具备什么样条件的建设单位才能达到可以垫资的信用标准和条件；二是要建立完善的合同管理制度，对于建设单位付款方式、归还办法、归还期限、违约责任等做出明确的规定，增强法律意识；三是要建立应收账款的责任制度，明确规定责任单位和责任人；四是要建立合理的奖罚制度，并作为经济责任制的主要指标和业绩及离任审计的考核指标；五是要建立应收账款分析制度，分析应收账款的现状和发展趋势及制度的执行情况，及时采取措施，进行控制。

第三，实施全过程控制，防止不良应收账款的产生。对应收账款的控制，应主要控制好两个阶段：一是项目的竞标签约阶段，要对购买方的品质、偿还能力、财务状况等方面进行认真的调查研究，并分析其宏观经济政策，出具可行性研究报告，对购买方的资信状况进行评价，做出是否垫资的决策；二是项目的履约过程，项目的履约过程必须建立收款责任制，确定具体的责任人员，按照合同及时敦促购买方履约并关注资信变化的情况。另外，对内部履约的情况，通过分析，对于有不良趋势的应及时采取措施挽回损失，并防止发生变相的垫资。

第四，组织专门力量，对已形成的应收账款进行清理。由于计划经济条件下的盲目投资和政府性工程，使施工企业已形成了大量的应收账款。在当前市场经济条件下，必须加大对应收账款清欠回收工作的力度。制定相应制度，并采取相应管理措施。对已发生的正常应收账款，应根据不同情况，在单位负责人的分配协调下，有区别、有重点地开展清欠工作，加强对账，力争尽快回收资金；对不能正常收回的应收账款，应加大清欠力度，采取以物抵债、让利清收等措施强行收回；对已生成多年的坏账，经多次清欠无结果的，可采取与经济效益挂钩，清账提成的办法；对那些有一定偿还能力，对归还欠款不重视、不积极，并以种种借口推托不还的债务单位，应适当采取诉讼方式，以法律手段强制收回。

三、应收账款的日常管理

（一）应收账款管理的目标

对于一个企业来讲，应收账款的存在本身就是一个产销的统一体，企业一方面想借助它来促进销售，扩大销售收入，增强竞争能力，同时又希望尽量避免由于应收账款的存在而给企业带来的资金周转困难、坏账损失等弊端。处理和解决好这一对立又统一的问题，便是企业应收账款管理的目标。

应收账款管理的目标，是要制定科学合理的应收账款信用政策，并在这种信用政策所增加的销售盈利和采用这种政策预计要负担的成本之间做出权衡。只有当所增加的销售盈利超过运用此政策所增加的成本时，才能实施和推行使用这种信用政策。同时，应收账款管理还包括企业未来销售前景和市场情况的预测和判断，及对应收账款安全性的调查。如企业销售前景良好，应收账款安全性高，则可进一步放宽其收款信用政策，扩大赊销量，获取更大利润。相反，则应相应严格其信用政策，或对不同客户的信用程度进行适当调整，确保企业获取最大收入的前提下，又使可能的损失降到最低。

企业应收账款管理的重点，就是根据企业的实际经营情况和客户的信誉情况制定企业合理的信用政策，这是企业财务管理的一个重要组成部分，也是企业为达到应收账款管理目的必须合理制定的方针策略。

（二）日常管理

1. 应收账款追踪分析

应收账款一旦产生，赊销企业就必须考虑如何按期足额地收回。如果客户具有良好的信用品质，则赊销企业如期足额地收回客户欠款一般不会有多大的问题。然而，市场供求关系所具有的易变性使得客户所赊购的商品不能顺利地销售（或加工后销售）与变现，经常出现的情形有两种：积压或赊销。无论属于其中的哪种情形，对客户而言，都意味着与应付账款相对的现金支付能力匮乏。在这种情况下，客户能否严格履行赊销企业的信用条件，取决于两个因素：其一，客户的信用品质；其二，客户现金的持有量与调剂程度（如现金用途的约束性、其他短期债务偿还对现金的要求等）。如果客户的信用品质良好，持有一定的现金余额，且现金支出的约束性较小，可调剂程度较大，客户大多是不愿以损失市场信誉为代价而拖欠赊销企业账款的；如果客户信用不佳，或者现金匮乏，或者现金的可调剂程度低，那么，赊销企业的账款遭到拖欠就在所难免。

2. 应收账款账龄分析

企业已发生的应收账款时间长短不一，有的尚未超过信用期，有的则已逾期拖欠。一般来讲，逾期拖欠时间越长，账款催收的难度越大，成为坏账的可能性也就越大。因此，进行账龄分析，密切注意应收账款的回收情况，是提高应收账款收现效率的重要环节。

应收账款账龄分析就是分析应收账款的账龄结构。所谓应收账款的账龄结构，是指各账龄应收账款的余额占应收账款总余额的比重。

3. 建立应收账款坏账准备制度

无论企业采取怎样严格的信用政策，只要存在着商业信用行为，坏账损失的发生总是不可避免的。确定坏账损失的标准主要有两条：第一，因债务人破产或死亡，以其破产财产或遗产清偿后，仍不能收回的应收款项；第二，债务人逾期未履行偿债义务，且有明显特征表明无法收回。

企业的应收账款只要符合上述任何一个条件，均可作为坏账损失处理。需要注意的是，当企业的应收账款按照第二个条件已经作为坏账损失处理后，并非意味着企业放弃了对该项应收账款的索取权。实际上，企业仍然拥有继续收款的法定权利，企业与欠款人之间的债权债务关系不会因为企业已做坏账处理而解除。

既然应收账款的坏账损失无法避免，那么，遵循谨慎性原则，应对坏账损失的可能性预先进行估计，并建立弥补坏账损失的准备制度，即提取坏账准备金就显得极为必要。

第四节 存货管理

一、存货的功能及成本

（一）存货的功能

存货是指企业在正常生产经营活动中持有的以备销售的产成品或商品、处在生产过程中的在产品、在生产过程或提供劳务过程中耗用的材料和物料等。存货是流动资产中所占比例较大的项目，是企业生产经营得以正常进行的物质基础。存货主要有以下几种功能：

第一，保证生产或销售的需要。在生产企业中，原材料是生产中必需的物资，为了保证生产的顺利进行，避免企业停工待料的风险，企业必须储备一定数量的原材料。在商业企业中，如果畅销商品库存不足，必然会失去销售良机，因此也必须储备一定数量的商品。

第二，降低进货成本。一般来说，企业采购时，进货的总成本与采购存货的单位售价及采购的次数有密切的关系。很多企业为了扩大销售，往往会对客户提供商业折扣，即购货量达到一定数量时，便在价格上给予相应的折扣优惠。因此采购方采取大批量集中进货，可获得较多的折扣优惠，降低单位存货的买价。通过增加每次购货数量，就可减少采购次数，从而可以降低采购费用的支出。

第三，适应市场的变化。存货储备能增强企业在生产和销售方面的机动性以及适应市场变化的能力。企业有了足够的库存商品或产成品，能有效地供应市场，满足顾客的需要。另外，当发生通货膨胀时，适当地储备一定数量的存货，能使企业获得较高的进销差价。对于那些生产季节性产品的企业，如空调、电风扇、羽绒服等产品的生产企业，为实现均衡生产，降低生产成本，必须适当储备一定的半成品存货或保持一定的原材料存货。

（二）存货的成本

1. 进货成本

进货成本是指企业为取得存货而支出的成本费用。包括存货的进价成本和进货费用两部分。

第一，进价成本。进价成本又称购置成本，是存货本身的价值，等于采购数量与单位存货的采购单价的乘积。一定时期内,在进货总量既定、物价稳定并无采购数量折扣的条件下,无论采购次数如何变动,存货的进价成本通常是保持相对稳定的,因而与进货次数无关,属于决策无关成本。

第二,进货费用。进货费用又称订货成本,是指企业为组织进货而支付的有关费用。进货费用按照是否与进货次数有关,分为变动性进货费用和固定性进货费用两部分。其中变动性进货费用与进货次数相关且成正比例变动,如差旅费、邮资、通信费等,属于决策的相关成本;固定性进货费用与进货次数无关,如专设采购机构的基本开支等,属于决策的无关成本。

2. 储存成本

储存成本是指企业为持有存货而发生的费用,主要包括存货所占用资金的机会成本、仓储费、搬运费、保管费、保险费、存货残损霉变损失等。储存成本按照是否与存货储存数额有关分为变动性储存成本与固定性储存成本两部分。其中,变动性储存成本与存货储存数额的多少成正比例变动,如存货占用资金的机会成本、存货残损与变质损失、存货的保险费用等,属于决策的相关成本;固定性储存成本与存货储存数额的多少无直接关系,如仓储折旧费、仓库职工的固定工资等,属于决策的无关成本。

3. 缺货成本

缺货成本是指由于存货不足而给企业造成的损失,包括由于材料供应中断造成的停工损失、延误发货的信誉损失以及丧失销售机会的有形与无形损失等。缺货成本能否作为决策的相关成本,应视企业能否允许出现存货短缺而定。若企业允许缺货,则缺货成本与存货数量成反比变化,则属于决策的相关成本;若企业不允许发生缺货情形,此时缺货成本为零,无须加以考虑。

二、存货管理的目标与内容

(一) 存货管理的目标

企业持有充足的存货,不仅有利于生产过程的顺利进行,节约采购费用与生产时间,而且能够迅速满足客户的各种需要,从而为企业的生产与销售提供较大的机动性,避免因存货不足带来的机会损失。然而,存货的增加必然要占用更多的资金,将使企业付出更大的持有成本(即存货的机会成本),而且储存与管理费用也会增加,影响企业的获利能力。因此,进行存货管理,就是要尽力在各种存货成本与存货效益之间做出权衡,以达到两者的最佳结合,这就是存货管理的目标。

（二）存货管理的内容

第一，做好存货资金的规划，降低存货成本。存货资金的规划是企业存货管理的重要步骤，它对整个企业财务状况都会有重大影响。存货过多会增加企业风险或减少利润，而存货过少又会丧失销售机会或导致停工待料。因此，企业要力求避免存货积压，以降低存货成本。

第二，加强存货的日常控制，加速存货周转。加强存货的日常控制，保证存货在品种、数量上都能满足生产经营的实际需要，使存货总量、存货品种和数量达到科学合理的最佳组合，从而加速存货周转，以最低的成本获得最大的收益。

三、现行存货管理中存在问题的原因

（一）存货的收入、发出、结存缺乏真实记录

材料领用记录生产成本及费用的归集、结转的记录人为因素较多，尤其在工程项目核算上更显现其弊端。

（二）内部控制制度不健全

在材料采购、产品销售环节若是由同一个人完成采购销售、付款收款、入库出库等全过程，使采购销售工作无章可依，还会提供暗箱操作的温床，增加营私舞弊的可能性。

（三）流动资金占用额高

因库存量大，导致流动资金占用额高，有的企业存货储备要占到流动资金总额的60%以上，这会给企业流动资金周转带来很大的困难。

（四）非正常存货储备量挤占了正常的存货储备量

为控制流动资金占用额，在日常存货管理中尽量降低库存占用量，减少进货量，从而影响了正常生产经营所需要的合理存货储备量。

（五）管理不到位

毁损待报废、超储积压存货储备在每年一次的清产核资中都会作为重点问题进行上报，但每年都只是上报，没有上级主管部门的批示，并没有处理结果，最终会致使毁损待报废、超储积压存货储备量像"滚雪球"一样越滚越大。

四、存货日常管理

存货日常管理的目标是在保证企业生产经营正常进行的前提下尽量减少库存，防止积压。实践中形成的行之有效的管理方法有存货归口分级控制，存货储存期控制以及存货ABC分类管理等多种方法。

（一）存货储存期控制

无论是商品流通企业还是生产制造企业，其商品产品一旦入库，便面临着如何尽快销售出去的问题。即使不考虑未来市场供求关系的不确定性，仅是存货储存本身就要求企业付出一定的资金占用费（如利息成本或机会成本）和仓储管理费。因此，尽力缩短存货储存时间，加速存货周转，是节约资金占用，降低成本费用，提高企业获利水平的重要保证。

企业进行存货投资所发生的费用支出，按照与储存时间的关系可以分为固定储存费与变动储存费两类。前者包括进货费用、管理费用，其金额多少与存货储存期的长短没有直接关系；后者包括存货资金占用费（贷款购置存货的利息或现金购置存货的机会成本）、存货仓储管理费、仓储损耗（为计算方便，如果仓储损耗较小，亦将其并入固定储存费）等，其金额随存货期的变动成正比例变动。

基于上述分析，可以将本量利的平衡关系式调整为：

利润＝毛利－固定储存费－销售税金及附加－每日变动储存费×储存天数

可见，存货的储存成本之所以会不断增加，主要是由于变动储存费随着存货储存期的延长而不断增加的结果，所以，利润与费用之间此增彼减的关系实际上是利润与变动储存费之间此增彼减的关系。这样，随着存货储存期的延长，利润将日渐减少。当毛利扣除固定储存费和销售税金及附加后的差额，被变动储存费抵消到恰好等于企业目标利润时，表明存货已经到了保利期；当它完全被变动储存费抵消时，便意味着存货已经到了保本期。无疑，存货如果能够在保利期内售出，所获得的利润便会超过目标值；反之将难以实现既定的利润目标，倘若存货不能在保本期内售出的话，企业便会蒙受损失。

（二）存货归口分级控制

存货的归口分级控制是加强存货日常管理的一种重要方法。这一管理方法包括以下三项内容：

1. 在厂长或经理的领导下，财务部门对存货资金实行统一管理

企业要加强对存货资金的集中、统一管理，促进供产销相互协调，实现资金使用的综

合平衡，加速资金周转。财务部门的统一管理主要包括以下几方面的工作：

第一，根据国家财务制度和企业具体情况制定企业资金管理的制度；

第二，认真测算各种资金占用数额，汇总编制存货资金计划；

第三，把有关计划指标进行分解，落实到有关单位和个人；

第四，对各单位的资金运动情况进行检查和分析，统一考核资金的使用情况。

2. 实行资金的归口管理

根据使用资金和管理资金相结合、物资管理和资金管理相结合的原则，每项资金由哪个部门使用就归哪个部门管理。各项资金归口管理的分工一般如下：材料、燃料、包装物等资金归供应部门管理；在产品和自制半成品占用的资金归生产部门管理；产成品资金归销售部门管理；工具用具占用的资金归工具部门管理；修理用备件占用的资金归设备动力部门管理。

3. 实行资金的分级管理

各归口的管理部门要根据具体情况将资金计划指标进行分解，分配给所属单位或个人，层层落实，实行分级管理。具体分解过程如下：原材料资金计划指标可分配给供应计划、材料采购、仓库保管、整理准备等各业务组管理；在产品资金计划指标可分配给各车间、半成品库管理；成品资金计划可分配给销售、仓库保管、成品发运等各业务组管理。

（三）ABC库存分类控制法

ABC库存分类控制法是意大利经济学家巴雷特在19世纪首创的，该方法已经广泛用于存货管理、成本管理和生产管理。对于一个大型企业来说，经常有成千上万种存货。在这些存货中，有的价格昂贵，有的不值一文。有的数量庞大，有的寥寥无几。如果不分主次，面面俱到，对每一种存货都进行周密的规划和严格的控制，就会抓不住重点，不能有效地控制主要的存货资金，甚至浪费人力、物力和财力。ABC库存分类控制法正是针对这一问题而提出来的重点管理方法。这种方法把存货分成A、B、C三大类，目的是对存货资金进行有效管理。

1. ABC库存分类控制法的思想与原理

ABC库存分类控制法又称为重点管理法。属于A类的是少数价值高的、最重要的项目，这些存货品种少，而单位价值却较大，实务中，这类存货的品种数只占全部存货总品种数的10%左右，而从一定期间出库的金额看，这类存货出库的金额要占到全部存货出库总金额的70%左右；属于C类的是为数众多的低值项目，其特点是，从品种数量来看，这类存货的品种数要占到全部存货总品种数的70%左右，而从一定期间出库的金额看，这类存货出库的金额只占全部存货出库总金额的10%左右；B类存货则在这两者之间，从品种数和出库金额看,都只占全部存货总数的20%左右。

2. ABC库存分类控制法的程序实施

ABC库存分类控制法的程序可以分为以下几步:

第一,把各种库存物资全年平均耗用量分别乘以它的单价,计算出各种物资耗用总量以及总金额。

第二,按照各品种物资耗费的金额的大小顺序重新排列,并分别计算出各种物资所占用总数量和总金额的比重,即百分比。

第三,把耗费金额适当分段,计算各段中各项物资领用数占总领用数的百分比,分段累计耗费金额占总金额的百分比,并根据一定标准将它们划分为A、B、C三类。分类的标准如表9-1所示。

表9-1 物资分类标准

物资类别	占物资品种数百分比/%	占物资金额数百分比/%
A	5~10	70~80
B	20~30	15~20
C	50~70	5~10

3. ABC库存分类控制方法

上述A、B、C三类存货中,由于各类存货的重要程度不同,一般可以采用下列控制方法:

第一,对A类存货的控制,要计算每个项目的经济订货量和订货点,尽可能适当增加订购次数,以减少存货积压,也就是减少其昂贵的存储费用和大量的资金占用;同时,还可以为该类存货分别设置永续盘存卡片,以加强日常控制。

第二,对B类存货的控制,也要事先为每个项目计算经济订货量和订货点,同时也可以分享设置永续盘存卡片来反映库存动态,但要求不必像A类那样严格,只要定期进行概括性的检查就可以了,以节省存储和管理成本。

第三,对于C类存货的控制,由于它们为数众多,而且单价又很低,存货成本也较低。因此,可以适当增加每次订货数量,减少全年的订货次数,对这类物资日常的控制方法,一般可以采用一些较为简化的方法进行管理,常用的是"双箱法"。所谓"双箱法",就是将某项库存物资分装两个货箱,第一箱的库存量是达到订货点的耗用量。当第一箱用完时,就意味着必须马上提出订货申请,以补充生产中已经领用和即将领用的部分。

参考文献

[1] 蔡维灿. 财务管理 [M]. 北京：北京理工大学出版社，2020.

[2] 漆凡. 财务管理 [M]. 上海：立信会计出版社，2020.

[3] 陈德智，毕雅丽，云娇. 金融经济与财务管理 [M]. 长春：吉林人民出版社，2020.

[4] 张晓雁. 财务管理模拟实验教程 [M]. 厦门：厦门大学出版社，2020.

[5] 黄青山. 高级财务管理教学案例 [M]. 广州：华南理工大学出版社，2020.

[6] 桂玉娟，刘玉凤. 财务管理实训教程 [M]. 上海：上海财经大学出版社，2020.

[7] 费琳琪，郭红秋. 财务管理实务 [M]. 北京：北京理工大学出版社，2020.

[8] 胡娜. 现代企业财务管理与金融创新研究 [M]. 长春：吉林人民出版社，2020.

[9] 孔令一，赵若辰. Excel 在财务管理中的应用 [M]. 上海：立信会计出版社，2020.

[10] 刘振鹏. 山东省教育财务管理研究第 8 辑 [M]. 济南：山东大学出版社，2020.

[11] 王培，郑楠，黄卓. 财务管理 [M]. 西安：西安电子科技大学出版社，2019.

[12] 高山，高凯丽，周莎. 财务管理 [M]. 北京：北京理工大学出版社，2019.

[13] 王培培，肖晓慧，郝祥坤. 财务管理 [M]. 沈阳：东北财经大学出版社，2019.

[14] 王力东，李晓敏. 财务管理 [M]. 北京：北京理工大学出版社，2019.

[15] 王玉娟，阚春燕. 财务管理实务 [M]. 上海：立信会计出版社，2019.

[16] 杨忠智. 财务管理第 3 版 [M]. 厦门：厦门大学出版社，2019.

[17] 邓春贵，刘洋洋，李德祥. 财务管理与审计核算 [M]. 北京：经济日报出版社，2019.

[18] 朱菲菲. 财务管理实用工具大全 [M]. 北京：中国铁道出版社有限公司，2019.

[19] 吴朋涛，王子烨，王周. 会计教育与财务管理 [M]. 长春：吉林人民出版社，2019.

[20] 李志宏，戴薇，司阳. 酒店财务管理 [M]. 北京：北京理工大学出版社，2019.

[21] 焦永梅,张慧芳. 财务管理[M]. 郑州:黄河水利出版社,2017.

[22] 彭亚黎. 财务管理[M]. 北京:北京理工大学出版社,2017.

[23] 竺素娥,裘益政. 财务管理[M]. 沈阳:东北财经大学出版社,2017.

[24] 吕文,程兰兰. 财务管理[M]. 武汉:华中科技大学出版社,2017.

[25] 闫永海. 财务管理[M]. 成都:西南交通大学出版社,2017.

[26] 周海珍. 财务管理[M]. 上海:上海财经大学出版社,2017.

[27] 许素琼,邹显强,文容. 财务管理[M]. 北京:北京理工大学出版社,2017.

[28] 李克红. 创新创业财务管理人才培养模式研究[M]. 北京:首都经济贸易大学出版社,2020.

[29] 何爱赟,杜敏,李莉. 财务管理[M]. 北京:北京理工大学出版社,2017.

[30] 刘淑莲. 财务管理[M]. 沈阳:东北财经大学出版社,2017.